# El dilema
# de los
# innovadores

**EDICIÓN ORIGINAL**
Harvard Business School Press

**TÍTULO ORIGINAL**
*The Innovator's Dilemma: When New Technologies Cause Great Firms to Fail*

**TRADUCCIÓN**
Jorge Gorín

**DISEÑO DE TAPA**
Juan Pablo Olivieri

CLAYTON M. CHRISTENSEN

# El dilema de los innovadores

Cuando las nuevas tecnologías
pueden hacer fracasar
a las grandes empresas

**GRANICA**

ARGENTINA - ESPAÑA - MÉXICO - CHILE - URUGUAY

**ARGENTINA**
Ediciones Granica S.A.
Lavalle 1634 3º G / C1048AAN Buenos Aires, Argentina
granica.ar@granicaeditor.com
atencionaempresas@granicaeditor.com
Tel.: +54 (11) 4374-1456 - E-mail: 1158549690

**MÉXICO**
Ediciones Granica México S.A. de C.V.
Calle Industria N° 82 - Colonia Nextengo - Delegación Azcapotzalco
Ciudad de México - C.P. 02070 México
granica.mx@granicaeditor.com
Tel.: +52 (55) 5360-1010  - E-mail: 5537315932

**URUGUAY**
granica.uy@granicaeditor.com
Tel: +59 (82) 413-6195 - Fax: +59 (82) 413-3042

**CHILE**
granica.cl@granicaeditor.com
Tel.: +56 2 8107455

**ESPAÑA**
granica.es@granicaeditor.com
Tel.: +34 (93) 635 4120
www.granicaeditor.com



Christensen, Clayton
   El dilema de los innovadores : cuando las nuevas tecnologías
pueden hacer fracasar a las grandes empresas / Clayton Christensen. -
1a ed revisada. - Ciudad Autónoma de Buenos Aires : Granica, 2022.
   368 p. ; 22 x 15 cm.

   Traducción de:  Jorge Gorín.
   ISBN 978-987-8358-99-4

   1. Administración de Empresas. I. Gorín, Jorge, trad. II. Título.
CDD 658.4063

# ÍNDICE

# NOTA DEL EDITOR

La primera edición de esta obra data de 1997. Desde entonces hasta la fecha se suscitaron muchos cambios en el universo informático, y sobre todo en la tecnología de la fabricación de discos rígidos. Algunos datos suministrados por Christensen corren el albur, entonces, de resultar parciales y hasta anticuados.

Creemos no obstante que esto no afecta el contenido del libro. Así lo demuestran sus incontables reediciones, tanto en inglés como en español, y el favor creciente de los lectores, que hicieron de *El dilema de los innovadores* un clásico de la literatura empresarial.

Las conclusiones a las que aborda Christensen van más allá del caso y del ejemplo, y resultan válidas tanto antes como ahora. Es por eso que resolvimos reeditar *El dilema...* tal como fue lanzado entonces, sin excursos ni notas al pie que procuren salvar –sin mayor provecho– esta brecha de más de veinte años. Confiamos en que nuestros lectores así lo entiendan y aprueben.

# AGRADECIMIENTOS

Aunque este libro acredite un solo autor, en realidad las ideas y modelos reunidos han sido aportados y pulidos por muchos colegas de extraordinaria perspicacia y generosidad. El trabajo comenzó cuando los profesores Kim Clark, Joseph Bower, Jay Light y John McArthur asumieron el riesgo de admitir a un hombre no tan joven para el programa de doctorado de la Harvard Business School en 1989 y financiar su paso por el mismo. Además de estos mentores, los profesores Richard Rosenbloom, Howard Stevenson, Dorothy Leonard, Richard Walton, Bob Hayes, Steve Wheelwright y Kent Bowen contribuyeron a lo largo de toda mi investigación de doctorado a que mi pensamiento fuese lo suficientemente lúcido y los parámetros con los cuales comparara las evidencias fueran todo lo altos que debiesen ser, y a que encuadrase lo que venía aprendiendo dentro de las corrientes de significativa erudición que habían precedido a lo que yo estaba tratando de investigar. Ninguno de estos profesores necesitaba, de hecho, invertir tanto tiempo de sus ocupadas vidas guiándome de la manera en que lo hicieron, y les estaré eternamente agradecido por lo que me han enseñado acerca de la sustancia y el proceso de la erudición.

Me encuentro igualmente en deuda con los muchos otros ejecutivos y empleados de las empresas de la industria de las unidades de disco rígido para ordenadores, que acudieron a su memoria y me permitieron acceder a sus registros de datos cuando yo trataba de comprender qué los había conducido, a ellos y a su industria, hacia el rumbo particular que había tomado. En especial me hallo en deuda con James Porter, editor de *Disk/Trend Report,* que abrió sus extraordinarios archivos de datos, para permitirme evaluar lo que tuvo lugar en la industria de las unidades de disco con un nivel de plenitud y rigor tal como lo hubiera podido obtener tan solo en muy pocos otros lugares. El modelo de evolución y revolución de esa industria que estos hombres y mujeres me ayudaron a construir ha constituido el núcleo teórico de este libro. Espero que ellos lo encuentren asimismo una herramienta útil para encontrar sentido a su pasado, y una guía útil para algunas de sus decisiones en el futuro.

Durante mi trabajo en la Harvard Business School, otros colegas me han ayudado a pulir aún más las ideas vertidas en este volumen. Los profesores Rebecca Henderson y James Utterback del MIT, Robert Burgelman de Stanford, y Gary Pisano y Marco Iansiti de la Harvard Business School han sido también particularmente importantes. Los investigadores asociados Rebecca Voorheis, Greg Rogers y Bert Baird; los editores Marjorie Williams, Steve Prokesch y Barbara Feinberg; y los asistentes Meredith Anderson y Marguerite Dole, han contribuido con incalculables cantidades de datos, consejos, perspicacia y trabajo.

Agradezco a mis alumnos, con los cuales he discutido y terminado de pulir las ideas que se exponen en este volumen. La mayoría de las veces salgo del aula al terminar la clase preguntándome por qué a mí me pagan y a ellos les cobran, dado que de hecho soy yo el que aprendo más durante nuestros intercambios. Cada año ellos dejan nuestra escuela con el diploma que han obtenido y se dispersan por el mundo, sin comprender lo mucho que les han aportado a sus maestros. Los estimo mucho y espero que aquellos que lleguen a leer este libro puedan reconocer en él los frutos de sus particulares pareceres, preguntas, comentarios y críticas.

Le debo muchísimo a mi familia, a mi esposa Christine y nuestros hijos Matthew, Ann, Michael, Spencer y Catherine. Con fe y apoyo permanentes me alentaron en mi sueño de toda la vida de poder ejercer una cátedra, en medio de todas las demandas del hogar. Que yo estuviese realizando esta investigación sobre las tecnologías de punta y sus efectos en las empresas ha sido de hecho perturbador para ellos en términos de tiempo y ausencia del hogar, y les estoy por lo tanto agradecido para siempre por su cariño. Christine, en especial, es la persona más inteligente y paciente que yo haya conocido. La mayoría de las ideas de este libro llegaban relativamente crudas a casa en las noches de los últimos cinco años, pero cuando retornaban a Harvard a la mañana siguiente habían sido clarificadas, modeladas y editadas a través de mis conversaciones con ella. Es una gran colega, partidaria y amiga. Les dedico este libro a ella y a nuestros hijos.

*Clayton M. Christensen*
Harvard Business School
Boston, Massachusetts
Abril de 1997

# INTRODUCCIÓN

Este libro se refiere a los fracasos que experimentan las empresas en lograr mantenerse al tope de los sectores de la industria en donde habitualmente se desempeñan, cuando se ven obligadas a confrontarse con cierto tipo de cambios, tanto de sus mercados como tecnológicos. No busca concentrarse en las razones específicas del fracaso de alguna empresa en particular, sino del de las *buenas* compañías presentes en cualquier sector; las del tipo que muchos managers han admirado y tratado de imitar, las que han sido siempre reconocidas por su capacidad de innovar y de llevar a cabo eficientemente sus planes. Las empresas tropiezan por muchas razones, por supuesto, como por ejemplo la burocracia, la arrogancia, la eventual declinación de la capacidad de sus ejecutivos, su mala planificación, horizontes de inversión cuyo plazo sea demasiado corto, recursos y capacidades inadecuados, y en último caso hasta simple mala suerte. Pero este libro no trata sobre firmas con tales debilidades: se refiere en cambio a empresas en general bien dirigidas y que tienen sus antenas competitivas adecuadamente desplegadas, escuchan con atención a sus clientes, invierten agresivamente en nuevas tecnologías, y sin embargo terminan perdiendo su dominio del mercado.

Estos fracasos, aparentemente inexplicables, suceden tanto en sectores industriales que evolucionan con mucha rapidez como en otros que tienden a hacerlo más lentamente; en empresas que están basadas en tecnología electrónica y otras que lo hacen sobre tecnologías químicas o mecánicas; en industrias tanto manufactureras como de servicios. Sears Roebuck, por ejemplo, fue considerada durante décadas una de las empresas de venta al detalle más astutamente dirigidas del mundo. En su momento de mayor auge, Sears manejaba más del 2 por ciento de todas las ventas al menudeo en los Estados Unidos. Fue la primera en aplicar varias innovaciones fundamentales para el éxito de los más exitosos vendedores minoristas de hoy en día: por ejemplo, el management de la cadena de suministros, contar con marcas propias, las ventas por catálogo y con tarjetas de crédito. La estima que se tenía por el management de Sears se ejemplifica adecuadamente en este extracto de la revista *Fortune* de mayo de 1964: "¿Cómo pudo hacerlo Sears? De alguna manera, el aspecto más fascinante de su historia es justamente que no hubo ningún artilugio. Sears no apeló a ninguna caja de trucos ni sacó nada de la galera. En cambio, parecía como si todo su personal simplemente hiciera las cosas tal como debían hacerse, de manera sencilla y natural. Y el efecto acumulativo de su proceder dio como resultado la creación de un extraordinario emporio"[1] .

Y sin embargo, transcurridos más de treinta años desde su época de esplendor, nadie habla hoy en día de Sears de esa manera. En cierto modo, la empresa pareció haberse equivocado totalmente en su manera de reaccionar ante el surgimiento de los negocios de ventas con descuento y de los hipermercados. En medio del apogeo que tiene lugar hoy en día de las ventas por catálogo, Sears se ha visto apartada de dicho mercado. De hecho, ha sido cuestionada hasta la propia viabilidad de sus operaciones tradicionales de ventas al detalle. Un comentarista ha observado que "Sears' Merchandise Group perdió u\$s 13.000 millones (en 1992), eso sin considerar en dicha cifra sus gastos adicionales en reestructuración de u\$s 1.700 millones. Su propia arrogancia le impidió tomar en cuenta los cambios básicos que venían teniendo lugar en el mercado norteamericano"[2]. Otro analista ha expresado:

> Sears ha resultado una frustración para los inversores, que han visto reiteradamente cómo sus acciones bajaban sin remedio a consecuencia de promesas de facturación que dejaron de cumplirse. El viejo enfoque de comercialización de Sears –disponer de un vasto surtido de bienes y servicios de precio medio– ya no resulta competitivo. No cabe duda de que las constantes frustraciones y las repetidas predicciones de facturación que nunca llegaban a efectivizarse han reducido la credibilidad del management de Sears tanto en la comunidad comercial como en la financiera.[3]

Resulta sorprendente notar que Sears era objeto de panegíricos exactamente al mismo tiempo –mediados de los años 60– en que estaba haciendo caso omiso del aumento de la cantidad de tiendas de descuento y de hipermercados, estructuras ambas de costes más reducidos, diseñadas específicamente para comercializar productos de marca, que terminaron por desplazar a Sears de su negocio central. Sears estaba siendo considerada una de las compañías mejor manejadas del mundo justo al mismo tiempo en que permitía que tanto Visa como Mastercard ingresaran en los enormes canales de venta que ella misma había establecido mediante la instauración del uso de las tarjetas de crédito en sus ventas de productos.

En algunas industrias este patrón de errores de liderazgo ha sido aplicado incluso más de una vez. Consideremos por ejemplo la industria informática. IBM dominó el mercado de los ordenadores grandes durante muchísimo tiempo, pero ignoró durante años el advenimiento de los miniordenadores, que eran tecnológicamente mucho más simples que los que ella producía. De hecho, ningún otro fabricante de ordenadores grandes suficientemente representativo se convirtió tampoco en un participante con peso propio en el mercado de los miniordenadores. Digital Equipment Corporation creó el mercado de los miniordenadores, pero fue luego seguida por un conjunto de otras compañías manejadas con estilo agresivo: Data General, Prime, Wang, Hewlett-Packard y Nixdorf. Cada una de estas, a su vez, pasó por alto el surgimiento del mercado de los microordenadores. El establecimiento de un mercado adecuado para los PC quedó en manos de Apple Computer, Commodore, Tandy y la correspondiente división autónoma de IBM. Apple resultó particularmente innovadora en establecer los parámetros que hicieron populares a los ordenadores ante los usuarios. Pero Apple e IBM demoraron cinco años respecto de las empresas líderes del mercado de los ordenadores portátiles, en salir a ofrecer sus productos al mercado. Del mismo modo, las empresas que cimentaron el mercado de las estaciones de trabajo –Apollo, Sun y Silicon Graphics– eran todas recién llegadas a la industria informática.

Como con el caso de las ventas al menudeo, muchos de estos fabricantes líderes de ordenadores estuvieron durante un tiempo ubicados entre las compañías mejor conducidas del mundo y fueron consideradas, tanto por periodistas como por estudiosos del management, como ejemplos que se debían imitar. Consideremos, por ejemplo, esta afirmación sobre Digital Equipment Corporation en 1986: "Enfrentarse con Digital Equipment Corp. en estos días es como pararse delante de un tren en marcha. Este fabricante de ordenadores de u\$s 76.000 mil millones de facturación anual ha venido ganando velocidad justamente cuando la mayoría de sus rivales quedaron empantanados en una recesión del mercado de ordenadores"[4]. El artículo continuaba advirtiendo a IBM que prestase atención, porque de otra forma la iban a pasar por encima. De hecho, Digital fue una de las compañías mejor calificadas en el estudio de McKinsey que condujo a la publicación del libro *En busca de la excelencia*.[5.]

Y sin embargo, un par de años después, los analistas caracterizaban a DEC de manera bastante diferente:

> Digital Equipment Corporation es una empresa que necesita ser objeto de una adecuada reingeniería. Las ventas en su línea clave de miniordenadores están comenzando a agotarse. Un plan de reestructuración que tuvo comienzo hace dos años ha fracasado sin atenuantes. Sus sistemas de pronóstico y planificación de la producción no han tenido éxito alguno. El recorte de gastos no ha logrado restaurar la rentabilidad (...) Pero la verdadera calamidad parece haber sido la pérdida de oportunidades que vino experimentando DEC. Ha desperdiciado dos años vitales probando medidas para responder a la presencia en el mercado tanto de los ordenadores personales de bajo margen como de las estaciones de trabajo, que han transformado la industria de la computación.[6]

En el caso de Digital, igual que en el de Sears, las decisiones que condujeron a su declinación fueron tomadas justo en la misma época en que era considerada una firma sagazmente organizada. Mientras era alabada como paradigma de la excelencia gerencial en su mercado, se hallaba haciendo caso omiso del advenimiento de los ordenadores personales, que lograron acorralarla tan solo un par de años después.

Sears y Digital no han estado solas en esto. Xerox dominó durante mucho tiempo el mercado de las fotocopiadoras que se utilizan en los grandes centros de copiado. Sin embargo pasó totalmente por alto el gran crecimiento que se venía produciendo en el mercado de las fotocopiadoras pequeñas de escritorio y las oportunidades de rentabilidad que aparecían en el mismo, donde pasó a convertirse tan solo en un proveedor más. Aunque los minilaminadores han capturado actualmente el 40% del mercado norteamericano del acero, incluyendo casi todas los mercados regionales para lingotes, varillas y acero estructural, ni una sola compañía siderúrgica integrada –ya sea norteamericana, asiática o europea– había construido hacia 1995 alguna planta que utilizara la tecnología de los minilaminadores. De los treinta fabricantes de palas mecánicas, sólo cuatro sobrevivieron a la transición experimentada durante los últimos 25 años en ese sector rumbo a la tecnología de la excavación hidráulica.

Como veremos, la lista de empresas líderes que han fracasado cuando se vieron obligadas a confrontarse con cambios abruptos de la tecnología y/o la estructura del mercado es sumamente larga. A primera vista, no parecería haber un patrón específico en los cambios que las dejaron fuera de carrera. Algunas veces se trató de nuevas tecnologías que arrasaron con ellas con suma rapidez; en otros, la transición llevó décadas. En ciertos casos las nuevas tecnologías eran complejas y caras. En otros más, eran simplemente extensiones de lo que las empresas líderes ya venían utilizando mejor que el resto. Una característica común a todos estos fracasos, sin embargo, es que las decisiones que condujeron a sus colapsos posteriores fueron tomadas justamente cuando los líderes en cuestión eran considerados por los analistas comerciales y financieros de sus respectivos sectores como las mejores empresas del mundo en su especialidad.

Hay dos maneras de resolver esta paradoja. Por un lado, se puede llegar a la conclusión de que firmas tales como Digital, IBM, Apple, Sears, Xerox y Bucyrus Erie no han estado, en realidad, nunca bien manejadas. Tal vez hayan sido exitosas en algún momento debido a la buena fortuna y a ocurrencias fortuitas, y no por su buen manejo. Pudiera ser entonces que finalmente encontraron tiempos difíciles porque su circunstancial buena fortuna se agotó. Dicho enfoque puede perfectamente ser factible. Una explicación alternativa, sin embargo, es que estas empresas que terminaron fracasando estaban todo lo bien conducidas que uno pudiese esperar de una firma manejada por seres humanos, pero que probablemente exista algo en la manera en que se toman las decisiones de las organizaciones exitosas que siembra la semilla de su eventual fracaso posterior.

La investigación sobre la que se informa en este libro apoya este último punto de vista: muestra que en los casos de firmas bien conducidas tales como las mencionadas, el buen management fue justamente la principal razón por la que debieron resignar su posición de liderazgo en sus respectivas industrias. Precisamente porque estas firmas escucharon a sus clientes, invirtieron agresivamente en nuevas tecnologías que proveyeran a los mismos más y mejores productos del tipo preciso que querían, y debido a que estudiaron cuidadosamente las tendencias del mercado y asignaron sistemáticamente su inversión de capital a innovaciones que prometían las mejores rentabilidades, perdieron sus posiciones de liderazgo.

Lo que esto representa a un nivel más profundo, es que muchos de los que constituyen actualmente principios ampliamente aceptados de buen management resultan, de hecho, únicamente apropiados para determinadas situaciones. Hay veces en las cuales resulta más adecuado no escuchar a los clientes, resulta más correcto invertir en productos de menor desempeño que prometen menores márgenes, y también perseguir agresivamente mercados pequeños en lugar de mercados importantes. Este libro presenta una serie de reglas obtenidas a partir de una investigación y un análisis cuidadosamente diseñados de los éxitos y fracasos que tuvieron lugar en la industria de las unidades de disco y en muchas otras más, que los managers podrán utilizar provechosamente para apreciar en cuáles casos deberían seguir los principios ampliamente aceptados de buen management y cuándo les resultarían en cambio más apropiados los principios alternativos.

Con el análisis de estas reglas, a las que denomino principios de innovación abrupta, intento demostrar que muchas buenas empresas suelen fracasar porque sus managers, o bien hicieron caso omiso de estos principios o, en situaciones extremas, directamente optaron por combatir contra ellos. Los managers pueden resultar extraordinariamente efectivos en administrar hasta las innovaciones más difíciles de este tipo si se esfuerzan en comprender y dominar los principios de la innovación abrupta. Como en muchas de las cuestiones más estimulantes de la vida, tiene gran valor tomar en cuenta "la manera en que funciona el mundo", y administrar los esfuerzos innovadores de formas tales que puedan adecuarse a dichas fuerzas.

*El dilema de los innovadores* ha sido concebido para ayudar a un amplio rango de managers, consultores y académicos de los sectores de bienes y servicios, ya sean estos de alta o de baja tecnología, u operen tanto en entornos de evolución lenta como de rápidos cambios. Sentado tal objetivo, resta decir que para nosotros la palabra tecnología, tal como se la utiliza en este libro, aludirá a los procesos por los cuales una organización transforma el trabajo, el capital, los materiales y la información que recibe, en productos y servicios de mayor valor. Todas las empresas disponen de tecnologías. Una firma de venta minorista como Sears emplea una tecnología determinada para obtener, decidir cómo vender, vender y entregar productos a sus clientes, mientras que un depósito de venta minorista con descuento emplea una tecnología diferente. Este concepto de tecnología se extiende por lo tanto más allá del diseño y el desarrollo de un producto o servicio dados, hasta englobar una serie de procesos de marketing, inversión y administración. El término innovación debe entenderse, de manera similar, como una modificación en alguna de estas tecnologías.

# El dilema

Con el fin de establecer adecuadamente la profundidad teórica de las ideas expuestas en este volumen, el alcance de su utilidad y su aplicación tanto a situaciones futuras como ya ocurridas, he dividido este volumen en dos partes. La Parte Uno, integrada por los capítulos 1 a 4, constituye el marco de referencia que explica por qué decisiones sólidas tomadas por grandes managers pueden conducir a sus empresas al fracaso. La imagen que presentan esos capítulos es justamente la del dilema que se le plantea a un innovador: las decisiones lógicas y competentes que se espera provengan de su management, fundamentales para el éxito de la compañía, son también las mismas por las cuales estas empresas terminan perdiendo sus posiciones de liderazgo. La Parte Dos, capítulos 5 a 10, intenta resolver este dilema. A partir de nuestra comprensión de por qué y bajo qué circunstancias cualquier tecnología novedosa puede hacer que empresas grandes y sólidas fracasen, trato de suministrar soluciones de management para este conflicto: cómo pueden los ejecutivos realizar simultáneamente lo que sea correcto para la salud a corto plazo de sus negocios ya establecidos, y ocuparse por dedicar los recursos que sean adecuados a las tecnologías de punta que, descuidadas, podrían a la postre ocasionar la declinación del liderazgo de la empresa.

### Construcción de un marco de referencia de errores

El libro comienza examinando con detenimiento situaciones específicas para luego extender la discusión a fin de obtener conclusiones generales. Los primeros dos capítulos describen con cierto detalle la historia de la industria de las unidades de disco de ordenadores, donde la saga de "buenas-empresas-enfrentando-tiempos-difíciles" ha sido repetida una y otra vez. Esta industria en particular constituye un terreno ideal para estudiar los fracasos, por un lado porque existe abundante documentación sobre ella y también porque, tomando las palabras del decano de la Harvard Business School, Kim B. Clark, constituye un ejemplo de "historia rápida". En tan sólo unos pocos años, tanto los segmentos de mercado de este sector como las compañías y las tecnologías empleadas han sucesivamente emergido, madurado y declinado. Sólo dos de las seis veces en que aparecieron en este tipo de producto nuevas tecnologías estructurales pudo la firma que en ese momento lideraba el sector mantener su liderazgo a través de su siguiente generación de productos. Este patrón de fracasos repetitivos en la industria de las unidades de disco me permitió desarrollar por primera vez un marco de referencia preliminar que explicara por qué fracasaron las que fueron las firmas más importantes y representativas durante las etapas iniciales del sector, y tras ello probar el desempeño de ese marco de referencia durante los ciclos subsiguientes para comprobar si el mismo era lo suficientemente robusto como para permitirme continuar aplicándolo para explicar los problemas de los sucesivos líderes de esa industria.

Los capítulos 3 y 4 profundizan en nuestra comprensión sobre por qué las firmas líderes de la industria de las unidades de disco fueron trastabillando reiteradamente y, al mismo tiempo, evalúan la utilidad que pueda presentar este marco referencial para examinar el fracaso de empresas ubicadas en sectores de la industria con características muy diferentes. Por consiguiente, en el Capítulo 3, al examinar la industria de las excavadoras mecánicas, se encuentra que fueron los mismos factores que precipitaron el fracaso de los fabricantes líderes de unidades de disco para ordenadores los que demostraron ser los responsables de los fracasos de los líderes, en una industria que se mueve a un ritmo e intensidad tecnológica sumamente diferentes. El Capítulo 4 completa este marco de referencia y lo utiliza para sugerir por qué las compañías siderúrgicas integradas de todo el mundo han demostrado ser incapaces de afrontar los ataques de los fabricantes de acero que emplean minilaminadores.

## Por qué un buen management puede conducir al fracaso

El marco de referencia para el fracaso se halla cimentado sobre tres hallazgos de este estudio. El primero es que existe una distinción estratégicamente importante entre lo que yo denomino tecnologías sostenidas y las de punta. Estos conceptos son muy diferentes de los que analiza la distinción entre incremental versus radical, que ha caracterizado a muchos estudios efectuados sobre este problema. El segundo hallazgo ha sido la determinación de que el ritmo del progreso tecnológico puede, y a menudo lo hace, adelantarse a las necesidades de los mercados. Esto significa que la relevancia y la competitividad de diferentes estrategias tecnológicas pueden variar a través del tiempo con respecto a sus mercados de aplicación. Y el tercer hallazgo determinó que tanto los clientes como las estructuras financieras de las compañías exitosas influyen de manera importante y en general negativa en los tipos de inversiones que pueden resultar atractivas para las mismas, con relación a ciertas firmas que puedan estar ingresando en ese momento al mismo mercado.

### *Tecnologías sostenidas versus tecnologías de punta*

La mayoría de las tecnologías que van apareciendo propician el establecimiento de mejoras en el desempeño de los productos ya existentes: las llamo tecnologías sostenidas. Algunas de ellas pueden ser de carácter intrínsecamente discontinuante o radical, mientras que otras pueden ser de naturaleza incremental. Lo que tienen todas en común es que mejoran el desempeño de productos ya establecidos, al menos para los criterios históricos de valoración de los clientes dominantes de los principales mercados en que se desenvuelve la empresa. La mayoría de los avances tecnológicos en una industria determinada son de carácter sostenido. Un hallazgo importante que produjo el estudio y que se comenta en este libro es que las tecnologías sostenidas raramente han precipitado, aunque fuesen particularmente difíciles de llevar a cabo, el fracaso de las firmas que eran líderes en un momento determinado.

Ocasionalmente, sin embargo, aparecen tecnologías de punta: las que resultan en un desempeño inicial no tan bueno de los productos que se obtienen con ellas, al menos en el corto plazo. Irónicamente, en cada una de las instancias estudiadas en este libro, fue la tecnología de punta la que precipitó el fracaso de las firmas líderes.

Las tecnologías de punta aportan al mercado una proposición de valor muy diferente a la que había estado en vigencia hasta ese momento. Por lo general, los productos obtenidos a partir de tecnologías de punta no funcionan tan bien como los que en ese momento ya se encuentran debidamente establecidos en los mercados dominantes. Pero poseen, en cambio, otras características que algunos clientes marginales (y generalmente nuevos) de esos mercados aprecian. Los productos basados en tecnologías de punta son más baratos, más simples, más pequeños y, en general, más convenientes. Existen muchos ejemplos, además del ordenador personal y de los negocios de ventas con descuento citados anteriormente. Las pequeñas motocicletas de baja cilindrada introducidas en los Estados Unidos y Europa por Honda, Kawasaki y Yamaha constituyeron tecnologías de punta respecto de las poderosas motocicletas fabricadas por Harley-Davidson y BMW. Los transistores fueron una tecnología de punta con relación a las válvulas de vacío que se empleaban en el pasado. Los sistemas de medicina prepaga fueron tecnologías de punta respecto de los aseguradores de salud convencionales previamente existentes. En un futuro cercano, los "accesorios para Internet" pueden llegar a convertirse en tecnologías de punta para los proveedores de hardware y software de ordenadores personales.

### *Trayectorias de necesidades de mercado versus mejoramiento de la tecnología*

El segundo elemento del marco de referencia de fracasos, la observación de que las tecnologías pueden progresar más rápidamente que las demandas del mercado, ilustrada en la Figura I.1, significa que, en sus esfuerzos por proveer mejores productos que sus competidores y obtener mejores precios y mayores beneficios, los proveedores a menudo van más allá de las necesidades de sus mercados. Les dan a sus clientes más de lo que estos necesitan o, en última instancia, están dispuestos a pagar. Y, más importante aún, significa que las tecnologías de punta que pueden no llegar a funcionar adecuadamente en un momento determinado con relación a lo que requieren los usuarios presentes en un mercado en particular, pueden tornarse más adelante totalmente competitivas en ese mismo mercado.

Muchos de los que alguna vez necesitaron de ordenadores grandes, por ejemplo, ya no los requieren, y por ende no los compran. El rendimiento de estos ordenadores ha sobrepasado las demandas de muchos de sus clientes iniciales, que hoy en día encuentran que gran parte de lo que necesitan puede ser realizado en ordenadores personales conectados a servidores. En otras palabras, las necesidades de muchos de los usuarios de ordenadores se han incrementado a un ritmo más lento que el de las mejoras suministradas por los diseñadores.

**Figura I.1  El impacto de los cambios tecnológicos sostenidos y de punta**

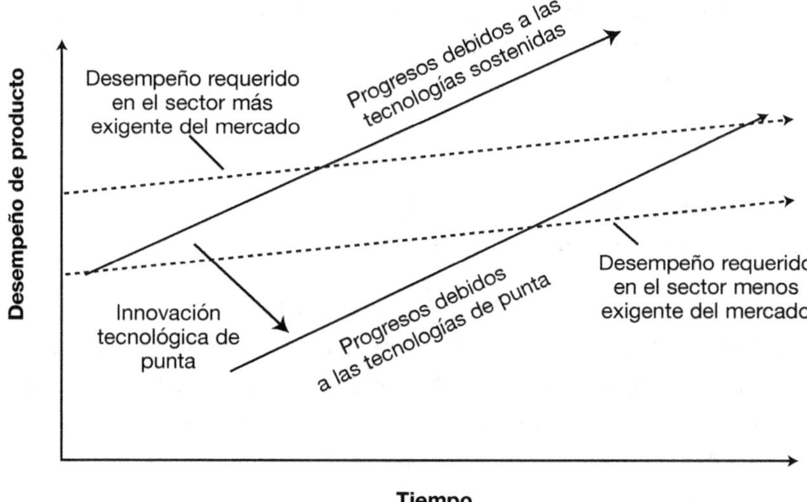


## Tecnologías de punta versus inversiones racionales

El último elemento del marco de referencia del fracaso, la conclusión a la que arriban las empresas asentadas de que invertir agresivamente en tecnologías de punta no constituye para ellas una decisión financiera racional, tiene tres bases. Primero, los productos de punta son más simples y más baratos; y generalmente prometen menores márgenes. Segundo, las tecnologías de punta son comercializadas al principio en mercados emergentes de magnitud relativamente insignificante. Y tercero, los clientes más rentables de las empresas líderes no desean, y de hecho tampoco pueden inicialmente emplear, productos basados en tecnologías de punta. Por lo general, una tecnología de punta es adoptada al comienzo sólo por los clientes menos rentables de un mercado determinado. Por lo tanto, la mayoría de las empresas que exhiben una firme disciplina en cuanto a escuchar sólo a sus mejores clientes e identificar, mediante esta práctica, nuevos productos que prometan mayores beneficios y crecimiento, raramente son proclives a concederle prioridad a invertir en tecnologías de punta hasta que resulta demasiado tarde.

## Evaluación del marco de referencia de fracasos

Este libro, al definir el problema de las tecnologías de punta y describir de qué manera pueden ser administradas, pone cuidado en establecer lo que los investigadores denominan la validez interna y externa de sus proposiciones. Los capítulos 1 y 2 desarrollan el marco de referencia de fracasos en el contexto de la industria de las unidades de disco, en tanto que las páginas iniciales de los capítulos 4 a 8 retornan a dicha industria para elaborar una comprensión progresivamente más profunda de por qué las tecnologías de punta constituyen fenómenos tan fastidiosos para los managers, aunque estos sean eficientes, como para que puedan ser confrontados por los mismos con éxito. La razón para presentar una imagen tan completa de una sola industria específica es simplemente lograr establecer la validez interna del marco de referencia de fracasos. Si un modelo no puede explicar razonablemente por sí mismo lo que ocurrió dentro de una sola industria, no podrá luego ser aplicado con confianza a otras situaciones.

El Capítulo 3 y las últimas secciones de los capítulos 4 a 9 están estructurados de manera de explorar la validez externa del marco de referencia de fracasos, las condiciones en las cuales podemos esperar que dicho marco produzca apreciaciones útiles. El Capítulo 3 utiliza el encuadre para tratar de determinar por qué los fabricantes líderes de excavadoras mecánicas fueron desalojados del mercado del movimiento de tierra por los fabricantes de excavadoras hidráulicas, y el Capítulo 4 trata de por qué los fabricantes integrados de acero de todo el mundo han actuado con indecisión frente a la tecnología del minilaminador. El Capítulo 5 utiliza el modelo para analizar el éxito obtenido por las empresas de ventas minoristas con descuento sobre las tiendas convencionales de cadena y de departamentos, y a investigar el impacto de la tecnología de punta en los productores que operan en las industrias de los ordenadores y de las impresoras. El Capítulo 6 examina el surgimiento de la industria de los asistentes personales digitales y analiza cómo la industria del control de motores eléctricos fue revolucionada por la tecnología de punta. El Capítulo 7 describe cómo los competidores que empleaban tecnologías de punta en motocicletas y circuitos lógicos desbancaron a los líderes de esas industrias; el Capítulo 8 pone de relieve los mismos fenómenos en los sectores del software para contabilidad, y de la insulina. El Capítulo 9 aplica el marco de referencia a un caso de estudio sobre los vehículos eléctricos, resumiendo las lecciones aprendidas de otras investigaciones realizadas en la industria, y mostrando cómo sus resultados pueden ser utilizados para evaluar la oportunidad y el grado de amenaza que representa dicha innovación, y describiendo cómo podría ser aplicada a la fabricación de un vehículo eléctrico que resultara comercialmente exitoso. El Capítulo 10 resume los hallazgos comentados a lo largo del libro.

Considerados en su conjunto, estos capítulos presentan un encuadre teóricamente sólido, ampliamente válido y gerencialmente práctico para comprender las tecnologías de punta y cómo ellas han logrado precipitar el descenso desde su condición de líderes de algunas de las compañías mejor gerenciadas de la historia.

## Cómo utilizar en la práctica los principios de la innovación radical

Los colegas que leyeron mis documentos académicos en los que se daba cuenta de los hallazgos recopilados en los capítulos 1 a 4 resultaron sorprendidos por su tinte de fatalismo. Si las buenas prácticas de management conducen al fracaso de las empresas exitosas cuando se ven enfrentadas a cambios tecnológicos abruptos, entonces las respuestas habituales a los problemas comunes –planificar mejor, trabajar más duramente, hacerse más permeable a los comentarios de los clientes y adoptar para las decisiones una perspectiva de largo plazo– deberían todas ellas contribuir a exacerbar el problema. La ejecución atinada, la respuesta rápida a los mensajes del mercado, el management de calidad total y la reingeniería de procesos resultan igualmente ineficaces. No me sorprendería que semejante panorama pueda producirle suma inquietud a la gente que capacita a los futuros managers.

Los capítulos 5 a 10, sin embargo, sugieren que aunque la solución para las tecnologías de punta no puede ser encontrada en el juego de herramientas utilizadas habitualmente para lograr un buen management, existen maneras sensatas de manejarse de modo efectivo frente a este desafío. Cada empresa de cualquier sector opera bajo ciertas fuerzas –o leyes de naturaleza organizativa – que actúan poderosamente para definir qué puede y qué no puede hacer la compañía. Los managers enfrentados a las tecnologías de punta harán fracasar a sus firmas sólo cuando permitan que estas fuerzas los doblequen.

Para expresarlo mediante una analogía, observemos que los antiguos que trataban de volar atándose a los brazos alas cubiertas de plumas y agitándolas con todas sus fuerzas cuando se arrojaban desde lugares altos, invariablemente fallaban. A pesar de toda su ilusión y lo duro de sus esfuerzos, se hallaban luchando contra varias fuerzas muy poderosas de la naturaleza. Ninguno podía ser lo suficientemente fuerte como para imponerse en esa lucha. El vuelo sólo se hizo finalmente posible cuando los hombres llegaron a comprender con precisión las leyes naturales y los principios que definían cómo funcionaba el mundo: la ley de gravedad, el principio de Bernoulli y los conceptos de ascensión, aerodinamia y resistencia. Cuando la gente que diseñaba sistemas voladores reconoció la vigencia de estas leyes y principios y los utilizó en su propio beneficio, en lugar de luchar contra ellos, pudo ser finalmente capaz de volar a alturas y distancias que anteriormente resultaban inimaginables.

El objetivo de los capítulos 5 a 9 es proponer la existencia de cuatro leyes o principios de la tecnología de punta. Como en el caso de los vuelos tripulados, estas leyes son tan poderosas, que los managers que hagan caso omiso de ellas o que directamente opten por oponérseles, no tienen casi probabilidades de pilotear sus empresas en medio de una tormenta de tecnología de punta. Estos capítulos muestran, sin embargo, que si los managers pudieran comprender y dominar adecuadamente estas fuerzas, en lugar de ponerse a luchar contra ellas, podrían de hecho lograr éxitos espectaculares cada vez que se vean confrontados con cambios tecnológicos de punta. Los siguientes párrafos resumen estos principios y qué pueden hacer los directivos para utilizarlos o adecuarse a ellos.

### *Principio #1: las empresas dependen de sus clientes e inversores para obtener sus recursos*

La historia de la industria de las unidades de disco muestra que las firmas ya establecidas se mantuvieron al tope de su sector cambio tras cambio de las tecnologías sostenidas (tecnologías que sus clientes necesitaban), pero sistemáticamente experimentaron grandes tropiezos cuando debieron enfrentarse con tecnologías de punta de carácter más sencillo. Esta evidencia apoya la teoría de la dependencia de los recursos.[7] El Capítulo 5 resume esa teoría: aunque los managers puedan suponer que controlan el flujo de recursos en sus empresas, a la postre son en realidad los clientes y los inversores los que disponen en la práctica cuánto va a ser el monto de dinero que será erogado, porque las compañías con patrones de inversión que no satisfagan a sus clientes e inversores no logran sobrevivir. Las de mejor desempeño, de hecho, son aquellas más eficientes en este rubro, es decir, que cuentan con sistemas bien desarrollados para poder desechar las ideas que sus clientes no acepten. Como resultado, estas empresas encuentran que les resulta muy difícil invertir los recursos adecuados en tecnologías de punta —o sea, en oportunidades menos rentables que, para colmo, sus clientes principales no desean— hasta que estos últimos comiencen a requerirlas. Y para entonces ya resulta demasiado tarde.

El Capítulo 5 sugiere una manera para que los managers, cuando deban aplicar sus esfuerzos a confrontarse con alguna tecnología de punta, se alineen con esta ley y la utilicen. Con pocas excepciones, las únicas instancias en las cuales las firmas dominantes han establecido exitosamente una posición adecuada respecto del surgimiento de una tecnología de punta fueron aquellas cuyos directivos establecieron una organización autónoma encargada de crear un negocio nuevo e independiente en torno de la tecnología de punta emergente. Tales organizaciones, liberadas del poder de los clientes de la compañía principal, se dedicaban a un conjunto distinto de usuarios: aquellos que deseaban los productos que generaba la tecnología de punta. En otras palabras, las compañías pueden tener éxito con las tecnologías de punta cuando sus managers alineen sus organizaciones con las fuerzas de la dependencia de recursos, en lugar de tratar de ignorarlas o combatirlas.

La consecuencia de este principio para los gerentes es que, cuando se deban enfrentar con una tecnología de punta que les resulte amenazadora, no se puede esperar que la gente y los procesos de una organización dominante permitan asignar libremente los críticos recursos humanos y financieros necesarios para forjarse una posición de privilegio en el pequeño mercado emergente. Es muy difícil que una empresa cuya estructura de costes se halla diseñada para competir en mercados de alta exigencia, pueda asimismo ser rentable en los de baja exigencia. La única forma viable de que disponen las firmas ya establecidas para manejarse con este principio consiste en crear una organización independiente, con una estructura de costes confeccionada con el fin de lograr rentabilidad en presencia de las características de márgenes bajos, propias de las tecnologías de punta.

### *Principio #2: los mercados pequeños no resuelven las necesidades de crecimiento de las empresas grandes*

Las tecnologías de punta típicamente permiten la aparición de nuevos mercados. Existen evidencias significativas que muestran que las empresas que logran ingresar a estos mercados emergentes con la suficiente anticipación obtienen ventajas significativas sobre las que lo hacen después. Y sin embargo, cuando estas compañías logran volverse más grandes, se les hace progresivamente más difícil ingresar a los pequeños mercados aún más nuevos que vayan surgiendo, y que están destinados a convertirse en grandes en el futuro.

Para lograr mantener los precios de sus acciones en un nivel conveniente y crear oportunidades internas para que sus empleados extiendan el alcance de sus responsabilidades, las compañías exitosas deben seguir creciendo.

Pero mientras que una compañía de u$s 40 millones necesita obtener solamente u$s 8 millones de ingreso para crecer un 20% durante el año siguiente, una compañía de u$s 4.000 millones necesita recaudar u$s 800 millones en concepto de nuevas ventas. Ningún mercado nuevo es tan grande. En consecuencia, cuanto mayor y más exitosa se hace una organización, más débil se hace la argumentación de que los mercados emergentes pueden convertirse en motores útiles para impulsar su crecimiento.

Muchas empresas grandes adoptan la estrategia de esperar hasta que los mercados nuevos se hagan "lo suficientemente grandes como para resultar interesantes". Pero la evidencia presentada en el Capítulo 6 mostrará por qué razones esta no resulta a menudo una estrategia útil.

Aquellas firmas grandes ya establecidas que han logrado tener éxito en alcanzar una posición importante en los nuevos mercados creados por las tecnologías de punta, lo han conseguido asignando la responsabilidad de comercializar los nuevos productos a otra organización cuyo tamaño concuerde con el del mercado emergente. Las organizaciones pequeñas pueden responder más fácilmente a las oportunidades de crecimiento en un mercado reducido. Existe fuerte evidencia respecto de que las asignaciones, tanto formales como informales de recursos, hacen muy difícil para las organizaciones grandes concentrar la energía y el talento adecuados para los mercados pequeños, aun cuando la lógica sugiera que estos puedan algún día llegar a ser grandes.

### *Principio #3: no se pueden analizar aquellos mercados que aún no existen*

La investigación concienzuda de mercado y la buena planificación seguida de una ejecución acorde con el plan constituyen todas características distintivas del buen management. Cuando estas prácticas se aplican a las innovaciones tecnológicas sostenidas, pueden resultar invalorables; son la primera razón, de hecho, por la que las firmas debidamente establecidas mantuvieron su liderazgo en cada instancia específica de innovación sostenida que hubo en la historia de la industria de las unidades del disco. Estos enfoques razonados son viables al operar con tecnologías sostenidas, porque el tamaño y las tasas de crecimiento de los mercados generalmente se conocen, se han establecido además las trayectorias de los progresos tecnológicos, y las necesidades de los principales clientes ya han sido generalmente bien articuladas. Debido a que la vasta mayoría de las innovaciones son de carácter sostenido, los ejecutivos ha aprendido a manejar la innovación en un contexto sostenido, donde el análisis y el planeamiento resultan factibles.

Al tener que ocuparse de tecnologías de punta conducentes a nuevos mercados, sin embargo, los investigadores de mercado y los planificadores de negocios logran notas consistentemente más bajas. De hecho, basándonos en la evidencia obtenida en las industrias de las unidades de disco, las motocicletas y los microprocesadores, examinadas en el Capítulo 7, la única cosa que podemos dar por segura cuando leemos los pronósticos de los expertos acerca del tamaño que tendrán finalmente los mercados emergentes es que estas cifras muy probablemente sean erróneas.

En muchas instancias, el liderazgo con relación a las innovaciones sostenidas —es decir, aquellas acerca de la cuales se conoce la información y para las cuales se puedan efectuar planes— no resulta competitivamente importante. En tales casos, a los que adoptan estas tecnologías sostenidas les va casi tan bien como a los líderes de las mismas. Es en las innovaciones de punta, cuyo mercado se conoce menos, donde existen ventajas para el que lleva a cabo los primeros movimientos. Este es el dilema que debe afrontar el innovador.

Las compañías grandes, cuyos procesos de inversión requieren de la cuantificación del tamaño de los mercados y los retornos financieros como condición previa al ingreso a un sector determinado, se paralizan o cometen serios errores cuando se ven enfrentadas a tecnologías de punta. Sus procesos previos requieren información de mercado cuando en la práctica esta no existe, y evaluaciones basadas sobre proyecciones financieras cuando no resulta posible conocer, de hecho, ni los ingresos ni los costes. La utilización de técnicas de planificación y marketing que hayan sido desarrolladas para administrar tecnologías sostenidas en el contexto absolutamente diferente de las tecnologías de punta resulta un mero ejercicio de prueba y error.

El Capítulo 7 aborda un enfoque diferente para la estrategia y la planificación: enuncia la ley de que tanto los mercados correctos como las estrategias adecuadas para explotarlos no pueden ser conocidas con anticipación. El nombre de "planificación basada en descubrimientos" sugiere que los managers den por sentado que los pronósticos son erróneos, en lugar de correctos, y que la estrategia que han elegido puede también estar equivocada. Invertir y gerenciar bajo tales supuestos obliga a desarrollar planes para aprender qué necesita ser conocido, una manera mucho más efectiva de confrontar las tecnologías de punta con éxito.

### Principio #4: la provisión de tecnologías puede no ser igual que la demanda de mercado

Las tecnologías de punta, aunque inicialmente puedan ser utilizadas solamente en pequeños mercados alejados de los principales, son de punta justamente porque a posteriori pueden hacerse totalmente competitivas en el mercado principal, en lo que respecta a desempeño, comparadas con los productos tradicionales. Como se muestra en la Figura I.1 (en la página 26), esto sucede porque el ritmo del progreso tecnológico de un producto frecuentemente excede la velocidad con que se generan las solicitudes de mejoras por parte de sus usuarios principales. Como consecuencia, los productos cuyas características y funcionalidad se aproximen a lo que estos mercados necesitan en un momento determinado, por lo general siguen una trayectoria de mejoras en la cual, en algún punto futuro, excederán las necesidades de tales mercados en esa nueva circunstancia. Y los productos que al principio presentaban serios problemas de desempeño, relativos a las expectativas de los clientes presentes en los mercados principales, pueden tornarse en un futuro no demasiado lejano absolutamente competitivos para esos mismos mercados.

El Capítulo 8 muestra que cuando esto sucede, en mercados tan diversos como los de las unidades de disco, el software de contabilidad o el tratamiento de la diabetes, las pautas de competitividad –los criterios según los cuales los clientes seleccionan un producto en lugar de otro– se modifican. Cuando dos o más productos competitivos han mejorado más allá de lo que requiere el mercado, los clientes pueden no basar ya su elección en el parámetro del desempeño. La base para la elección de un producto a menudo se trasladará primero desde su funcionalidad a su confiabilidad, después a su conveniencia y, finalmente, a su precio.

Muchos estudiosos de los negocios han descrito fases del ciclo de vida de un producto de diferentes maneras. Pero el Capítulo 8 plantea que el principal mecanismo que gobierna los desplazamientos de un producto es el fenómeno por el cual el desempeño del mismo comienza a exceder las demandas de su mercado.

En sus esfuerzos por permanecer a la cabeza de su sector desarrollando productos competitivamente superiores, muchas empresas no aprecian la velocidad con la cual se están desplazando hacia arriba en el mercado, satisfaciendo en demasía las necesidades de sus clientes originales mientras corren contra la competencia en busca de mercados que requieran mejor desempeño y donde los márgenes puedan ser mayores. Al hacer esto, crean un vacío en ciertas zonas donde se requieren precios más bajos, a las cuales pueden ingresar entonces competidores que emplean tecnologías de punta. Sólo aquellas compañías que midan cuidadosamente las tendencias respecto de cómo sus clientes más importantes utilizan sus productos, podrán darse cuenta a tiempo de las zonas en las cuales las pautas de la competitividad serán proclives a cambiar en los mercados que son atendidos por ellas.

## ¿Dónde podrán aparecer las tecnologías de punta la próxima vez?

Algunos managers e investigadores que ya se encuentren familiarizados con estas ideas, seguramente han arribado a este punto de la explicación en un estado de ansiedad, porque la evidencia de que hasta los mejores managers tropezaron alguna vez cuando sus mercados fueron invadidos por tecnologías de punta, resulta muy contundente. Es obvio que querrán saber lo antes posible si sus propios mercados pueden resultar objeto del ataque de las tecnologías de punta y cómo pueden ellos defender su negocio antes que sea demasiado tarde. Otros, interesados en encontrar oportunidades de nuevos emprendimientos, se preguntan cómo pueden hacer para identificar las tecnologías potencialmente de punta en torno de las cuales se puedan establecer nuevas empresas y mercados.

El Capítulo 9 plantea estas cuestiones de manera poco convencional. En lugar de ofrecer una lista de comprobación con preguntas para ser formuladas o análisis para efectuar, crea un caso de estudio sobre un problema, particularmente molesto para determinadas empresas, pero bien conocido en la innovación tecnológica: el vehículo eléctrico. He asumido aquí el papel del protagonista: el manager del programa responsable del desarrollo del producto en una compañía automotriz importante, que se ve obligado a lidiar contra las disposiciones legales a fin de comenzar a vender vehículos eléctricos. Exploro primero la cuestión de si los vehículos eléctricos constituyen efectivamente una tecnología de punta y luego sugiero maneras de organizar el programa, establecer sus estrategias, y administrarlo hasta su concreción. Con la modalidad propia de todos los casos de estudio, el propósito de ese capítulo no es anticipar lo que considero la respuesta correcta a este desafío para el innovador.

El texto sugiere una metodología y una manera de pensar acerca del problema de administrar un cambio tecnológico abrupto, que en la práctica debería resultar de utilidad en muchos otros contextos.

El Capítulo 9 nos conduce por lo tanto de lleno al dilema del innovador: el descenso de las "buenas" empresas hacia el fracaso a menudo comienza invirtiendo agresivamente en los productos y servicios que desean sus clientes más lucrativos. Ninguna empresa automotriz se encuentra actualmente amenazada por los vehículos eléctricos, y ninguna de ellas tiene a consideración una incursión de sus ventas en ese terreno. La industria automovilística se encuentra saludable. Los motores de gasolina nunca han sido más confiables. Nunca antes ha habido tal grado de calidad disponible a precios tan bajos. De hecho, fuera de las reglamentaciones del gobierno, no hay razón alguna por la que debamos esperar que los fabricantes actuales de automóviles incursionen en la fabricación de vehículos eléctricos.

Pero el automóvil eléctrico es una tecnología de punta y una potencial amenaza futura. La tarea del innovador es asegurar que esta innovación –que actualmente no tiene sentido en ese mercado– sea considerada por la empresa sin poner al mismo tiempo en riesgo las necesidades de los clientes actuales que proveen rentabilidad y crecimiento. Como el Capítulo 9 lo establece concretamente, el problema puede ser resuelto sólo cuando se tomen en cuenta nuevos mercados y se proceda a desarrollarlos cuidadosamente, siguiendo las nuevas definiciones de valor, y cuando la responsabilidad por el desarrollo del negocio sea transferida a una organización específica cuyo tamaño e intereses estén cuidadosamente alineados con las necesidades específicas de los clientes de dichos nuevos mercados.

**Notas**

1. John McDonald, "Sears Makes it Look Easy", *Fortune*, Mayo de 1964, 120-123.
2. Zinc Moukheiber, "Our Competitive Advantage", *Forbes*, Abril 12, 1993, 59.
3. Steve Weiner, "It's Not Over Until It's Over", *Forbes*, Mayo 28,1990, 58.
4. *Business Week*, Marzo 24, 1986, 98.
5. Thomas J. Peters y Robert H. Waterman, *En busca de la excelencia*, Buenos Aires, Editorial Atlántida, 1985.
6. *Business Week*, Mayo 9, 1994, 26.
7. Jeffrey Pfeffer y Gerald R. Salancik, *The External Control of Organizations: A Resource Dependence Perspective* (Nueva York: Harper & Row, 1978).

# PRIMERA PARTE

# POR QUÉ LAS GRANDES EMPRESAS PUEDEN FRACASAR

# CAPÍTULO 1

# ¿CÓMO PUEDE SER QUE FRACASEN LAS GRANDES EMPRESAS?
## Apreciaciones sobre la industria de los discos rígidos

Cuando comencé con mi investigación en busca de obtener una respuesta al interrogante de por qué aun las mejores empresas pueden fracasar, un amigo me ofreció un sabio consejo. "Los que estudian genética evitan trabajar con seres humanos", observó. "Como las generaciones se renuevan más o menos cada treinta años, les lleva mucho tiempo comprender las causas y efectos de cualquier tipo de cambio. En vez de eso, se dedican a estudiar las moscas de la fruta, porque estas son engendradas, nacen, maduran y mueren, todo en un mismo día. Si quieres comprender por qué sucede una cosa en particular en el mundo de los negocios, estudia para eso la industria de las unidades de disco para ordenadores. Las empresas que encontrarás ahí constituyen lo más cercano a las moscas de la fruta que el mundo llegue a ver jamás."

De hecho, nunca en la historia de las actividades comerciales ha habido una industria como la de las unidades de disco de ordenadores, donde los cambios de la tecnología, las estructuras del mercado, el alcance global y la integración vertical hayan sido tan penetrantes, rápidos y continuos. Aunque este ritmo y esta complejidad deben de haber resultado una pesadilla para sus managers, mi amigo tenía razón en su consideración de que esta industria constituía un terreno fértil para la investigación. Pocas ofrecen a los investigadores las mismas oportunidades de desarrollar teorías que expliquen cómo diversos tipos de cambios pueden hacer que ciertas empresas tengan éxito mientras que otras fracasan, y para comprobar estas teorías a medida que el sector repita sus ciclos de cambio.

Este capítulo resume la historia de la industria de las unidades de disco en toda su complejidad. A algunos lectores les servirá sencillamente por el interés que les pueda despertar su análisis[1]. Pero el verdadero valor de comprender esta historia reside en que de su complejidad emergen algunos factores sorprendentemente simples y consistentes que han sido los que determinaron de manera reiterada el éxito o el fracaso de las mejores empresas de ese sector. Puesto esto en términos sencillos, cuando las mejores firmas tuvieron éxito, fue porque prestaron la debida atención a sus clientes e invirtieron agresivamente en las tecnologías, productos y medios de producción que satisficieran las necesidades de mediano plazo de sus clientes. Pero, paradójicamente, cuando en otra ocasión las mejores empresas fracasaban, era también a causa de las mismas razones, o sea porque nuevamente prestaron la debida atención a sus clientes e invirtieron agresivamente en las tecnologías, productos y medios de producción que satisficieran las necesidades de mediano plazo de sus clientes. Ese constituye uno de los dilemas de los innovadores: seguir a rajatabla la máxima de que los buenos managers deben mantenerse en estrecho contacto con sus clientes y sus necesidades puede constituir algunas veces un error fatal.

La historia de la industria de las unidades de disco provee un marco de referencia adecuado para comprender cuándo "mantenerse cerca de los clientes" puede ser un buen consejo, y cuándo no lo es. La solidez de este marco de referencia puede constatarse solo si se investiga cuidadosamente la historia de esta industria a través del tiempo. Algunos de los detalles encontrados se describen tanto aquí como a lo largo de todo el libro, con la esperanza de que los lectores que se encuentren inmersos en las condiciones particulares de sus propias industrias puedan emerger de su lectura mejor capacitados para reconocer cómo los éxitos y fracasos de sus propias empresas y de sus competidores pudieron haber respondido a los mismos patrones generales.

## Cómo funcionan las unidades de disco

Las unidades de disco recuperan y graban la información que utilizan los ordenadores. Están compuestas de: cabezales de lectura-escritura montados en el extremo de un brazo que se desplaza sobre la superficie de un disco giratorio, más o menos de la misma manera que una púa y el brazo a la que esta se halla acoplada se desplazan sobre un disco fonográfico; cilindros huecos de aluminio o vidrio revestidos de material magnético; por lo menos dos motores eléctricos, uno que gobierna la rotación de los discos a ser leídos y otro que mueve el cabezal hacia la posición requerida del disco; y varios circuitos electrónicos que controlan la operación global de la unidad de disco y su interface con el ordenador. En la Figura 1.1 se aprecia la configuración de una unidad de disco típica.

El cabezal de lectura-escritura consiste en un minúsculo electroimán cuya polaridad cambia cada vez que lo hace la dirección de la corriente eléctrica que circula por él. Esa fluctuación de la polaridad, que responde a la secuencia de bits que generaron los datos presentes en la memoria del ordenador, se transmite, de acuerdo con las leyes electromagnéticas, a la pequeña porción de disco que va quedando en cada instante justo debajo del sitio por el que pasa en ese momento el cabezal.

**Figura 1.1  Componentes principales de una unidad de disco típica**

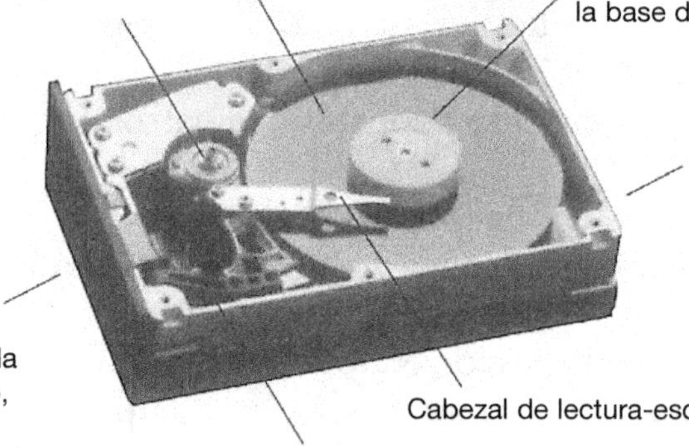

De esta manera se van generando, en invisibles pistas concéntricas que se hallan dispuestas sobre la superficie del disco, pequeños imanes cuya polaridad positiva o negativa responde fielmente a la de la corriente que circula por el electroimán del cabezal que, como dijimos, responde a su vez a la codificación binaria –1 y 0– de los bits de datos que originaron la corriente eléctrica. Las unidades de disco recuperan la información desde los discos esencialmente de la misma manera, pero el proceso es justamente el opuesto: los campos magnéticos que generan cada uno de los minúsculos imanes presentes en el disco representan, a medida que el cabezal se desplaza sobre ellos, un flujo magnético de sentido variable: este induce en el electroimán del cabezal, también debido a leyes electromagnéticas, una diferencia de potencial, o voltaje, que genera a su vez una corriente eléctrica que constituye una réplica exacta de la que circuló cuando los datos fueron grabados en el disco.

Esto representa una "lectura" electromagnética del disco, mediante la cual los datos son recuperados.

## Surgimiento de las primeras unidades de disco

Un equipo de investigadores de los laboratorios de IBM en San José, California, desarrolló la primera unidad de disco entre 1952 y 1956. Denominada RAMAC (siglas de **R**andom **A**ccess **M**ethod for **A**ccounting and **C**ontrol [Método de Acceso Aleatorio para Auditoría y Control]), era del tamaño de un refrigerador doméstico grande, constaba de cincuenta discos de veinticuatro pulgadas (61 centímetros), y podía almacenar hasta 5 megabytes (MB) de información (ver Figura 1.2). La mayoría de los conceptos fundamentales sobre la arquitectura y las tecnologías de los componentes que constituyen la base de los diseños de las unidades de disco de hoy en día fueron desarrollados también en IBM. Estas arquitecturas y tecnologías incluyen las unidades de discos rígidos removibles (introducidas en el mercado en 1961); las de discos flexibles (1971) y la arquitectura Winchester (1973). Todas ellas tuvieron una influencia poderosa y decisiva sobre la manera en que los diseñadores del resto de las empresas del sector definieron lo que constituía efectivamente una unidad de disco y lo que esta debería ser capaz de hacer.

A medida que IBM iba produciendo unidades de disco que satisficieran sus propias necesidades, fue surgiendo una industria paralela e independiente que comenzó a fabricar unidades de disco destinadas a dos mercados diferentes. Algunas firmas desarrollaron el mercado de las unidades compatibles (PCM, acrónimo de **P**lug-**C**ompatible **M**arket) en la década de los '60, vendiendo clones de las unidades IBM a menor precio directamente a los usuarios de aquellas. Aunque la mayoría de los competidores de IBM

**Figura 1.2  La primera unidad de disco, desarrollada por IBM**

*Fuente:* Cortesía de IBM (International Business Machines Corporation).

en el mercado de los ordenadores (por ejemplo, Control Data, Burroughs y Univac) estaban asimismo integrados verticalmente en la fabricación de sus propias unidades de disco, la emergencia durante la década de los '70 de fabricantes más pequeños y no integrados, tales como Nixdorf, Wang y Prime produjo un mercado de equipos originales (OEM, **O**riginal **E**quipment **M**anufacturer). Hacia 1976 ya se producían unidades de disco por un valor aproximado a los u$s 1.000 millones, de los cuales la producción de unidades cautivas representaba alrededor del 50 por ciento y los mercados PCM y OEM aproximadamente un 25 por ciento cada uno.

Durante los doce años siguientes tuvo lugar una notable historia de crecimientos rápidos, turbulencias de mercado y mejoras en el desempeño de los productos, como consecuencia de sucesivos desarrollos tecnológicos. El monto facturado por la industria de las unidades de disco rígido trepó hacia 1995 a alrededor de u$s 18.000 millones. Hacia mediados de los años 80, el mercado PCM se había vuelto insignificante, mientras que la producción de los OEM trepó hasta representar casi las tres cuartas partes de la producción mundial. De las diecisiete firmas que constituían la industria en 1976– todas las cuales eran corporaciones relativamente grandes y diversificadas, tales como Diablo, Ampex, Memorex, EMM y Control Data– todas excepto IBM fracasaron o terminaron siendo adquiridas con anterioridad a 1995. Durante este período ingresaron al sector 129 firmas, de las cuales 109 también fracasaron. Fuera de IBM, Fujitsu, Hitachi y NEC, todos los fabricantes que quedaban hacia 1996 habían ingresado a esta industria como empresas nuevas y muy recientemente.

Algunos han atribuido esta alta tasa de mortalidad al casi imprevisible ritmo de cambios tecnológicos. Efectivamente, dicho ritmo ha sido impresionante. El número de megabits (Mb, la octava parte de un megabyte o MB) de información que los ingenieros de desarrollo iban siendo capaces de concentrar en una pulgada cuadrada*se fue incrementado a razón de un 35 por ciento anual en promedio, desde 50 Kb en 1967 a 1,7 Mb en 1973, 12 Mb en 1981 y 1100 Mb en 1995. El tamaño físico de las unidades de disco se ha ido reduciendo a un ritmo similar. El volumen ocupado por la unidad de disco más pequeña disponible disminu-

---

* En razón de que la gran mayoría de las empresas producto48ras de este tipo de producto son norteamericanas y que la terminología corriente en el mercado respecto de las unidades de medida corresponde al sistema de medidas empleado en los E.E. U.U., preferimos respetar aquí la terminología utilizada en el original en inglés del presente volumen (N. del T.)

yó de 800 pulgadas cúbicas (aproximadamente 13.000 cm³) en 1978 a 1,4 pulgadas cúbicas (23 cm³) en 1993, o sea el equivalente a una reducción anual del 35 por ciento.

La Figura 1.3 muestra que en la curva de experiencia de la industria (que compara el número acumulativo de terabytes [mil gigabytes] de capacidad de almacenamiento en disco suministrado a través de su historia con el precio en dólares constantes por megabyte de memoria) la pendiente de la misma fue del 53 por ciento, lo que en términos prácticos significa que cada vez que se duplicaba el número de terabytes, el coste por megabyte caía al 53 por ciento de su nivel anterior. Esto representa una variación mucho más abrupta de la declinación de precios que la que suministra la pendiente del 70 por ciento observada en los mercados de la mayoría de los otros productos microelectrónicos. El precio por megabyte ha ido disminuyendo en alrededor del 5 por ciento por *trimestre* durante más de veinte años.

## El impacto de los cambios tecnológicos

Mi investigación sobre la razón por la cual tantas empresas líderes encontraron tan difícil permanecer al frente de la industria de las unidades de disco me condujo en primera instancia a desarrollar lo que podríamos denominar la "hipótesis del palo enjabonado": mantenerse a tono con la inexorable acometida de los cambios tecnológicos era equivalente a tratar de escalar un palo recubierto de jabón humedecido. Uno tenía que apelar a todos sus recursos para llegar hasta arriba, y si en algún momento se detenía, siquiera fuese para recuperar el aliento, rápidamente se venía abajo.

Para probar esta hipótesis del "palo enjabonado", construí y analicé una base de datos que consistía en las es-

**Figura 1.3  Curva de experiencia de los precios de las unidades de disco**

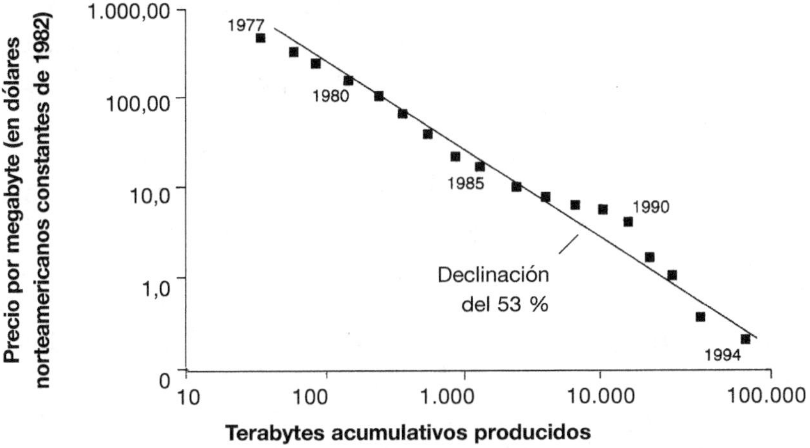

*Fuente:* La información se obtuvo de diversos ejemplares de *Disk/Trend Report.*

pecificaciones técnicas y de desempeño de cada modelo de unidad de disco introducido por cada compañía integrante de la industria de las unidades de disco en todo el mundo para cada uno de los años entre 1975 y 1994[2]. Esta base de datos me permitió identificar a las firmas que lideraron la introducción de cada nueva tecnología, rastrear cómo fueron difundidas estas tecnologías a lo largo del tiempo, ver cuáles firmas lideraron y cuáles se fueron quedando atrás, y medir el impacto que tuvo cada innovación tecnológica en la capacidad, velocidad y otros parámetros de desempeño de las unidades de disco. Al reconstruir con cuidado la historia de cada cambio tecnológico operado en el sector, podía identificarse cada uno de los cambios que catapultaron a algunos recién llegados hacia el éxito o que precipitaron el fracaso de líderes ya establecidos.

Este estudio me condujo a obtener una visión totalmente diferente de los cambios tecnológicos, que la que hubiera sido inducido a esperar como resultado del trabajo de estudiosos anteriores sobre el mismo tema. Esencialmente, me reveló que ni el ritmo ni la dificultad de los cambios tecnológicos tuvieron que ver con los fracasos de las empresas líderes. La hipótesis del "palo enjabonado" estaba, pues, equivocada.

Los fabricantes de la mayoría de los productos del sector habían establecido una trayectoria de mejoras de desempeño específica a lo largo del tiempo.[3] Intel, por ejemplo, impulsó la velocidad de sus microprocesadores en alrededor de 20 por ciento al año, desde su procesador 8088 en 1979 hasta su Pentium de 133 MHz en 1994. En Eli Lilly and Company mejoraron la pureza de su insulina desde 50.000 partes de impureza por millón (ppm) en 1925 a 10 ppm en 1980, lo que equivale a una tasa de mejora anual del 14 por ciento. Cuando se ha logrado establecer una trayectoria de mejoras mensurable, determinar si una tecnología nueva será capaz de mejorar un desempeño de producto con relación a versiones anteriores del mismo tipo resulta una cuestión sin ambigüedades.

Pero en otros casos, el impacto de los cambios tecnológicos puede ser muy diferente. Por ejemplo, ¿es un *notebook* mejor que un *mainframe*?* Esta es una pregunta sumamente ambigua, porque los notebooks establecieron una trayectoria de desempeño totalmente diferente, en la que la propia definición de desempeño difiere sustancialmente de la que se utiliza para medir el de un mainframe. Los notebooks, en consecuencia, se venden generalmente para ser utilizados en aplicaciones muy diferentes.

---

* Los términos *notebook* y *mainframe* se encuentran muy difundidos en el terreno de la informática, de modo que los mantendremos aquí. Por *notebook* se quiere indicar un ordenador portátil, mientras que *mainframe* se refiere a los grandes ordenadores que centralizan toda la actividad de las grandes empresas. (N. del T.)

Este estudio de los cambios tecnológicos a través de la historia de la industria de las unidades de disco revela dos tipos de cambio tecnológico, cada uno con efectos diferentes sobre los líderes del sector. Las tecnologías del primer tipo *mantenían* el ritmo de mejoras en el desempeño del producto (la capacidad total y la densidad de grabación eran los dos factores más comunes) y variaban en complejidad desde simplemente incrementales hasta radicales. Las firmas dominantes del sector eran las que siempre lideraban el desarrollo y la adopción de estas tecnologías. Por contraste, las innovaciones del segundo tipo eran *abruptas* y redefinían el propio concepto de trayectorias de desempeño, y coincidentemente, de manera repetitiva y consistente, daban como resultado el fracaso de las firmas líderes de esa industria.[4]

El resto de este capítulo ilustra la distinción entre tecnologías de sostenimiento y abruptas (que en lo sucesivo denominaremos *de punta*), mediante ejemplos destacados de cada una de ellas y un resumen del papel que ambas han representado en el desarrollo del sector. Esta discusión se concentra en las diferentes maneras en que las firmas ya establecidas fueron llevadas a liderar o a demorarse en desarrollar y adoptar nuevas tecnologías, comparadas con las firmas que acababan de ingresar al mercado. Para llegar a estos ejemplos, se examinó cada tecnología novedosa del sector. Al analizar qué firmas lideraron y cuáles se retrasaron en cada uno de estos puntos de inflexión, definí como *ya establecidas* a aquellas que, antes del advenimiento de la tecnología en cuestión, estaban ya operando en un sector determinado de la industria, y utilizaban corrientemente la tecnología que estuviese vigente en ese momento. Definí como *recientes* o *nuevas* a aquellas que en el momento preciso de ese cambio tecnológico, apenas habían ingresado en la industria. Por lo tanto, una empresa determinada sería considerada *nueva* en un punto específico de la historia del sector, por ejemplo, con la emergencia de la unidad de disco de 8 pulgadas, pero la misma sería considerada como *ya establecida* cuando se estudiaran los cambios tecnológicos que emergieron posteriormente al ingreso de la firma al sector.

## Cambios tecnológicos de sostenimiento

En la historia de la industria de las unidades de disco, la mayoría de los cambios tecnológicos han sostenido o reforzado trayectorias de desempeño de producto ya establecidas. La Figura 1.4, que compara la densidad de grabación promedio de las unidades de disco empleadas por generaciones sucesivas, representa un ejemplo de esto. La primera curva registra la densidad de las unidades de disco que utilizaba la tecnología convencional de partículas de óxido ferroso y cabezales de ferrita; la segunda, la densidad promedio de las unidades de disco de película delgada; la tercera muestra los incrementos de densidad obtenibles con las unidades magneto-resistivas.[5]

La manera en que nuevas tecnologías como estas emergen para sobrepasar el desempeño de las anteriores se asemeja a una serie de curvas "S" de tecnología que se intersectasen entre sí.[6] El movimiento a lo largo de una determinada curva S es generalmente resultado de mejoras incrementales que van teniendo lugar dentro de un enfoque tecnológico ya existente, mientras que un salto hacia la siguiente curva tecnológica implica adoptar una tecnología radicalmente nueva. En los casos medidos en la Figura 1.4, los avances incrementales, tales como por ejemplo moler la ferrita integrante de los cabezales a dimensiones más finas y más precisas y utilizar partículas de óxido más pequeñas y más finamente dispersas sobre la superficie del disco, conducen a mejoras en la densidad de 1 a 20 megabits por pulgada cuadrada entre 1976 y 1989. Como lo pre-

**Figura 1.4 Impacto de las nuevas tecnologías de cabezales de lectura-escritura sobre las tecnologías ya establecidas en el mejoramiento de la densidad de grabación**

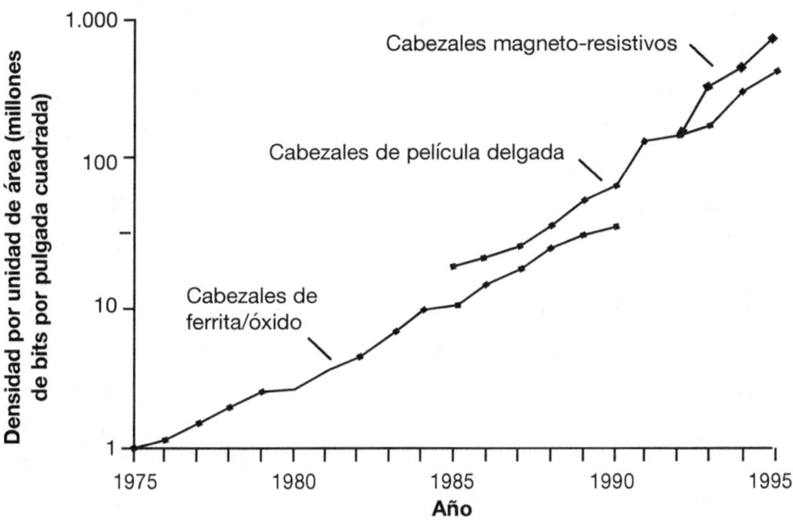


Fuente: La información se obtuvo de diversos ejemplares de *Disk/Trend Report*.

deciría la teoría de las curvas "S", la mejora en la densidad de grabación con esta tecnología comenzó a estabilizarse hacia el final del período, sugiriendo que la tecnología había llegado al máximo de sus posibilidades. El efecto de la tecnología del cabezal y de los discos de película delgada sobre la industria logró sostener las mejoras en el desempeño del producto en su tasa histórica. Los cabezales de película delgada no habían acabado todavía de establecerse, hacia principios de la década de los '90, cuando emergió una tecnología aún más avanzada, la de los cabezales magneto-resistivos. Su impacto sostuvo, y aun aceleró, la tasa de mejoras de desempeño.

La Figura 1.5 describe un cambio de tecnología ya establecida de carácter muy diferente: una innovación en la arquitectura del producto, en la cual la unidad de disco Winchester de 14 pulgadas reemplazó a los conjuntos de discos removibles, que habían sido el diseño predominante entre 1962 y 1978. De la misma manera que en el caso del reemplazo de la combinación ferrita/óxido por la de película delgada, el impacto de la tecnología Winchester sostuvo la tasa históricamente establecida de mejoras en el desempeño. Podrían construirse gráficos similares para la mayoría de las demás innovaciones, tales como los servosistemas integrados, los códigos de grabación RLL y PRML, los motores de mayores RPM y las interfaces embebidas. Algunos de estos cambios fueron simplemente mejoras directas de tecnologías anteriores; otros fueron innovaciones radicales. Pero todos tuvieron un efecto similar: ayudaron a los fabricantes a sostener la tasa histórica de mejoramiento de desempeño a la que estaban acostumbrados sus clientes.[7]

En prácticamente todos los casos de cambios de sostenimiento de tecnologías ya establecidas en la industria de las unidades de disco, las firmas que ya se encontraban en el mercado fueron las que lideraron el desarrollo y la comercialización de las nuevas tecnologías. Esto es ilustrado con la aparición de nuevas tecnologías para discos y cabezales.

En la década de los '70, algunos fabricantes de unidades de disco sintieron que estaban llegando al límite del número de bits de información que podían agrupar en los discos de óxido. Como respuesta, comenzaron a estudiar maneras de aplicar películas superdelgadas de material magnético sobre una superficie de aluminio, para lograr así sostener la tasa histórica de mejoras en la densidad de grabación. Para esa época el uso de los recubrimientos de película delgada se encontraba ya muy desarrollado en la industria de los circuitos integrados, pero su aplicación a los discos magnéticos todavía presentaba dificultades sustanciales. Los expertos estiman que a los pioneros –IBM, Control Data, Digital Equipment, Storage Technology y Ampex– les llevó más de ocho años lograrlo, y gastaron ca-

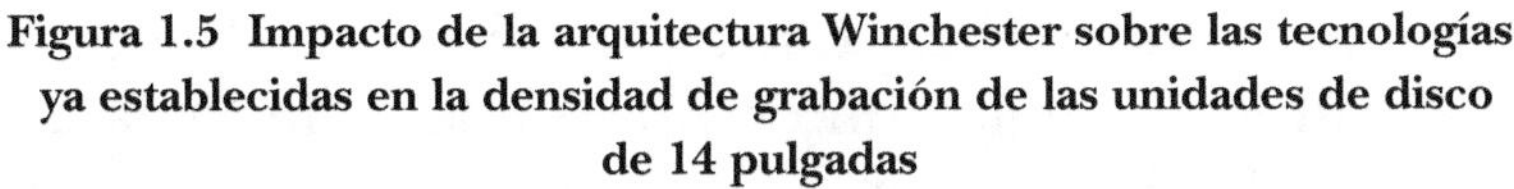

**Figura 1.5  Impacto de la arquitectura Winchester sobre las tecnologías ya establecidas en la densidad de grabación de las unidades de disco de 14 pulgadas**

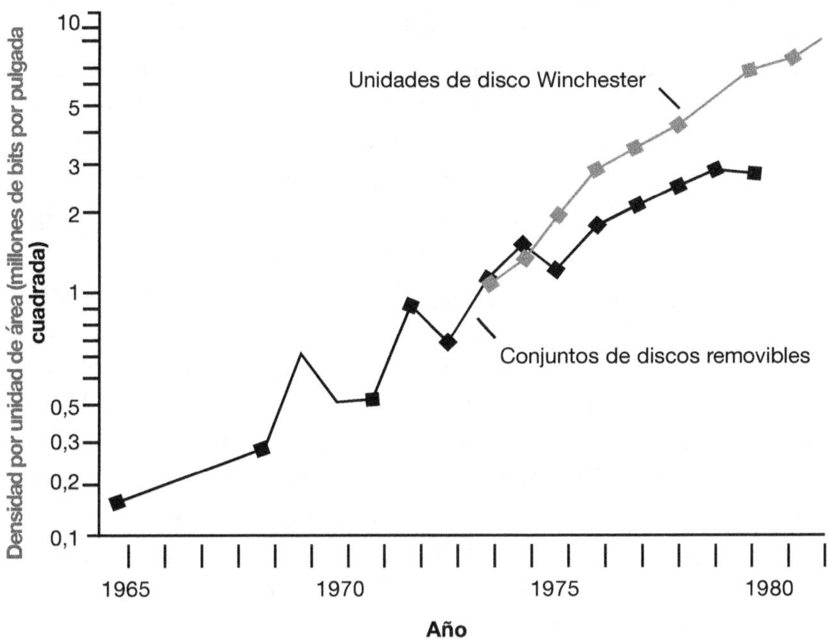


Fuente: La información se obtuvo de diversos ejemplares de *Disk/Trend Report*.

da uno de ellos más de u$s 50 millones en dicho esfuerzo. Entre 1984 y 1986, alrededor de dos tercios de los fabricantes que ya se encontraban activos en 1984 introdujeron las unidades de disco de película delgada. La abrumadora mayoría de estos eran firmas ya establecidas con anterioridad en la industria. Sólo unas pocas empresas recién ingresadas intentaron utilizar los discos de película delgada en sus productos iniciales, pero casi todas quebraron al poco tiempo de haber ingresado al mercado.

El mismo patrón resultó evidente con la emergencia del cabezal de película delgada. Los fabricantes de cabezales de ferrita ya percibieron hacia 1965 el límite al que tenderían las mejoras en esta tecnología; en 1981 ya muchos consideraban que en poco tiempo se alcanzaría dicho límite. Los investigadores se volcaron entonces a la tecnología de la película delgada, que consistía en aplicar delgadas películas de metal sobre el cabezal de grabación, y luego utilizar la fotolitografía a fin de grabar electroimanes mucho más pequeños que los que se podrían obtener con la tecnología de la ferrita. Nuevamente, esto resultó ser extraordinariamente difícil. Burroughs en 1976, IBM en 1979, y otras compañías ya establecidas fueron las primeras que incorporaron con éxito los cabezales de película delgada en sus unidades de disco. En el período entre 1982 y 1986, durante el cual ingresaron a la industria de las unidades de disco rígido alrededor de sesenta firmas, solo cuatro (de las cuales todas fracasaron) intentaron hacerlo utilizando los cabezales de película delegada en sus productos iniciales como fuente de ventajas comparativas en el desempeño. Todas las demás recién ingresadas –aun aquellas orientadas agresivamente hacia el desempeño, como Maxtor y Conner Peripherals– encontraron preferible hacer primero su propia experiencia utilizando al comienzo cabezales de ferrita, antes de dedicarse a la tecnología de la película delgada.

Como sucedió con los discos de película delgada, la introducción de sus acompañantes naturales, los cabezales de película delgada, representó el tipo de inversión sostenida que únicamente las firmas ya establecidas podían afrontar. IBM y sus rivales gastaron cada uno más de u$s 100 millones en desarrollar los nuevos cabezales. Este patrón se repitió también con la siguiente generación, la tecnología del cabezal magneto-resistivo: las firmas más importantes de la industria en ese momento –IBM, Seagate y Quantum– marcharon a la vanguardia.

Las firmas establecidas fueron los innovadores líderes no solamente en el desarrollo de tecnologías riesgosas, complejas y caras tales como la recién mencionada, sino *li-*

*teralmente en cada una de las demás innovaciones de sostenimiento registradas en la historia de la industria.* Aun en innovaciones relativamente simples, como los códigos de grabación RLL (que llevaron desde los discos de doble densidad a los de triple densidad), las firmas ya establecidas fueron en todos los casos los pioneros exitosos, y las recién ingresadas resultaron siempre los seguidores de dichos avances. Esto también es cierto para aquellas innovaciones de la estructura –por ejemplo, las unidades de disco Winchester de 14 pulgadas y 2, 5 pulgadas– cuyo aporte logró sostener las trayectorias de mejoras ya existentes. En este terreno las firmas establecidas derrotaron incuestionablemente a las recién ingresadas.

La Figura 1.6 resume este patrón de liderazgo de las primeras, cuando las otras ofrecían productos basados en nuevas tecnologías de sostenimiento durante los años en que estas tecnologías seguían siendo emergentes y no habían llegado al punto de saturación. El patrón es sorprendentemente sólido. Ya fuese que se tratara de una tecnología radical o incremental, barata o cara, de software o de hardware, de componentes o de estructura, favorecedora de la competencia o destructora de la misma, el comportamiento era el mismo. Cuando se confrontaban con un cambio en tecnologías ya establecidas que pudiera proporcionar a los clientes existentes algo mejor y más barato con las características que los mismos deseaban, las empresas que ya fabricaban este tipo de elemento con la tecnología anterior lideraban sistemáticamente a la industria en el desarrollo y adopción de dicho cambio. Claramente, los líderes no fracasaban entonces porque se volvieran pasivos, arrogantes o reacios al cambio o porque no pudieran sostener el ritmo de la asombrosa tasa de cambios tecnológicos, tal como lo hubiera vaticinado mi errónea hipótesis del palo enjabonado.

**Figura 1.6  Liderazgo de las firmas ya establecidas en tecnologías de sostenimiento**

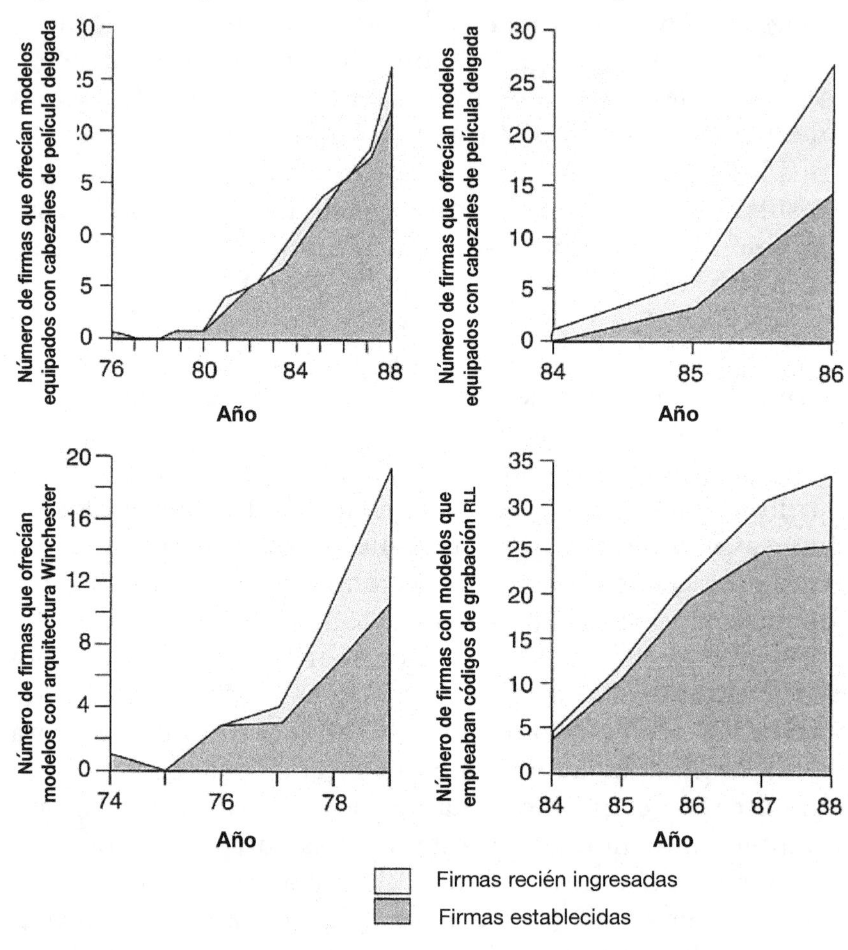



*Fuente:* La información se obtuvo de diversos ejemplares de *Disk/Trend Report*.

# Los fracasos en presencia de cambios tecnológicos abruptos

La mayoría de los cambios registrados en la industria de las unidades de disco han consistido en innovaciones a tecnologías ya existentes, del tipo descrito anteriormente. Por el contrario, ha habido poca cantidad del otro tipo de cambios tecnológicos, el que hemos denominado tecnologías de punta, pero estos últimos fueron precisamente los que hicieron tambalear a quienes lideraban el sector en esas circunstancias.

Las tecnologías de punta más importantes fueron las innovaciones de arquitectura que hicieron disminuir el tamaño de las unidades de disco, desde 14 pulgadas, pasando por 8, 5,25 y 3,5, y 2,5 hasta 1,8 pulgadas. La Tabla 1.1 ilustra lo repentino de estas innovaciones. Basada en datos de 1981, la misma compara los atributos de una unidad típica de 5,25 pulgadas, un formato a la sazón nuevo que había irrumpido en el mercado no hacía más de un año, con las de una unidad de disco típica de 8 pulgadas, que en esa época era la unidad regular utilizada por los fabricantes de miniordenadores. En lo que se refiere a todas sus características de desempeño que pudiesen resultar importantes para los fabricantes de miniordenadores ya establecidos en el mercado –capacidad, coste por megabyte y tiempo de acceso– el producto de 8 pulgadas era ampliamente superior. El de 5,25 pulgadas no lograba satisfacer

**Tabla 1.1  Un ejemplo de cambio abrupto de tecnología: la unidad de disco Winchester de 5,25 pulgadas (1981)**

| Atributo | Unidades de 8 pulgadas (Mercado de los miniordenadores) | Unidades de 5,25 pulgadas (Mercado de los ordenadores personales) |
| --- | --- | --- |
| Capacidad (megabytes) | 60 | 10 |
| Volumen físico (cm$^3$) | 9.275 | 2.458 |
| Peso (kilogramos) | 9,5 | 2,7 |
| Tiempo de acceso (miliseg) | 30 | 160 |
| Coste por megabyte | u$s 50 | u$s 200 |
| Coste de la unidad | u$s 3.000 | u$s 2.000 |

*Fuente:* La información se obtuvo de diversas ediciones de *Disk/Trend Report*.

los requerimientos de los fabricantes de miniordenadores de esa época. No obstante, tenían otras características que atraían al mercado de los ordenadores personales, que en el período comprendido entre 1980 y 1982 estaba apenas comenzando a aparecer. Eran más pequeños y livianos y, con su precio de alrededor de u$s 2.000, podían ser incorporados a los ordenadores de escritorio de manera económica.

En general, las innovaciones abruptas o de punta eran tecnológicamente sencillas, y consistían en componentes ya disponibles que eran ensamblados juntos de manera diferente, dando lugar a una arquitectura de producto a menudo más simple que la de los enfoques previos.[8] De hecho ofrecían menos de lo que deseaban los clientes en los mercados ya establecidos, y por lo tanto raramente podían ser utilizados en estos últimos. Pero al mismo tiempo constituían una combinación diferente de atributos que resultaba valiosa en otros mercados emergentes alejados de la corriente dominante y, por su tamaño, carentes de interés para las empresas que comercializaban sus productos en estos últimos.

El mapa de trayectorias de la Figura 1.7 muestra de qué manera esta serie de tecnologías simples pero de punta resultaron ser la debacle de algunas fábricas de unidades de discos rígidos muy agresivas y eficientemente conducidas. Hasta mediados de los años '70, las unidades de disco de 14 pulgadas con conjuntos de discos removibles eran casi las únicas que se vendían. Entonces tuvo lugar la aparición del formato Winchester de 14 pulgadas, que contribuyó a mantener el ritmo de las mejoras en la densidad de grabación. Casi todas estas unidades de disco (removibles y Winchester) fueron vendidas a fabricantes de ordenadores mainframe, y fueron por lo tanto justamente las mismas compañías que lideraban el mercado las que encabezaron la transición de la industria hacia la innovación.

**Figura 1.7  Trayectorias intersectantes de capacidad demandada *versus* capacidad suministrada en unidades de discos rígidos**

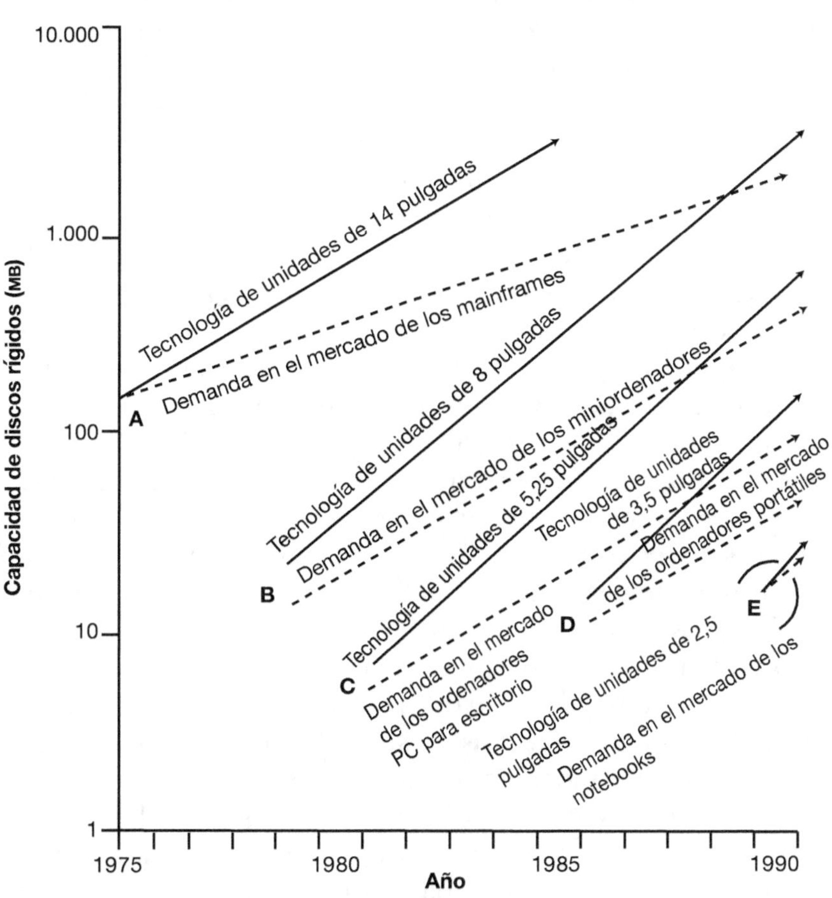


*Fuente:* Clayton M. Christensen, "The Rigid Disk Drive Industry: A History of Commercial and Technological Turbulence." *Business History Review 67*, N° 4 (Invierno 1993); 559. Reproducido con autorización.

El mapa de trayectorias de la Figura 1.7 muestra que la capacidad de disco rígido suministrada en un ordenador mainframe de precio mediano y configuración típica en 1974 era de alrededor de 130 Mb. Esta se fue incrementando a razón de un 15 por ciento anual durante los siguientes quince años, trayectoria que se correspondía con la capacidad de disco requerida por los usuarios típicos de los nuevos ordenadores mainframe. Al mismo tiempo, la capacidad de las unidades de disco promedio de 14 pulgadas que iban siendo introducidas a la venta cada año aumentaba más rápidamente, a una tasa del 22 por ciento, sobrepasando por lo tanto las necesidades del mercado de los mainframes y comenzando a acceder al mercado de los grandes ordenadores científicos y los superordenadores.[9]

Entre 1978 y 1980, varias firmas recién ingresadas –Shugart Associates, Micropolis, Priam y Quantum– desarrollaron unidades de disco más pequeñas, de 8 pulgadas, con capacidad para 10, 20, 30 y 40 Mb. Estas no resultaban de interés para los fabricantes de mainframe, que para esa época requerían capacidades de 300 a 400 Mb. Las empresas que ingresaron por entonces al mercado de las unidades de 8 pulgadas debieron vender por lo tanto sus productos de tecnología de punta en un nuevo mercado, el de los miniordenadores.[10] Los clientes presentes en el mismo –Wang, DEC, Data General, Prime y Hewlett-Packard– no fabricaban mainframes, y sus clientes a menudo utilizaban software sustancialmente diferente del que se empleaba en aquellos. Estas firmas hasta ese momento no habían podido proveer unidades de disco a sus pequeños miniordenadores de escritorio, porque los modelos de 14 pulgadas eran demasiado grandes y caros. Aunque inicialmente el coste por megabyte de capacidad del disco de 8 pulgadas era más alto que el del de 14, estos nuevos clientes estaban dispuestos a pagar la diferencia de precio debido a otros atributos que para ellos eran importantes, especialmente el menor tamaño. La pequeñez resultaba, en cambio, de escasa importancia para los usuarios de mainframes.

Una vez que los miniordenadores adoptaron las unidades de disco de 8 pulgadas, la capacidad de disco rígido ofrecida con los miniordenadores de precio mediano aumentó a una tasa de alrededor del 25 por ciento por año, trayectoria que resultó determinada por las distintas maneras en que los usuarios de miniordenadores aprendieron a utilizar sus equipos. Al mismo tiempo, sin embargo, los fabricantes de unidades de disco de 8 pulgadas encontraron que, si encaraban más agresivamente las innovaciones de sostenimiento, podían aumentar la capacidad de sus productos a un ritmo de más del 40 por ciento anual, casi el doble de la tasa de incremento demandada por su mercado original de miniordenadores. En consecuencia, a mediados de la década de los '80, los fabricantes de unidades de disco de 8 pulgadas estuvieron ya en condiciones de comenzar a suministrar las capacidades requeridas por los ordenadores mainframe más pequeños. Los volúmenes de venta habían aumentado significativamente, de modo que el coste por megabyte de las unidades de 8 pulgadas había disminuido por debajo del de las de 14. Otras ventajas comenzaron a hacerse evidentes: por ejemplo, el mismo porcentaje de vibración mecánica en una unidad de 8 pulgadas, en comparación con una de 14 pulgadas, ocasionaba mucha menor variación en la posición absoluta del cabezal sobre el disco. En un período de tres a cuatro años, por lo tanto, las unidades de 8 pulgadas comenzaron a invadir el mercado de los ordenadores mainframe, reemplazando en los modelos más pequeños del mismo a las unidades de 14 pulgadas.

A medida que los productos de 8 pulgadas iban penetrando en el mercado de los mainframes, los fabricantes ya establecidos de las unidades de 14 pulgadas comenzaron a declinar. Dos tercios de ellos nunca introdujeron un modelo de 8 pulgadas. El tercio restante lo hizo alrededor de dos años después de la entrada de la innovación al mercado. Finalmente, todos los fabricantes de unidades de 14 pulgadas terminaron siendo expulsados.[11]

No fueron aniquilados por las empresas recién ingresadas con contrapartes de 8 pulgadas debido a que la tecnología de estas últimas fuese superior. Los productos de 8 pulgadas generalmente incorporaban componentes de uso corriente, y cuando los fabricantes de unidades de disco de 14 pulgadas que introdujeron modelos de 8 comenzaron a hacer lo mismo, sus productos resultaron muy competitivos con el resto en lo que respecta a su capacidad, densidad de grabación, tiempo de acceso y precio por megabyte. Los modelos de 8 pulgadas introducidos por las firmas ya establecidas en 1981 eran casi idénticos en desempeño al promedio de los introducidos ese mismo año por las firmas nuevas. Además, las tasas de mejora en sus atributos clave (medidos entre 1979 y 1983) eran sorprendentemente similares entre las firmas ya establecidas y las recién ingresadas.[12]

### *Cautivos de sus clientes*

¿Por qué no fueron entonces los fabricantes líderes capaces de lanzar sus unidades de 8 pulgadas? Obviamente, estaban tecnológicamente en condiciones de producirlas. Su fracaso fue consecuencia de la demora en asumir el compromiso estratégico de ingresar a ese mercado emergente, el único en el cual las unidades de disco de 8 pulgadas podían ser vendidas al principio. Las entrevistas efectuadas con los ejecutivos de marketing y de ingeniería vinculados a estas compañías permiten llegar a la conclusión de que los fabricantes de unidades de disco de 14 pulgadas ya establecidos quedaron en realidad cautivos de sus clientes, o sea los fabricantes de mainframes. Éstos no necesitaban en ese momento una unidad de disco de 8 pulgadas. De hecho, explícitamente no la querían; requerían unidades de disco de mayor capacidad a menor coste por megabyte. Los fabricantes de unidades de disco de 14 pulgadas ya establecidos escuchaban con atención a sus clientes y respondían de acuerdo con ello. Y los clientes –de una manera que no les resultaba evidente a los fabricantes de unidades de disco ni a los propios fabricantes de ordenadores– los estaban impulsando por una trayectoria de crecimiento del 22 por ciento anual en su plataforma de 14 pulgadas, lo que finalmente les iba a resultar fatal.[13]

La Figura 1.7 representa las diversas trayectorias de mejora de desempeño requeridas en los segmentos de productos informáticos que emergieron posteriormente, comparadas con la capacidad que lograron los cambios en la tecnología de los componentes y los refinamientos en el diseño de los sistemas dentro de cada arquitectura sucesiva. Las líneas llenas que emanan de los puntos A, B, C, D y E miden la capacidad de las unidades de disco provistas con los ordenadores de precio medio en cada categoría, en tanto que las líneas de puntos miden la capacidad promedio de todas las unidades de disco introducidas para la venta en cada arquitectura, cada año. Estas transiciones son brevemente explicadas más abajo.

### El advenimiento de la unidad de disco de 5,25 pulgadas

En 1980, Seagate Technology introdujo las unidades de disco de 5,25 pulgadas. De manera análoga a lo sucedido anteriormente, sus capacidades de 5 y 10 Mb no resultaban de interés a sus clientes, que en este caso eran los fabricantes de miniordenadores; estos requerían en ese momento unidades de disco de 40 y 60 Mb. Seagate y otras firmas que ingresaron al mercado con unidades de disco de 5,25 pulgadas durante el período comprendido entre 1980 y 1983 (por ejemplo, Miniscribe, Computer Memories e International Memories) tuvieron que desarrollar nuevas aplicaciones para estos productos y se dirigieron principalmente a los fabricantes de ordenadores personales. En la década de los '90, el uso de los discos rígidos en los ordenadores de escritorio ha resultado una aplicación obvia para la grabación magnética. No resultaba claro para nada en 1980, sin embargo, época en que este mercado estaba comenzando a emerger, que mucha gente pudiera alguna vez afrontar o utilizar un disco rígido en un ordenador de escritorio. Los primeros fabricantes de unidades de disco de 5,25 pulgadas encontraron esta aplicación (uno hasta podría hasta decir que la *iniciaron*) por prueba y error, vendiendo unidades de disco a todo aquel que se las quisiese comprar.

Una vez que el uso de las unidades de disco rígido se estableció debidamente en las PC de escritorio, la capacidad de disco provista con las máquinas de precio medio (o sea, la capacidad requerida por el usuario promedio de una PC) se incrementó en alrededor de un 25 por ciento por año. Nuevamente, la tecnología mejoró a casi dos veces la velocidad requerida por el nuevo mercado: La capacidad de las nuevas unidades de disco de 5,25 pulgadas aumentó alrededor del 50 por ciento por año entre 1980 y 1990. Igual que en el caso del reemplazo de las unidades de 14 pulgadas por las de 8, las primeras empresas que produjeron las de 5,25 pulgadas acababan de ingresar al mercado; en promedio, las firmas ya establecidas se retrasaron respecto de las recién ingresadas en dos años. Hacia 1985, solo la mitad de las empresas que producían unidades de disco de 8 pulgadas habían introducido modelos de 5,25. La otra mitad nunca lo hizo.

El crecimiento en el uso de las unidades de disco de 5,25 pulgadas tuvo lugar en dos oleadas. La primera fue consecuencia de la creación de una nueva aplicación para las unidades de disco rígido, la computación personal, en la cual los atributos de productos tales como el tamaño físico, de relativamente poca importancia para las aplicaciones hasta entonces establecidas, comenzaban a ser muy valorados. La segunda oleada se produjo en los mercados ya establecidos de mainframes y miniordenadores, cuando la curva de la capacidad rápidamente en aumento de las unidades de disco de 5,25 pulgadas intersectó las trayectorias más lentas de crecimiento de capacidad requeridas en estos mercados. De los cuatro fabricantes líderes de unidades de disco de 8 pulgadas –Shugart Associates, Micropolis, Priam y Quantum– solo sobrevivió Micropolis, que pasó a convertirse en un fabricante significativo de unidades de disco de 5,25 pulgadas, lo que logró solamente a través de un hercúleo esfuerzo de management, como se describe en el Capítulo 5.

### El patrón se repite: la emergencia de la unidad del disco de 3,5 pulgadas

La unidad de disco de 3,5 pulgadas fue desarrollada inicialmente por Rodime, una firma escocesa que había ingresado al mercado hacía poco tiempo. Las ventas de productos con este tipo de arquitectura no fueron significativas, sin embargo, hasta que Conner Peripherals, un desprendimiento de Seagate y Miniscribe, los comenzó a producir en 1987. Conner había desarrollado un formato pequeño, liviano y mucho más resistente que sus antepasados de 5,25 pulgadas. Efectuaba electrónicamente funciones que antes eran realizadas con piezas mecánicas, y usaba microcódigos para reemplazar funciones que antes habían sido realizadas a su vez electrónicamente. Casi todos los ingresos de u$s 113 millones de Conner en su primer año de ventas[14] provinieron de sus ventas a Compaq Computer, que había contribuido al lanzamiento de Conner con una inversión de u$s 30 millones. Las unidades de disco de Conner fueron utilizadas principalmente en una nueva aplicación, los equipos portátiles y laptops, y también en los modelos de escritorio de pequeño tamaño, en los cuales los clientes estaban dispuestos a aceptar menores capacidades y costes más elevados por megabyte a cambio de obtener menor peso, mayor robustez y menor consumo de potencia.

Los ingenieros de Seagate no se hallaban ajenos al arribo de la unidad de 3,5 pulgadas. De hecho, a principios de 1985, menos de un año después de que Rodime introdujera la primera y dos años *antes* de que Conner Peripherals comenzara a producirla Seagate exhibió sus prototipos a algunos clientes para que los evaluasen. La iniciativa para fabricar las nuevas unidades de disco se originó en el departamento de ingeniería de Seagate. La oposición a la misma provino principalmente del departamento de marketing y del equipo ejecutivo; estos argumentaron que el mercado quería unidades de disco con mayor capacidad a menor coste por megabyte, y que las unidades de disco de 3,5 pulgadas no podrían jamás ser construidas a un coste menor que las de 5,25.

El personal de marketing de Seagate probó los modelos de 3,5 pulgadas con clientes de su mercado de ordenadores de escritorio: fabricantes como IBM, y revendedores de sistemas informáticos completos de escritorio con valor agregado. Como era de esperar, estos mostraron escaso interés. Estaban en ese momento a la búsqueda de capacidades de 40 y 60 Mb para sus equipos de la siguiente generación, mientras que la innovación podía suministrar solamente 20 Mb, y a mayor precio.[15]

Como consecuencia de la tibia acogida por parte de sus clientes, la gerencia de programación de Seagate disminuyó su estimación de ventas de unidades de 3,5 pulgadas, y los ejecutivos de la firma procedieron entonces a cancelar el programa. El razonamiento en el que se basaron para adoptar su decisión fue que los mercados para las unidades de disco de 5,25 pulgadas eran más grandes, y que las ventas que se generarían si se les dedicaban los esfuerzos de ingeniería aportarían mayores ingresos.

En perspectiva, parecería que los ejecutivos de Seagate interpretaron el mercado —al menos a su propio mercado— con suma precisión. Sus clientes, que disponían de aplicaciones ya establecidas y estructuras de producto propias, tales como las IBM XT y AT, no vieron ningún valor adicional en la mayor robustez o el menor tamaño, peso y consumo de energía que les ofrecían los productos de 3,5 pulgadas.

Seagate comenzó finalmente a fabricarlos a principios de 1988, precisamente el mismo año en el cual la trayectoria de desempeño de las unidades de disco de 3,5 pulgadas (presentada en la Figura 1.7) intersectó la curva de capacidad demandada por los ordenadores de escritorio. Para esa época la industria había ya fabricado, en conjunto, unidades de 3,5 pulgadas por un valor cercano a los u$s 750 millones. Como dato interesante, y de acuerdo con observadores del tema, desde 1991 casi ninguno de los productos de 3, 5 pulgadas de Seagate ha sido vendido a los fabricantes de ordenadores portátiles/laptop/notebook. En otras palabras, los principales clientes de Seagate siguieron siendo los fabricantes de ordenadores de escritorio, y muchas de sus unidades de disco de 3,5 pulgadas eran entregadas con adaptadores que permitiesen su montaje en ordenadores diseñados específicamente para unidades de 5,25 pulgadas.

A menudo se cita como razón para que las firmas ya establecidas demorasen la introducción de las nuevas tecnologías, el temor a que estas canibalizaran sus ventas de productos existentes. Como lo ilustran las experiencias de Seagate y Conner, sin embargo, si las nuevas tecnologías permiten la emergencia de nuevas aplicaciones de mercado, su introducción no tiene por qué ser inherentemente canibalizadora. Pero cuando las firmas ya establecidas esperan hasta que una nueva tecnología haya madurado comercialmente lo suficiente para lanzar su propia versión de la misma, y además solo como respuesta al ataque que empiezan a experimentar en sus propios mercados habituales, el temor a la canibalización puede convertirse en una profecía autocumplida.

Aunque hemos estado considerando específicamente solo la respuesta de Seagate al desarrollo de las unidades de disco de 3,5 pulgadas, su conducta no fue atípica; hacia 1988, solo el 35 por ciento de los fabricantes de unidades de disco que se habían establecido en el mercado con productos de 5,25 pulgadas para los PC de escritorio, había introducido unidades de disco de 3,5 pulgadas. De manera similar a las transiciones en arquitecturas anteriores, la barrera al desarrollo de un producto competitivo de 3,5 pulgadas no parece haber estado basada en cuestiones de ingeniería. Igual que lo que sucedió con el pasaje de 14 pulgadas a 8, las unidades introducidas por las firmas ya establecidas durante las transiciones de 8 a 5,25 pulgadas y de 5,25 a 3,5 pulgadas resultaron ser totalmente competitivas en cuanto a desempeño con las de los fabricantes nuevos. Más bien, los fabricantes de unidades del disco de 5,25 pulgadas parecen haber sido confundidos por sus clientes, especialmente IBM y sus competidores y distribuidores directos, los cuales fueron tan ajenos como Seagate a los beneficios y posibilidades de los ordenadores portátiles y de la nueva arquitectura de unidades de disco que podrían hacerlos factibles.

### *Prairietek, Conner y las unidades de disco de 2,5 pulgadas*

En 1989, una nueva firma de Longmont, Colorado, denominada Prarietek, saltó al primer plano de la industria al anunciar una unidad de disco de 2,5 pulgadas, y obtuvo casi u\$s 30 millones en ventas iniciales de este nuevo producto. Pero a principios de 1990 Conner Peripherals anunció un producto similar, y hacia fines de ese mismo año alegaba tener el 95 por ciento del mercado de dichas unidades. Prairietek se fue a la quiebra a fines de 1991, época para la cual cada uno de los demás fabricantes de 3,5 pulgadas –Quantum, Seagate, Western Digital y Maxtor– había introducido su propia unidad de 2,5.

¿Qué había ocurrido? ¿Finalmente todas las empresas presentes en el mercado habrían aprendido las lecciones de la historia? Absolutamente para nada. Aunque la Figura 1.7 muestra que la unidad de disco de 2,5 pulgadas tenía una capacidad significativamente menor que las de 3,5 pulgadas, los mercados de ordenadores portátiles en los cuales se vendían estas últimas, valoraba *otros* atributos: peso, solidez, bajo consumo de energía, pequeño tamaño, y así siguiendo. Además, junto con *estas* características, la unidad de disco de 2,5 pulgadas, respecto de la de 3,5, representaba una mejora de sostenimiento de una tecnología *ya existente*. De hecho, los fabricantes de ordenadores que adquirían las unidades de 3,5 pulgadas de Conner –fabricantes de ordenadores laptop tales como Toshiba, y Sharp– eran los productores líderes de ordenadores notebook, y estas firmas efectivamente necesitaban el formato más pequeño. Por lo tanto, Conner y sus competidores pudieron esta vez seguir sin inconvenientes los deseos de sus clientes cuando efectuaron su transición hacia las unidades de disco de 2,5 pulgadas.

El 1992, sin embargo, apareció la de 1,8 pulgada, de una forma completamente repentina. Aunque esta historia será comentada en mayor detalle más adelante, baste con ver ahora que, hacia 1995, fueron las empresas *ingresantes* las que controlaron el 98 por ciento del mercado de este tipo de unidades del disco, estimado en u\$s 130 millones.

**Figura 1.8  Liderazgo de las firmas recién ingresadas en tecnologías de punta**

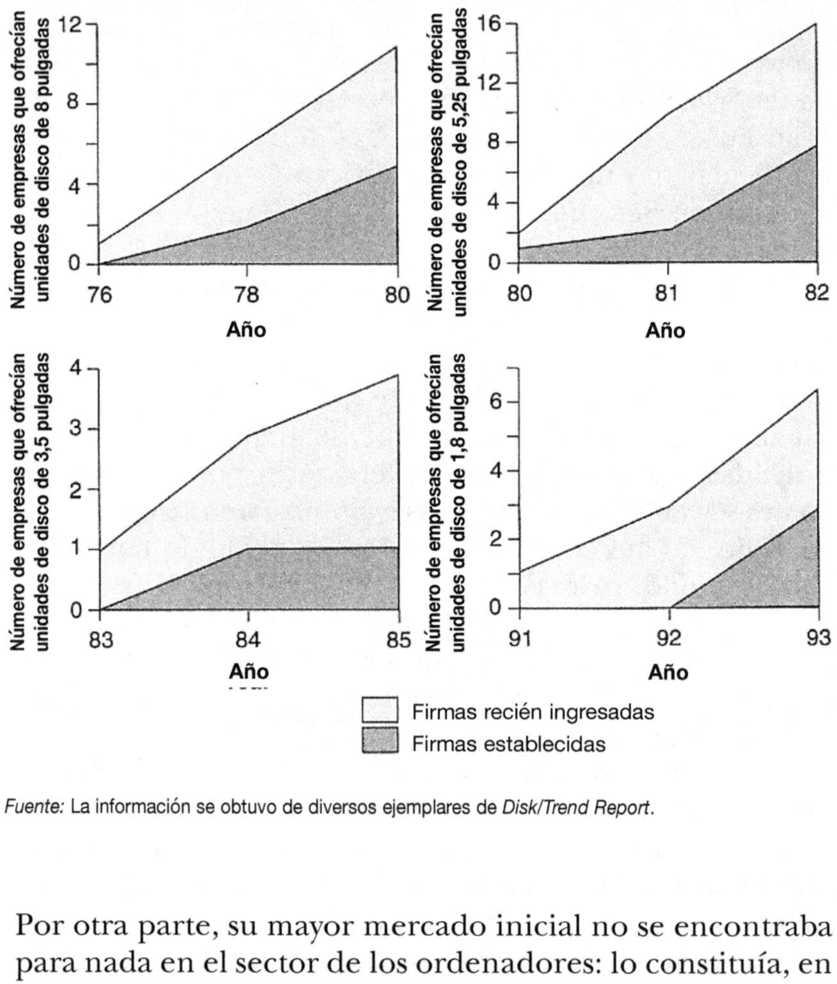

*Fuente:* La información se obtuvo de diversos ejemplares de *Disk/Trend Report*.

Por otra parte, su mayor mercado inicial no se encontraba para nada en el sector de los ordenadores: lo constituía, en cambio, el de los dispositivos portátiles para seguimiento y control del ritmo cardíaco.

La Figura 1.8 resume este patrón de liderazgo de firmas ingresantes en el caso de las tecnologías de punta. Muestra, por ejemplo, que dos años después de la introducción de las unidades de disco de 8 pulgadas, dos tercios de las empresas que las producían (cuatro de cada seis), eran recién ingresadas. Y, dos años después de la introducción de la unidad del disco de 5,25 pulgadas, el 80 por ciento de las empresas que las producían eran recién ingresadas.

## Resumen

Existen diversos patrones en la historia de las innovaciones llevadas a cabo en la industria de las unidades del disco.

El primero es que las innovaciones abruptas fueron siempre tecnológicamente sencillas. Por lo general agrupaban tecnologías ya conocidas en una nueva arquitectura unificada y permitían el uso de estos productos en aplicaciones en las cuales el almacenamiento y la recuperación de datos por medios magnéticos no habían sido antes tecnológica o económicamente viables.

El segundo patrón es que el propósito del desarrollo de las tecnologías avanzadas dentro de la industria fue siempre el de *sostener* trayectorias de mejora de desempeño ya establecidas: alcanzar la zona de rendimiento y márgenes de comercialización más altos correspondientes al cuadrante superior derecho del mapa de trayectoria. Muchas de estas tecnologías fueron radicalmente nuevas y difíciles, pero no abruptas. Los clientes de las compañías líderes proveedoras de unidades de disco las condujeron hacia este tipo de logros. Las tecnologías de sostenimiento, en consecuencia, no produjeron fracasos.

El tercer patrón muestra que, a pesar del mérito de las firmas ya establecidas en liderar las innovaciones de sostenimiento, desde la más simple a la más radical, las compañías que lideraron la industria en cada una de las instancias de desarrollo y adopción de tecnologías de punta fueron empresas recién arribadas a la industria, no sus líderes de ese momento.

Este libro comenzó proponiendo un acertijo: ¿Por qué

firmas que podrían ser consideradas agresivas, innovadoras y sensibles a los intereses del cliente podían pasar por alto o por lo menos atender tardíamente ciertas innovaciones tecnológicas de enorme importancia estratégica? En el contexto del análisis precedente de la industria de las unidades del disco, esa pregunta puede ser considerablemente acotada. Las firmas ya establecidas eran, de hecho, agresivas, innovadoras y sensibles a los deseos del cliente en sus enfoques para la realización de innovaciones de sostenimiento de todo tipo. Pero el problema con el cual las firmas ya establecidas parecían ser incapaces de confrontarse con éxito era el de *bajar* su visión y el nivel de sus expectativas, en términos de mapa de trayectoria. Encontrar nuevas aplicaciones y mercados para estos nuevos productos parecería ser una capacidad que cada una de estas firmas exhibió alguna vez, en la época de su ingreso al mercado, y luego aparentemente fue perdiendo. Es como si las empresas líderes quedaran cautivas de sus propios clientes, permitiendo así que firmas recién ingresadas al sector pudiesen voltear a los líderes reconocidos de la industria cada vez que emergía un cambio tecnológico abrupto. La razón para que esto ocurriera, y siga sucediendo, será el tema del próximo capítulo.

## APÉNDICE 1.1

## Una nota sobre los datos y el método utilizados para generar la 1.7

Las trayectorias trazadas en la Figura 1.7 fueron calculadas como sigue. La información sobre la capacidad provista por cada tipo de ordenador fue obtenida de *Data Sources*, una publicación anual que enumera las especificaciones técnicas de todos los modelos de ordenadores disponibles de cada uno de los fabricantes. Para aquellas instancias en las que determinados modelos[16] se encontraran disponibles con diferentes prestaciones y configuraciones, el fabricante proveía a *Data Sources* de una configuración "típica" del sistema que incluía su capacidad de memoria de acceso aleatorio (RAM), especificaciones de desempeño de los equipos periféricos (incluyendo las unidades de disco), los precios de lista, y el año de introducción. Para los casos en que un modelo dado de ordenador fuese ofrecido para la venta durante varios años consecutivos, la capacidad de disco rígido provista con las sucesivas configuraciones típicas, en general aumentaba. *Data Sources* clasificaba las distintas categorías de ordenadores en mainframes, rangos mini/mediano, personales de escritorio, portátiles y laptops, y finalmente notebooks. Desde 1993, las unidades de disco de 1,8 pulgada no siguieron siendo utilizadas en los ordenadores portátiles, de modo que no existió más información sobre ese mercado potencial.

Para la confección de la Figura 1.7, para cada año y tipo de ordenador, todos los modelos disponibles para la venta fueron clasificados por precio y capacidad del disco rígido provisto con el modelo de precio medio de que se tratase. Para simplificar la exposición cuando se indicaron las tendencias en máquinas típicas, las líneas de trazo lleno de la Figura 1.7 corresponden a los mejores ajustes que se obtuvieron en las series respectivas. En la realidad, por supuesto, existe una amplia banda de dispersión. La *frontera* del desempeño –la capacidad más alta ofrecida con los ordenadores más caros– siempre era sustancialmente mayor que los valores típicos mostrados.

Las líneas de puntos en la Figura 1.7 representan los mejores ajustes que pasan por los lugares correspondientes a la capacidad promedio no ponderada de todas las unidades del disco introducidas a la venta para cada arquitectura en cada año. Estos datos fueron tomados de *Disk/Trend Report*. De nuevo, a los efectos de simplificar la exposición, solo se muestra la línea promedio. Había una amplia banda de capacidades introducidas a la venta cada año, de modo que la frontera, o unidad de disco de mayor capacidad introducida cada año, se hallaba sustancialmente por encima del promedio indicado. Dicho de otra manera, se debe efectuar una distinción entre el rango total de productos disponibles para la venta y aquellos productos que correspondían a los sistemas típicos. Las bandas superior e inferior en torno a las cifras promedio y los valores de la mediana presentados en la Figura 1.7 resultan generalmente paralelas a las líneas mostradas.

Debido a que existían unidades del disco de más capacidad de las que se ofrecían con sistemas de precio medio, las líneas llenas de trayectoria en la Figura 1.7, como se expresa en el texto, representan las capacidades "demandadas" en cada mercado. En otras palabras, la capacidad por equipo no se encontraba restringida por la disponibilidad de tecnología. Más bien, representan la selección de capacidades de disco rígido efectuada por los usuarios de ordenadores, cuando lo que se priorizaba era el coste.

# Notas

1. Una historia más completa de la historia de las unidades de disco puede encontrarse en Clayton M. Christensen, "The Rigid Disk Drive Industry: A History of Commercial and Technological Turbulence", *Business HIstory Review* (67), Invierno 1993, 531-588. Esta historia se concentra solo en los fabricantes de unidades de disco rígido o de los propios discos rígidos – productos en los cuales los datos son almacenados en superficies rígidas cilíndricas de metal. Las empresas que fabrican unidades de discos flexibles (diskettes removibles de mylar flexible revestido de óxido de hierro sobre el cual se almacenan los datos) fueron históricamente diferentes de las firmas que fabrican unidades de disco fijo.

2. Mucha de la información para este análisis provino de *Disk/Trend Report*, una publicación anual sumamente respetada de investigación de mercado de este sector, y fue incrementada con hojas de especificaciones de producto obtenidas de los propios fabricantes de unidades de disco. Le estoy agradecido a los editores y personal de Disk/Trend, Inc., por su paciente y generosa asistencia a este proyecto.

3. El concepto de trayectorias de progreso tecnológico fue examinado por Giovanni Dosi en "Technological Paradigms and Technological Trajectories", *Research Policy* (11), 1982, 147-162.

4. La manera en que los hallazgos de esta investigación difieren de los obtenidos por otros estudiosos que han investigado anteriormente la cuestión del cambio de las tecnologías, al utilizar estos estudios previos como marco de referencia, son discutidas en mayor detalle en el capítulo 2.

5. La primera tecnología utilizada para la construcción de cabezales construía el electroimán arrollando un hilo delgado de cobre en torno de un núcleo de óxido de hierro (ferrita); de ahí el término *cabezal de ferrita*. Las mejoras incrementales a este enfoque tuvieron todas que ver con aprender a moler la ferrita a dimensiones cada vez más finas, utilizar mejores técnicas de pulido y reforzar la ferrita introduciéndole bario. Los *cabezales de película delgada* se hacían por medio de fotolitografía, utilizando para grabar el electroimán a la superficie del cabezal técnicas similares a las que se emplean para fabricar circuitos integrados en obleas de silicio. Esto era difícil de realizar porque debía efectuarse con capas mucho más gruesas que las que se utilizaban en la fabricación de circuitos integrados. La tercera tecnología, adoptada a partir de mediados de la década de los '90, dio origen a los denominados *cabezales magneto-resistivos*. Estos también eran fabricados a partir de la fotolitografía de película delgada, pero esta vez sacaban partido del principio de que las variaciones de flujo en el campo magnético de la superficie del disco hacían cambiar la resistividad eléctrica de los circuitos del cabezal. Midiendo por lo tanto los cambios de resistividad en lugar de los cambios en la dirección del flujo de co-

rriente, los cabezales magneto-resistivos resultaban mucho más sensibles, y por lo tanto permitían mayor densidad de grabación de datos que las tecnologías anteriores. En la evolución de la tecnología de los discos, las primeras unidades fueron construidas revistiendo un disco plano de aluminio pulido con minúsculas partículas de óxido de hierro de forma de agujas. Por lo tanto, estos discos se denominaron *de óxido*. Las mejoras incrementales a esta tecnología significaron lograr obtener partículas de óxido de hierro cada vez más finas y poder dispensarlas cada vez más uniformemente, tratando de dejar menos espacios sin cubrir de la superficie del disco de aluminio. Esto fue luego reemplazado por una tecnología denominada de chisporroteo, nuevamente tomada de las técnicas de procesamiento de los semiconductores, por la cual se revestía la superficie de aluminio con una delgada película de metal de unos pocos ängstroms de espesor. La delgadez de esta capa, su naturaleza continua en lugar de discreta, y la flexibilidad que permitía el proceso para depositar materiales de mayor coercitividad, permitió una grabación de datos más densa en los discos de película delgada que la que resultaba factible en los de óxido.

6. Richard J. Foster, Innovaton: *The Attacker's Advantage* (New York: Summit Books, 1986).

7. Los ejemplos sobre cambios de tecnologías presentados en las Figuras 1.1 y 1.2 presentan alguna ambigüedad en el término no calificado *discontinuidad*, como lo emplea Giovanni Dosi (ver "Technological Paradigms and Technological Trajectories", *Research Policy* [11] 1982), Michael L. Tushman y Philip Anderson (*ver* "Technological Discontinuities and Organizational Environments", *Administrative Science Quarterly* [31], 1986), y otros. Las innovaciones en la tecnología de discos y cabezales descriptas en la Figura 1.4 representan discontinuidades *positivas* en una trayectoria tecnológica establecida, en tanto que las tecnologías de punta que producen cambios abruptos en la trayectoria, que se representan en la Figura 1.7, representan discontinuidades *negativas*. Como se mostrará más adelante, las firmas ya establecidas parecían ser muy capaces de liderar la industria en el caso de las discontinuidades positivas, pero generalmente perdían su liderazgo cuando eran confrontadas con discontinuidades negativas.

8. Esta tendencia aparece consistentemente en una serie de sectores de la industria. Richard S. Rosenbloom y Clayton M. Christensen (en "Technological Discontinuities, Organizational Capabilities, and Strategic Commitments", *Industrial and Corporate Change* [3], 1994, 655-685) sugieren un conjunto mucho más amplio de industrias que las que se cubren en este libro, en las cuales las firmas líderes pueden haber sido volteadas por innovaciones abruptas tecnológicamente sencillas.

9. En el Apéndice 1.1 se incluye un resumen de los datos y procedimientos empleados para generar la Figura 1.7.

10. El mercado de los miniordenadores no era nuevo en 1978, pero esta era una aplicación nueva para las unidades de disco de tecnología Winchester.

11. Esta afirmación es válida solo para los fabricantes independientes de uni-

dades de disco que compiten en el mercado de los OEM. Algunos de estos fabricantes de ordenadores verticalmente integrados, tales como IBM, han sobrevivido a través de los sucesivos cambios tecnológicos debido a la ventaja competitiva de su mercado interno cautivo. Hasta IBM, sin embargo, abordó la secuencia de mercados emergentes diferentes para sus unidades de disco creando organizaciones autónomas de "inicio" que se ocuparan de cada uno de los diversos tipos. Su organización de San José, en California, se concentró en aplicaciones de alta exigencia (principalmente mainframes). Otra división separada, ubicada en Rochester, MN, se concentró en estaciones de trabajo y ordenadores de rango medio. IBM también creó otra organización diferente en Fujisawa, Japón, para producir unidades de disco para el mercado de los ordenadores personales de escritorio.

12. Este resultado es muy diferente del observado por Rebecca M. Henderson (ver *The Failure of Established Firms in the Face of Technological Change: A Study of the Semiconductor Photolithographic Alignment Industry*, disertación, Universidad de Harvard, 1988), que halló que los alineadores de nueva arquitectura producidos por los fabricantes ya establecidos eran inferiores en desempeño a los producidos por firmas recién ingresadas. Una posible razón para estos diferentes resultados es que los ingresantes más recientes a la industria de los alineadores fotolitográficos estudiados por Henderson aportaron al nuevo producto un caudal bien desarrollado de conocimientos tecnológicos y experiencia obtenidos y pulidos en otros mercados. En el caso estudiado en este volumen, ninguno de los ingresantes aportó consigo un conocimiento tan bien desarrollado. La mayoría, de hecho, fueron nuevos emprendimientos formados por managers e ingenieros que habían desertado de firmas fabricantes de unidades del disco ya establecidas.

13. Este hallazgo es similar al fenómeno observado por Joseph L. Bower, quien vio que las demandas explícitas de los clientes tienen un poder muy importante como generadoras de intención en el proceso de asignación de recursos: "Cuando la discrepancia (el problema a ser solucionado mediante una inversión propuesta) se hallaba definida en términos de costo y calidad, los proyectos languidecían. En cuatro casos estudiados, el proceso de definición seguía su curso cuando se percibía como inadecuada la capacidad de la empresa de alcanzar mayores ventas ... Brevemente, la presión del mercado reducía al mismo tiempo la probabilidad y el costo de equivocarse." Aunque Bower se refiere específicamente a la capacidad de fabricación, el mismo fenómeno fundamental −el poder que tienen las decisiones conocidas de los clientes para gobernar y dirigir las inversiones de una firma determinada− afecta la respuesta a la tecnología de punta. Ver Joseph L. Bower, *Managing the Resource Allocation Process* (Homewood, IL: Richard D. Irwin, 1970) 254.

14. Al obtener $ 113 millones en ingresos, Conner Peripherals estableció un récord para el monto de ingresos en el primer año de operación que su-

peró al de cualquier otra compañía en la historia de los Estados Unidos.

15. Este hallazgo es consistente con lo que ha observado Robert Burgelman. Este observó que una de las mayores dificultades encontradas por los emprendedores corporativos ha sido hallar los "sitios beta para evaluación" donde los productos pudieran ser interactivamente desarrollados y pulidos en conjunto con los clientes. Generalmente, la entrada al cliente con un nuevo producto era realizada por el vendedor que representaba las líneas de productos ya establecidas de la firma. Esto ayudaba a las empresas a desarrollar nuevos productos para los mercados ya establecidos, pero no a identificar aplicaciones novedosas para la nueva tecnología. Ver Robert A. Burgelman y Leonard Sayles, *Inside Corporate Innovation* (New York, The Free Press, 1986) 76-80.

16 Yo considero que esta apreciación –el que las firmas agresivas tienen ventajas con las innovaciones abruptas pero no con las de sostenimiento– clarifica, pero no se halla en conflicto con, las aseveraciones de Foster acerca de la ventaja de la firma que ataca. Los ejemplos históricos que utiliza Foster a fin de sustentar su teoría generalmente parecen haber sido innovaciones abruptas. Ver Richard J. Foster, *Innovation: The Attacker's Advantage* (New York: Summit Books, 1986).

# CAPÍTULO 2

# REDES DE VALOR Y EL ENTUSIASMO POR LA INNOVACIÓN

Desde las primeras investigaciones sobre los problemas de la innovación, tanto los estudiosos como los consultores y managers han tratado de explicar por qué las firmas líderes frecuentemente tropiezan cuando se encuentran confrontadas con cambios abruptos en la tecnología. La mayoría de las explicaciones ponen el acento en las respuestas gerenciales, organizativas y culturales que son empleadas para encarar los cambios tecnológicos, o se concentran en la potencial incapacidad de las firmas ya establecidas para manejarse con las tecnologías radicalmente nuevas. Abordar estas últimas requiere un conjunto de capacidades muy diferentes de las que ha venido desarrollando una empresa ya establecida desde mucho tiempo atrás. Ambos enfoques son resumidos más adelante. El propósito principal de este capítulo, sin embargo, es proponer una tercera teoría sobre por qué las buenas compañías pueden fallar, sobre la base del concepto de *universos de valor*, que parece tener mucha mayor eficacia que las otras dos para explicar lo que ocurrió en la industria de unidades de disco.

## Razones organizativas y gerenciales del fracaso

Una posible explicación sobre por qué las buenas compañías pueden fallar apunta a señalar como la fuente principal del problema a los impedimentos organizativos. Aunque muchos análisis de este tipo se detienen en conceptos tan simples como burocracia, complacencia o la cultura de la "aversión al riesgo", existen algunos estudios notablemente perspicaces. Henderson y Clark,[1] por ejemplo, llegan a la conclusión de que las estructuras organizativas de las empresas típicamente facilitan las innovaciones a nivel de componentes, porque la mayoría de los grupos de desarrollo de producto consisten a su vez en subgrupos, cada uno de ellos correspondiente a alguno de los diversos componentes de un producto. En tanto que esta organización fundamental no requiera de cambios, tales universos funcionan muy bien. Pero, dicen los autores, cuando se impone un cambio, este tipo de estructura impide todas aquellas innovaciones que necesitan que tanto las personas como los grupos se comuniquen entre sí y trabajen juntos de maneras creativas.

Esta noción posee considerable validez a la luz de los hechos. En un incidente descripto en un trabajo literario de Tracy Kidder que obtuvo el Premio Pulitzer, *The Soul of a New Machine*, se cuenta que algunos ingenieros de Data General, que desarrollaban un miniordenador de nueva generación destinado a atacar la posición en el mercado de Digital Equipment Corporation, fueron autorizados por un amigo de uno de los miembros del equipo a ingresar en medio de la noche en las instalaciones donde este trabajaba, para examinar el último computador de Digital, que su compañía acababa de comprar. Cuando Tom West, en ese momento líder de proyecto de Data General y ex empleado durante mucho tiempo de Digital, quitó la cubierta del miniordenador DEC y examinó su estructura, comentó risueñamente haber visto "todo el organigrama de Digital en el diseño del producto"[2].

Debido a que las estructuras de una organización y la manera en que sus grupos interactúan entre sí puede haber sido establecida con el fin de facilitar el diseño de su producto dominante, cuando se hace necesario efectuar algún cambio en otra dirección, la propia rigidez con que están diseñados los procedimientos puede llegar a jugar en su contra: la estructura de la organización y la manera en que sus grupos aprendieron a trabajar en conjunto puede más tarde afectar la manera en que la empresa sea o no capaz de diseñar nuevos productos.

## La capacidad y la tecnología radical como una explicación

Al asignar culpas por el fracaso de las buenas empresas, algunas veces se hace la distinción entre innovaciones que requieren capacidades tecnológicas muy diferentes, esto es, los así llamados cambios radicales, y aquellas que se edifican sobre capacidades tecnológicas ya establecidas, a menudo denominadas innovaciones incrementales.[3] El concepto es que la magnitud del cambio tecnológico en relación con la capacidad de las empresas determinará qué firmas triunfarán después que una tecnología invada una cierta industria. Los estudiosos que apoyan este punto de vista encuentran que las compañías ya establecidas tienden a ser eficaces en mejorar lo que ya han venido realizando durante mucho tiempo, mientras que las empresas recién ingresadas parecen mejor dotadas para explotar las tecnologías radicalmente nuevas, a menudo debido a que importan la tecnología desde otra industria en la cual ya la han desarrollado y practicado.

Clark, por ejemplo, ha postulado que las compañías construyen las capacidades tecnológicas de un producto, por ejemplo un automóvil, de manera jerárquica y experimental.[4] Las elecciones históricas de una organización acerca de qué problemas tecnológicos desea resolver y cuáles quisiera evitar determinan el tipo de capacidades y conocimientos que acumula. Cuando la resolución óptima de un problema de desempeño de un producto o proceso demanda un conjunto muy diferente de conocimientos que el que una firma determinada ha venido acumulando, es muy factible que esa empresa tropiece. La investigación de Tushman, Anderson y sus asociados apoya la hipótesis de Clark.[5] Estos encontraron que las empresas fracasaron cuando un cambio tecnológico determinado tendió a destruir el valor de las capacidades cultivadas hasta ese momento, y tuvieron éxito cuando las nuevas tecnologías las reforzaron.

Resulta evidente que los factores identificados por estos estudiosos tienden a afectar la fortuna de las empresas que se encuentren confrontadas con tecnologías innovadoras. Sin embargo, la industria de las unidades de disco rígido exhibe una serie de anomalías que no son tomadas en cuenta por ningún conjunto de teorías. Sus líderes introdujeron primero tecnologías de sostenimiento de *todo* tipo, incluyendo innovaciones de componentes y de arquitectura que convirtieron las capacidades previas en irrelevantes e hicieron que las fuertes inversiones realizadas hasta ese momento en talento y equipos se volvieran obsoletas. No obstante, estas mismas firmas después tambalearon con cambios tecnológicos sencillos pero abruptos, tales como lo fueron las unidades de disco de 8 pulgadas.

La historia de la industria de las unidades de disco, de hecho, asigna un significado muy diferente a lo que constituye una innovación radical para sus firmas líderes, ya establecidas. Como hemos visto, la naturaleza de la tecnología involucrada (componentes versus arquitectura e incremental versus radical), la magnitud de los riesgos y el horizonte de tiempo a través del cual estos necesitaban ser asumidos tenían en realidad poca relación con los patrones de liderazgo y seguimiento observados. Antes bien, si sus clientes necesitaban una innovación, las empresas ya establecidas de alguna manera obtenían los recursos y los medios para desarrollarla y adoptarla. A la inversa, si sus clientes no querían o no necesitaban una innovación dada, estas firmas hallaban que les era imposible comercializarla, aunque la innovación fuera tecnológicamente sencilla.

## Los universos* de valor y las nuevas perspectivas sobre los motivadores del fracaso

¿Qué factor, entonces, *es* el responsable del éxito y el fracaso, tanto de las firmas recién ingresadas como de las ya establecidas? La discusión que sigue sintetiza, a partir de la historia de la industria de las unidades de disco rígido, una nueva perspectiva sobre la relación entre el éxito o el fracaso de una empresa y los cambios que vayan teniendo lugar tanto en las tecnologías empleadas como en las características de los mercados en los que las empresas operan. El concepto de *universo de valor* –el contexto dentro del cual una firma identifica y responde a las necesidades de sus clientes, soluciona problemas, procura comentarios, reacciona ante los competidores, y pugna por obtener un beneficio– resulta central para esta síntesis.[6] Dentro de una cadena de valor, la estrategia competitiva de cada firma, y especialmente las decisiones que ha venido efectuando históricamente sobre sus mercados, inciden sobre sus percepciones del valor económico de una nueva tecnología. Estas percepciones, a su vez, determinan la recompensa que cada empresa espera obtener a través de la búsqueda

---

* Si bien la expresión en el original en inglés es *value network*, se ha optado por traducir *network* por universo en lugar del término castellano mucho más frecuentemente empleado *red*, ya que aquel refleja de manera más adecuada lo que ha querido expresar el autor, máxime cuando dicha expresión se utiliza con frecuencia a lo largo del presente volumen (N. del T.)

de innovaciones, sean estas abruptas o de sostenimiento.[7] En las firmas ya establecidas, las recompensas esperadas, a su vez, tienden a desviar la mayor parte de la asignación de recursos hacia las innovaciones de sostenimiento y no logran que sea adecuada la porción que se le debería otorgar al desarrollo de las tecnologías de punta. Este patrón de asignación de recursos es el responsable del consistente liderazgo de las firmas ya establecidas en el caso de las innovaciones de sostenimiento y su desvaído desempeño en las radicales.

### *Los universos de valor reflejan la arquitectura de producto*

Todas las empresas se encuentran inmersas en cadenas de valor debido a que sus productos generalmente están integrados, o anidados jerárquicamente, ya sea como componentes de otros productos o dentro de universos finales para su empleo por el cliente.[8] Consideremos un universo clásico como el del manejo de la información de una gran organización en la década de los '80 (el MIS, por **M**anagerial **I**nformation **S**ystem, sistema informático gerencial), tal como se lo ilustra en la Figura 2.1. La estructura del MIS agrupa varios componentes: un ordenador mainframe, periféricos tales como impresoras y unidades de disco y de cinta, software, una habitación grande que disponga de aire acondicionado, paredes frontales de cristal, cables que corran por debajo del piso, etcétera. En el nivel siguiente hacia abajo, el propio ordenador mainframe es en sí mismo un universo estructurado, que comprende componentes tales como una unidad procesadora central (CPU), dispositivos multi-chip y sus respectivas plaquetas de circuitos, circuitos RAM, terminales, controladores y unidades de disco. La unidad de disco es asimismo otro universo cuyos componentes incluyen un motor, un actuador, un eje, discos, cabezales, y una controladora. Siempre en esa dirección, el disco puede ser a su vez analizado individualmente como un universo compuesto de una o varias placas cilíndricas de aluminio, materiales magnéticos, adhesivos, abrasivos, lubricantes y revestimientos.

Aunque los bienes y servicios que constituyen un universo de tales características podrían ser todos producidos por una única corporación que estuviese debidamente integrada, tal como AT&T o IBM, la mayoría de ellos son adquiridos a terceros, especialmente en los mercados más desarrollados. Esto significa que, aunque la Figura 2.1 haya sido diagramada para describir la arquitectura *física* anidada de un universo determinado, también implica la existencia de una *red anidada de productores y mercados,* a través de la cual los bienes y servicios correspondientes a cada nivel son fabricados o generados y a su vez vendidos a los integrantes del nivel siguiente superior de dicha red. Las firmas que diseñan y arman unidades de disco, por ejemplo, tales como Quantum y Maxtor, obtienen los cabezales de lectura-escritura de empresas que se especializan en su fabricación, y compran los discos, los motores de giro, los motores de actuador y los circuitos integrados a otros tantos proveedores diferentes. En el siguiente nivel hacia arriba, las firmas que diseñan y ensamblan ordenadores pueden adquirir circuitos integrados, terminales, unidades de disco, conjuntos de circuitos integrados y fuentes de alimentación a diversas firmas que fabrican estos productos específicos. Este microcosmos comercial interrelacionado entre sí es lo que constituye un *universo de valor.*

La Figura 2.2 ilustra tres universos de valor para aplicaciones de informática: de arriba abajo se encuentra primeramente el universo de valor para un sistema MIS de uso corporativo, luego el universo de productos para computación portátil personal y finalmente el universo para diseño automatizado por ordenador (CAD). Estas representacio-

**Figura 2.1  Un universo anidado, o telescópico, de arquitecturas de producto**

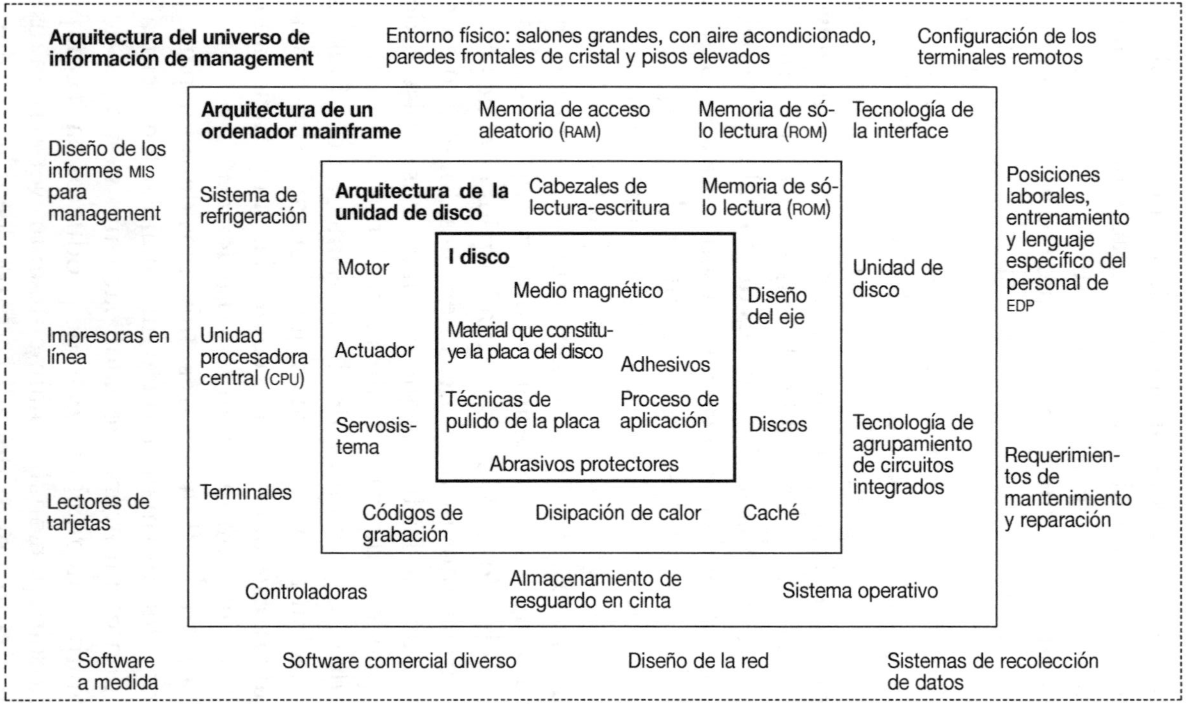

*Fuente*: Reproducido de Research *Policy* 24, Clayton M. Christensen and Richard S. Rosenbloom, "Explaining the Attacker's Advantage: Technological Paradigms, Organizational Dynamics and the Value Network", 233-257, 1995, con permiso de Elsevier Science—NL, Sara Burgerhartstraat 25, 1056 KV Amsterdam, Holanda

nes han sido realizadas únicamente para transmitir el concepto de cómo están definidos los universos y cómo pueden diferir entre sí, y no se debe considerar que representen estructuras completas.

## *Métricas de valor*

La manera en que se mide el valor difiere entre los distintos universos.[9] De hecho, la clasificación específica que se haga de la importancia de los diversos atributos de desempeño del producto definen, en parte, los límites de un universo de valor. Los ejemplos de la Figura 2.2, a la derecha de la columna central de casilleros de componentes, muestran cómo cada universo de valor exhibe una clasificación de los atributos importantes de un producto muy diferente, aun para el mismo producto. En el universo superior, el desempeño de las unidades de disco se mide en términos de capacidad, velocidad y confiabilidad, mientras que en el universo de valor del ordenador portátil, los atributos importantes de desempeño son la solidez, el bajo consumo de energía y el tamaño pequeño. En consecuencia, pueden existir dentro del mismo tipo de industria universos de valor paralelos, cada uno construido en torno de una definición diferente de lo que hace que un producto sea valioso.

Aunque muchos componentes de los distintos universos a comercializar pueden llevar los mismos rótulos (por ejemplo, cada red de la Figura 2.2 incluye cabezales de lectura-escritura, unidades de disco, circuitos RAM, impresoras, software, etcétera), la naturaleza de los componentes empleados puede ser muy diferente. Por lo general, en un diagrama de universo de valor, cada casillero está asociado con un conjunto de firmas competidoras, donde cada una de las cuales aporta su propia serie o cadena de valores,[10] y las firmas que suministran los productos y los servicios empleados en cada universo a menudo difieren (como se ilustra en la Figura 2.2 por las firmas enumeradas a la izquierda de la columna central de casilleros).

Cuando las firmas ganan experiencia dentro de un determinado universo, es probable que desarrollen capacidades, estructuras organizativas y culturas que se ajusten a los requerimientos particulares de su universo de valor. Elementos que pueden diferir sustancialmente entre un universo de valor y otro son los volúmenes de fabricación, la pendiente de las rampas en los casos de producción masiva y los ciclos de tiempo de desarrollo de producto, y el consenso organizativo que identifica al cliente y las necesidades del mismo pueden diferir sustancialmente de un universo de valor a otro.

Dada la información sobre precios, atributos y características de desempeño de miles de modelos de unidades de disco vendidos entre 1976 y 1989, podemos utilizar una técnica denominada *análisis de regresión hedónica* a fin de identificar de qué manera los mercados valoraban en diferentes momentos los atributos individuales y cómo estos valores fueron variando a través del tiempo. Esencialmente, el análisis de regresión hedónica expresa el precio total de un producto como la sumatoria de los así llamados precios vestigiales (algunos positivos, otros negativos) que el mercado asigna a cada una de sus características. La Figura 2.3 muestra algunos resultados de este análisis para ilustrar de qué manera diferentes universos de valor pueden asignar valores distintos a un mismo atributo de producto. Los clientes del universo de valor de ordenadores mainframes de 1988 estaban dispuestos a pagar en promedio $ 1,65 por cada megabyte incremental de capacidad; pero si nos desplazamos sucesivamente a través de los universos de valor de los miniordenadores, los ordenadores de escritorio y los portátiles, el precio vestigial de un incremento de un megabyte de capacidad declina respectivamente a $ 1,50, $ 1,45 y

## Figura 2.2  Ejemplos de tres universos de valor

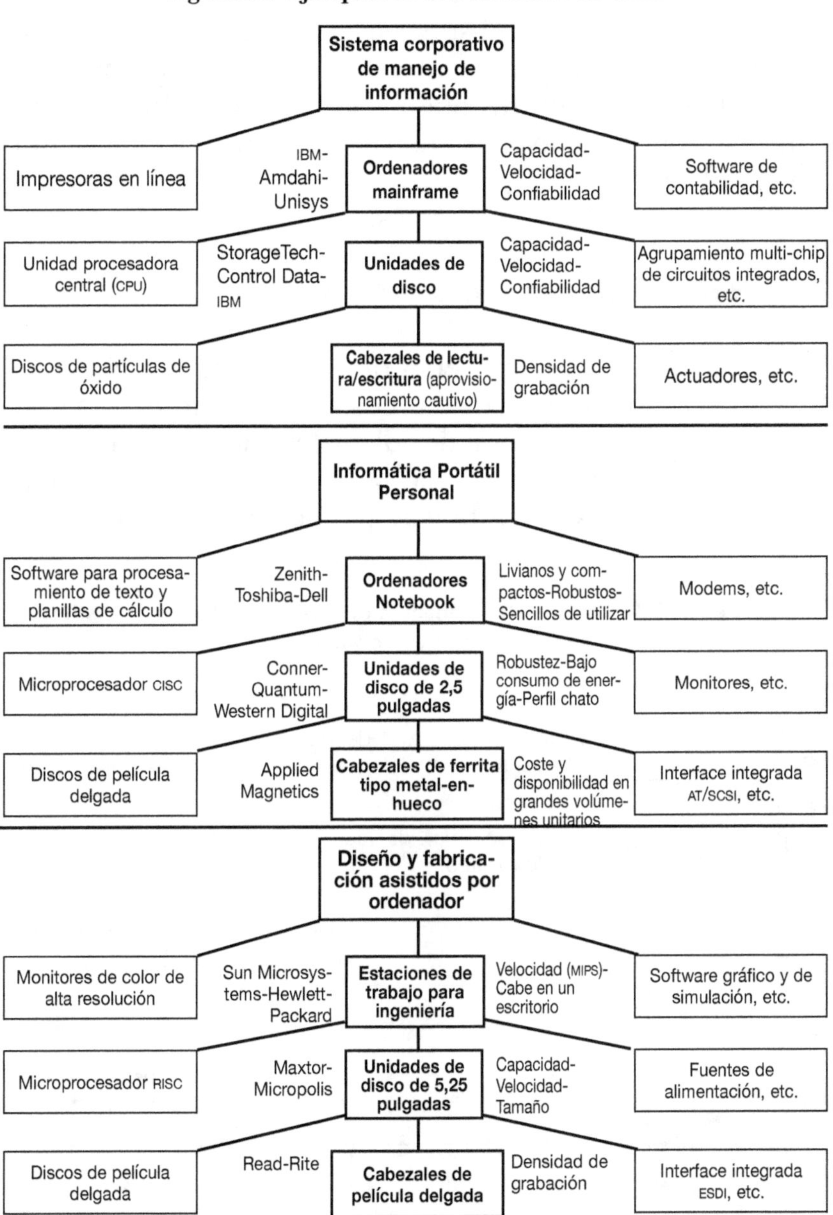



*Fuente:* Reproducido de *Research Policy* 24, Clayton M. Christensen y Richard S. Rosenbloom, "Explaining the Attacker's Advantage: Technological Paradigms, Organizational Dynamics, and the Value Network", 233-257, 1995, por gentileza de Elsevier Science—NL, Sara Burgerhartstraat 25, 1055 KV Amsterdam, Holanda

$ 1,17. Inversamente, los clientes de ordenadores portátiles y de escritorio estaban dispuestos a pagar en 1988 un precio alto por cada pulgada cúbica (16, 38 cm³) que se redujera el tamaño, mientras que los clientes situados en otros universos de valor no le asignaban a ese atributo ningún valor significativo.[11]

### *Estructuras de costes y universos de valor*

La definición de un universo de valor va más allá de los atributos del producto físico. Por ejemplo, competir dentro del universo de valor de los ordenadores mainframes mostrado en la Figura 2.2 requiere una estructura de costes específica. Los desembolsos que demandan la investiga-

**Figura 2.3  Diferencia en la evaluación de atributos a través de distintos universos de valor**

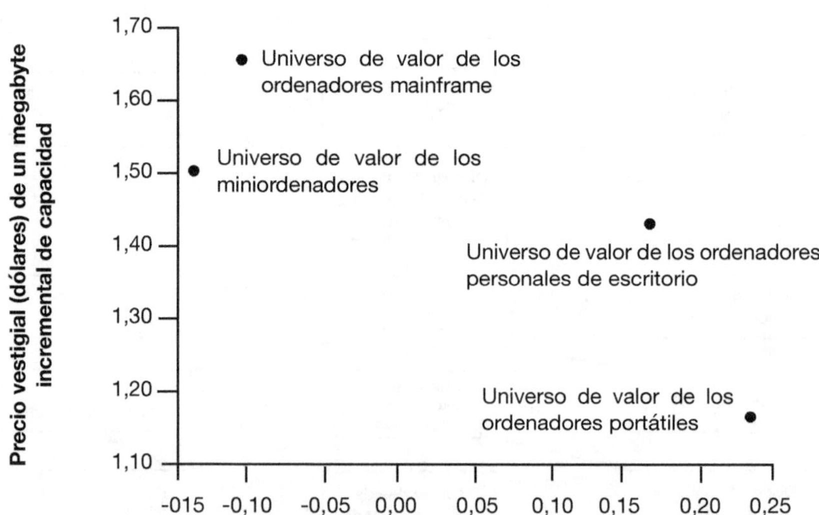


**Precio vestigial (dólares) de una reducción incremental de una pulgada cúbica (16,38 cm³) en el tamaño**

ción, la ingeniería y el desarrollo de los productos resultan sustanciales. Los costes de fabricación son altos en comparación con los directos, debido a los bajos volúmenes unitarios y a las configuraciones especiales de producto. Tener que vender directamente a los usuarios finales representa erogaciones significativas en fuerza de ventas, y la red de servicios necesaria para brindar apoyo técnico a equipos sumamente complicados representa un gasto permanente y sustancial. Todos estos costes deben ser necesariamente tenidos en cuenta a los efectos de poder proveer el tipo de productos y servicios que requieren los clientes específicos de este universo de valor. Por estas razones, tanto los fabricantes de ordenadores mainframes como los fabricantes de las unidades de disco de 14 pulgadas vendidas a ellos, históricamente necesitaron márgenes brutos de beneficio de entre el 50 y el 60 por ciento, a fin de cubrir la estructura de costes generales inherentes al universo de valor en el cual estas firmas están incluidas.

Competir en el universo de valor de los ordenadores portátiles, en cambio, representa una estructura de costes muy diferente. Sus fabricantes no tienen demasiados gastos de investigación en tecnología de componentes, y prefieren en cambio producir sus equipos con tecnologías comprobadas que obtienen de proveedores externos. La fabricación consiste en el ensamble de millones de piezas estándar en regiones de bajo coste laboral. La mayoría de las ventas son llevadas a cabo a través de cadenas nacionales o mediante órdenes enviadas por correo. Como resultado, las compañías de este universo de valor pueden ser rentables con márgenes brutos del 15 al 20 por ciento. Por lo tanto, así como este universo de valor se halla caracterizado por una categorización específica de los atributos de producto valorados por los clientes, está también definido por una estructura de costes específica, que es la requerida para suministrar los productos y servicios demandados.

**Figura 2.4  Estructuras de costes características de los distintos universos de valor**

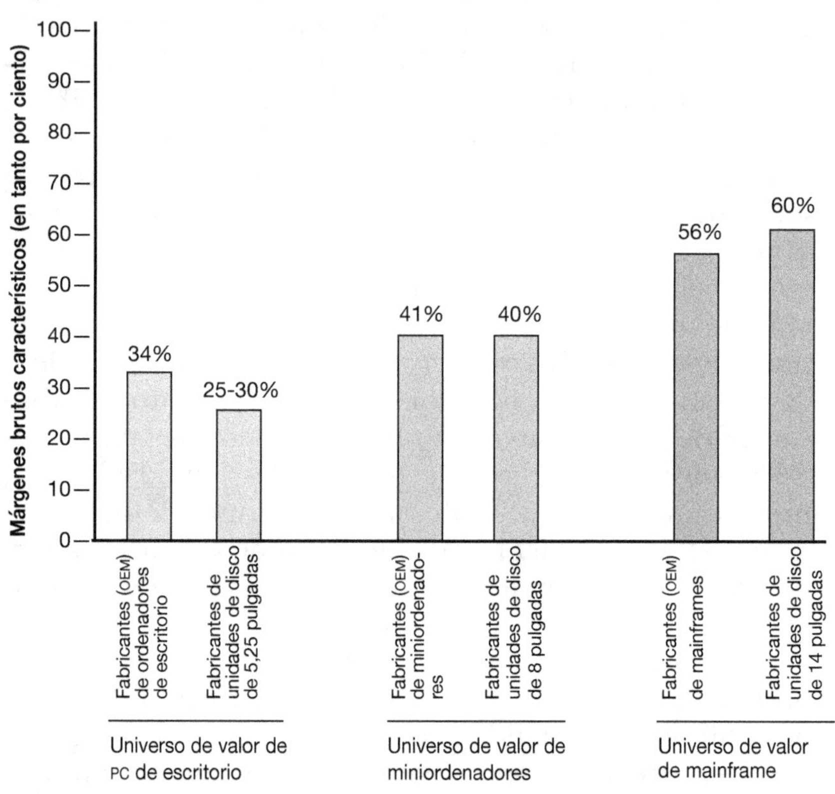


*Fuente:* Los datos fueron obtenidos de los informes anuales de las compañías y de entrevistas personales con ejecutivos de varias empresas representativas de cada universo de valor.

La estructura particular de costes de cada universo de valor se ilustra en la Figura 2.4. Los márgenes brutos que obtienen típicamente los fabricantes de las unidades de disco de 14 pulgadas, alrededor del 60 por ciento, son similares a los requeridos por los fabricantes de ordenadores mainframes: el 56 por ciento. De la misma manera, los márgenes de los fabricantes de unidades de disco de 8 pulgadas eran similares a los de las empresas de miniordenadores (alrededor del 40 por ciento), y los márgenes del universo de valor de los ordenadores de escritorio, el 25 por ciento, también tipificaban tanto a los fabricantes de ordenadores como a sus proveedores de unidades de disco.

Las estructuras de costes características de cada universo de valor pueden tener un efecto poderoso sobre los tipos de innovaciones que las firmas que lo integran consideren rentables. Esencialmente, las innovaciones que son consideradas valiosas dentro del universo de valor de una empresa, o en otro universo diferente donde los márgenes brutos característicos sean iguales o mayores que en el propio, serán percibidas como rentables. Las tecnologías cuyos atributos las hagan valiosas solamente en universos de valor con *menores* márgenes brutos, por otro lado, no serán vistas como rentables, y resulta poco probable que atraigan recursos o interés gerencial. (Exploraremos más en detalle, en el Capítulo 4, el impacto de cada estructura de costes típica de un universo de valor sobre la dinámica y los vaivenes de las firmas ya establecidas.)

En suma, el nivel de atracción de una oportunidad tecnológica y el grado de dificultad que un fabricante encontrará en explorarlo están determinados por, entre otros factores, la posición de la empresa en el universo de valor de que se trate. Como veremos, la manifiesta fortaleza de las firmas ya establecidas en las innovaciones de sostenimiento y su debilidad en las innovaciones abruptas –y su contraparte, las fortalezas y debilidades manifiestas de signo contrario de las firmas recién ingresadas– son consecuencia, no de las diferencias de capacidades tecnológicas u organizativas, sino de su posición en los diferentes universos de valor de la industria.

## Universos de valor y curvas "S" tecnológicas

La curva "S" constituye el núcleo de todas las reflexiones sobre la estrategia tecnológica. Esta curva sugiere que es probable que la magnitud de las mejoras en el desempeño de un producto dado, ya sea durante un período de tiempo determinado o debido a cierta cantidad específica de esfuerzos de ingeniería dedicados a mejorar el mismo, va cambiando cuando las tecnologías sucesivamente nacen, se desarrollan y maduran. Esta teoría postula que, en las etapas iniciales de una tecnología, la tasa de progreso en el desempeño del producto será relativamente baja. Cuando la tecnología se hace mejor comprendida, controlada y difundida, la tasa de mejora tecnológica se acelera.[12] Pero al arribar a su etapa madura, la tecnología se irá aproximando asintóticamente a un límite físico o natural tal, que cada vez se requerirán períodos de tiempo o esfuerzos de ingeniería más grandes para lograr mejoras. La Figura 2.5 ilustra el patrón resultante.

Muchos estudiosos han afirmado que la esencia del management estratégico de la tecnología consiste en detectar cuándo se ha sobrepasado el punto de inflexión de la curva "S" de tecnología en la que la empresa se encuentra en ese momento, e identificar y desarrollar cualquier tecnología posterior que esté surgiendo desde abajo y eventualmente suplante a la presente. En consecuencia, como lo indica la curva punteada de la Figura 2.5, el desafío consiste en cambiar con éxito precisamente en el punto en donde se intersectan las curvas "S" de ambas tecnologías, la vieja y la nueva. La incapacidad de anticipar las amenazas de las nuevas tecnologías que van emergiendo y de pasarse a ellas en el momento oportuno ha sido citada a menudo como la causa del fracaso de las firmas ya establecidas y como la fuente de ventajas para las empresas recién ingresadas y/o agresivas.[13]

¿De qué manera se relacionan entre sí los conceptos de las curvas "S" y de los universos de valor?[14] El enfoque típico de curvas "S" que se intersectan, ilustrado en la Figura 2.5, es una conceptualización de cambios tecnológicos *de sostenimiento* dentro de un único universo de valor, donde el eje vertical muestra una sola medición de desempeño de producto (o una clasificación por orden de atributos). Nótese su similitud con la Figura 1.4, que medía el impacto de sostenimiento de las nuevas tecnologías de cabezales de grabación sobre la densidad de grabación de las unidades de disco. Las mejoras incrementales dentro de cada tecnología de sostenimiento gobernaron las mejoras a lo largo de cada una de las curvas individuales, mientras que el paso a nuevas tecnologías de cabezal representó un salto más radical. Recuérdese que no hubo *un solo* ejemplo, en la historia de la innovación tecnológica ocurrida en la industria de las unidades de disco, en que una firma recién ingresada liderase la industria u obtuviera una posición viable de mercado con una innovación de sostenimiento. En cada instancia, las firmas que anticiparon el eventual achatamiento de la curva de tecnología vigente y que lideraron en el proceso de identificar, desarrollar, y poner en funcionamiento la nueva tecnología que sostendría el ritmo global de progreso fueron las empresas líderes en la utilización de la tecnología anterior. Estas firmas a menudo corrieron enormes riesgos financieros, al comprometerse con las nuevas tecnologías con una década o más de anticipación y liquidar bases sustanciales de activos y de experiencia. Y sin embargo, a pesar de estos desafíos, los managers de las firmas ya establecidas en la industria navegaron la trayectoria de la línea punteada mostrada en la Figura 2.5 con una agilidad notablemente consistente.

Una innovación abrupta, sin embargo, no puede ser indicada en una figura tal como la 2.5, porque su eje vertical, por definición, debe medir atributos de desempeño *diferentes* de aquellos que son relevantes en los universos de valor ya establecidos. Debido a que una tecnología de punta se inicia comercialmente en universos de valor emergentes antes de invadir los ya establecidos, para des-

**Figura 2.5  La curva convencional "S" de tecnología**

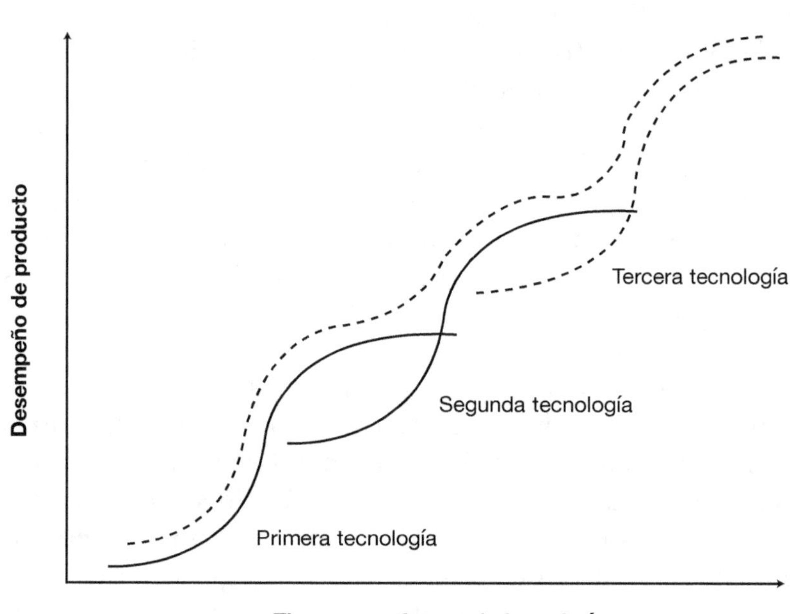


*Fuente:* Clayton M. Christensen, "Exploring the Limits of the Technology S-Curve. Part I: Component Technologies", *Production and Operations Management* 1, N° 4 (Otoño 1992): 340. Reproducido con autorización.

cribirla se necesita un enfoque de la curva "S" como el de la Figura 2.6. Las tecnologías de punta emergen y progresan según sus propias trayectorias específicamente definidas, en un universo de valor de tamaño más reducido. En el supuesto de que logre progresar hasta ser capaz de satisfacer el nivel y la naturaleza del desempeño requerido por otro universo de valor, la tecnología de punta podrá entonces invadirlo, desplazando en ese caso a la tecnología ya establecida, y a aquellos que la están empleando, con asombrosa velocidad.

Las figuras 2.5 y 2.6 ilustran claramente el dilema del innovador que precipita el fracaso de las firmas líderes. En

**Figura 2.6  Curva "S" de tecnología de punta**

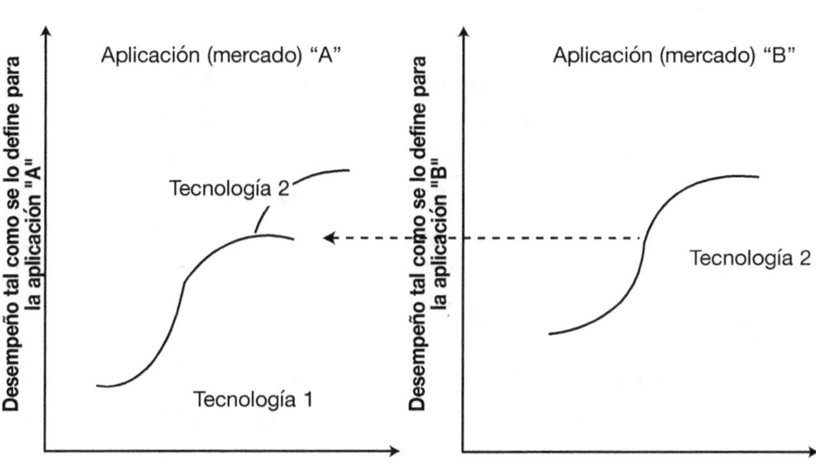



*Fuente:* Clayton M. Christensen, "Exploring the Limits of the Technology S-Curve. Part I: Component Technologies", *Production and Operations Management* 1, N° 4 (Otoño 1992): 361. Reproducido con autorización.

la industria de las unidades de disco (y también en las otras a que nos referiremos más adelante), recetas tales como aumentar las inversiones en investigación y desarrollo, horizontes de planeamiento y de inversión más largos, exploración, pronóstico y planificación tecnológica, lo mismo que consorcios de investigación y emprendimientos conjuntos, son todas válidas en el caso de los desafíos impuestos por las innovaciones de *sostenimiento* cuyo patrón ideal se representa en la Figura 2.5. De hecho, la evidencia sugiere que muchas de las mejores firmas ya establecidas han aplicado estas recetas y que estas pueden funcionar cuando se las administra correctamente en el tratamiento de tecnologías de sostenimiento. Pero ninguna de estas soluciones contempla la situación de la Figura 2.6, porque esta representa una amenaza de naturaleza fundamentalmente diferente.

## Toma gerencial de decisiones y cambio tecnológico abrupto

La competencia dentro de los universos de valor en los cuales se hallan inmersas las empresas determina muchas maneras en que estas pueden ganar su dinero. El universo define los problemas de los clientes que deben ser considerados por los productos y servicios de la firma y cuánto le debería ser pagado a esta en carácter de retribución por lograr resolverlos. La competencia y las demandas de los consumidores en un determinado universo de valor modelan de varias formas la estructura de costes de una firma, el tamaño de empresa requerido para lograr permanecer competitiva y la tasa de crecimiento necesaria. Por lo tanto, las decisiones de management que tienen sentido para una empresa que se halle fuera de un determinado universo de valor pueden no tenerlo en absoluto para las que están dentro del mismo, y viceversa.

Hemos visto, en el Capítulo 1, un patrón sorprendentemente consistente de ejecuciones exitosas de innovaciones de sostenimiento llevadas a cabo por firmas ya establecidas y de fracasos reiterados cuando se trataba de manejarse con las de carácter abrupto. El patrón era consistente porque las decisiones de management que conducían a esos resultados eran en ambos casos decisiones lógicas. Los buenos managers hacen lo que tiene sentido, y lo que tiene sentido se halla principalmente determinado por su universo de valor.

El modelo de toma de decisiones, esquematizado en los seis pasos que se dan a continuación, emergió como resultado de mis entrevistas con más de ochenta managers que desempeñaron papeles fundamentales en las empresas líderes de la industria de las unidades de disco rígido, tanto ya establecidas como nuevas, durante los períodos en que las tecnologías de punta fueron emergiendo una detrás de otra. En esas entrevistas intenté reconstruir, con tanta precisión y desde tantos puntos de vista como me fuera posible, las fuerzas que influyeron los procesos de toma de decisiones de esas firmas con relación al desarrollo y comercialización de tecnologías tanto relevantes como irrelevantes a los universos de valor en las cuales estaban ubicadas en esa época. Mis hallazgos me mostraron que las firmas ya establecidas que se veían confrontadas con tecnologías de punta jamás tuvieron inconvenientes en desarrollar la tecnología requerida: a menudo ya se habían desarrollado las nuevas unidades de disco antes que se le solicitara al management que tomase una decisión. En cambio, este tipo de proyectos se estancaba cuando llegaba la etapa de asignar los escasos recursos disponibles entre los productos que en ese momento eran competitivos y las propuestas de desarrollo tecnológico con rentabilidad a futuro (asignando recursos entre los dos universos de valor mostrados a la derecha e izquierda de la Figura 2.6, por ejemplo). Los proyectos de sostenimiento que contemplaban las necesidades de los clientes más importantes (las nuevas oleadas de tecnología comprendidas en el universo de valor exhibido en la Figura 2.5) *casi siempre* les restaban recursos a las tecnologías de punta, que brindaban al principio pequeños mercados y necesidades de clientes escasamente definidas.

Este patrón característico de toma de decisiones queda resumido en las páginas siguientes. Dado que la experiencia fue tan arquetípica, se describe en detalle la lucha que debió llevar a cabo Seagate Technology, el productor dominante de las unidades de disco de 5,25 pulgadas, para comercializar exitosamente la unidad de disco de tecnología de punta de 3,5 pulgadas, a fin de ilustrar cada una de las etapas involucradas en el patrón.[15]

### Etapa 1: las tecnologías de punta fueron inicialmente desarrolladas dentro de las firmas ya establecidas

Aunque las firmas recién ingresadas lideraron la *comercialización* de las tecnologías de punta, su desarrollo fue a menudo debido a ingenieros de las firmas ya establecidas, que empleaban a tal efecto recursos distraídos a otros proyectos. Estos diseños, innovadores en su arquitectura, raramente originados a requerimiento del senior management, casi siempre empleaban componentes ya existentes. Así, los ingenieros de Seagate Technology, el fabricante líder de unidades de disco de 5,25 pulgadas, fueron, en 1985, los segundos en la industria en desarrollar prototipos operativos de modelos de 3,5 pulgadas. Fabricaron alrededor de ochenta prototipos antes que se elevara la propuesta formal para su aprobación por parte del senior management. Lo mismo había ocurrido antes en Control Data y Memorex, los principales fabricantes de unidades de disco de 14 pulgadas, cuyos ingenieros habían diseñado internamente unidades de disco operativas de 8 pulgadas casi dos años antes que el producto apareciera formalmente en el mercado.

### Etapa 2: el personal de marketing se abocó entonces a obtener reacciones de los clientes principales

Los ingenieros mostraron entonces sus prototipos al personal de marketing, inquirieron si existía algún mercado para estas unidades de disco más pequeñas y baratas (y de menor rendimiento). La organización de marketing, utilizando su procedimiento habitual para detectar la apetencia del mercado por esas nuevas unidades de disco, exhibió los prototipos a clientes importantes de la línea de productos existente, solicitándoles una evaluación.[16] Por lo tanto, el personal de marketing de Seagate procedió a evaluar las nuevas unidades del disco de 3,5 pulgadas con la División PC de IBM y otros fabricantes de ordenadores personales de escritorio XT y AT, aun cuando era a todas luces evidente que estas unidades de disco tenían una capacidad significativamente menor que la que demandaba la corriente dominante del mercado.

Obviamente, por lo tanto, IBM no demostró interés en la tecnología de punta de las unidades de disco de 3,5 pulgadas de Seagate. Los ingenieros de IBM y la gente de marketing de Seagate se hallaban ambos a la búsqueda de unidades de disco de 40 y 60 Mb, y en los gabinetes de sus ordenadores ya venía integrada la ranura para colocar las unidades de disco de 5,25 pulgadas; lo que necesitaban eran nuevas unidades de disco con las que pudiesen avanzar a lo largo de su trayectoria ya establecida de desempeño. En vista del escaso interés demostrado por parte del cliente, el personal de marketing de Seagate estableció pronósticos de venta pesimistas. Además, debido a que los productos eran más simples y de menor rendimiento, los márgenes de rentabilidad pronosticados fueron menores que los de los productos de mayor rendimiento, por lo que los analistas financieros de Seagate, obviamente, coincidieron con sus colegas de marketing en oponerse a ese programa de tecnología de punta. A partir de tal información, los senior managers archivaron la unidad de disco de 3,5 pulgadas, precisamente cuando esta se estaba comenzando a establecer firmemente en el mercado de las laptops.

Esa fue una decisión compleja, efectuada en un contexto de propuestas competitivas que requerían utilizar los mismos recursos para desarrollar nuevos productos que la gente de marketing consideraba críticos para lograr permanecer competitivos con los clientes existentes y alcanzar objetivos agresivos de crecimiento y rentabilidad. "Necesitábamos un nuevo modelo", recordó un ex manager de Seagate, "que se pudiera convertir en la próxima ST412 (un producto muy exitoso que generaba u$s 300 millones de ventas anualmente en el mercado de los ordenadores de escritorio y se hallaba en el final de su ciclo de vida). Nuestros pronósticos para la unidad de disco de 3,5 pulgadas estaban por debajo de los u$s 50 millones porque el mercado de las laptops estaba apenas emergiendo, y el producto de 3,5 pulgadas no cumplía con los cupos establecidos de venta."

Los managers de Seagate decidieron explícitamente no continuar con esta tecnología de punta. En otros casos, aprobaron recursos para continuar con un proyecto radical, pero en las decisiones cotidianas acerca de cómo asignar los recursos económicos y de tiempo, los ingenieros y los responsables de marketing, actuando genuinamente en salvaguarda de los intereses de la compañía, negaron a este proyecto, consciente o inconscientemente, los recursos necesarios para un lanzamiento oportuno.

Cuando los ingenieros de Control Data, el fabricante líder de unidades de disco de 14 pulgadas, fueron requeridos oficialmente para comenzar a desarrollar las unidades de disco de 8 pulgadas, los clientes de la empresa estaban a la búsqueda de un promedio de 300 Mb por ordenador, mientras que las primeras unidades de 8 pulgadas ofrecían menos de 60 Mb. Al proyecto de 8 pulgadas se le asignó por lo tanto baja prioridad, y los ingenieros encargados de su desarrollo iban siendo continuamente derivados a trabajar en multitud de diferentes problemas con las unidades de 14 pulgadas diseñadas para clientes más importantes. Problemas similares acosaron las demoradas salidas de los productos de 5,25 pulgadas de Quantum y Micropolis.

### Etapa 3: las firmas ya establecidas redoblaron el ritmo del desarrollo tecnológico de sostenimiento

En respuesta a las necesidades de sus clientes, los managers de marketing se dedicaron con ímpetu a proyectos de sostenimiento alternativos, tales como incorporar mejores cabezales o desarrollar nuevos códigos de grabación. Esto les daba a sus clientes lo que querían y por lo tanto los proyectos podían ser encaminados a mercados grandes, que generaran las ventas y beneficios necesarios para mantener el crecimiento. Aunque a menudo estas inversiones de sostenimiento requerían mayores gastos de desarrollo, aparentaban ser *mucho* menos riesgosas que las inversiones en tecnología de punta: los clientes ya existían, y sus necesidades eran conocidas.

La decisión de Seagate de archivar las unidades de disco de 3,5 pulgadas entre 1985 y 1986, por ejemplo, parece absolutamente racional. Su apreciación de los mercados secundarios (en términos del mapa de trayectoria de las unidades de disco) les asignaba para 1987 un mercado pequeño. Los márgenes brutos en ese mercado eran aún inciertos, pero los ejecutivos de marketing predijeron que los costes por megabyte de las unidades de disco de 3,5 pulgadas serían mucho más altos que para las de 5,25. La visión de Seagate de los mercados dominantes era en cambio muy diferente. Los volúmenes de venta de las unidades de 5,25 pulgadas con capacidades entre 60 y 100 Mb se pronosticaron para 1987 en u$s 500 millones. Las empresas que abastecían el mercado de entre 60 y 100 Mb estaban obteniendo márgenes brutos de entre 35 y 40 por ciento, mientras que los márgenes de Seagate en sus unidades de alto volumen de 20 Mb se hallaban entre el 25 y el 30 por ciento. Simplemente no tenía sentido para Seagate aplicar sus recursos al desarrollo de la unidad de disco de 3,5 pulgadas cuando al mismo tiempo su management estaba evaluando activamente la propuesta alternativa de dirigirse hacia arriba en el mercado desarrollando su línea de unidades de disco ST251.

Luego que los ejecutivos de Seagate archivaron el proyecto de 3,5 pulgadas, la firma comenzó a introducir los nuevos modelos de 5,25 a un ritmo sumamente acelerado. En 1985, 1986 y 1987, el porcentaje sobre el total de los productos ya existentes fue respectivamente de 57, 78 y 115. Y durante ese mismo período, Seagate incorporó nuevas, complejas y sofisticadas tecnologías de componentes tales como los discos de película delgada, los actuadores de bobina de voz,[17] los códigos RLL y las interfaces SCSI integradas. Claramente, la motivación para hacer todo esto era lograr ganar las guerras competitivas contra otras firmas establecidas que se encontraban efectuando mejoras similares, en lugar de prepararse para atacar a los recién llegados provenientes de los mercados secundarios.[18]

### *Etapa 4: se formaron nuevas empresas, y los mercados para las tecnologías de punta fueron encontrados por prueba y error*

Se formaron nuevas empresas, que generalmente incluían a ingenieros que se sentían frustrados en compañías ya establecidas, a fin de explotar la arquitectura de punta del producto. Los fundadores del fabricante líder de unidades de disco de 3,5 pulgadas, Conner Peripherals, eran empleados resentidos con Seagate y Miniscribe, los dos mayores fabricantes de unidades de disco de 5,25 pulgadas. Los fundadores de Micropolis, el productor de unidades de 8 pulgadas, venían de Pertec, dedicado a las de 14 pulgadas, y los fundadores de Shugart y Quantum provenían de Memorex.[19]

Los recién llegados, sin embargo, resultaron al principio tan poco exitosos en atraer hacia la nueva arquitectura de punta a los fabricantes de ordenadores ya establecidos, como sus antiguos empleadores. Por lo tanto, debieron ponerse a buscar *nuevos* clientes. Las aplicaciones que emergieron de este proceso sumamente incierto y tentativo fueron los miniordenadores, los ordenadores personales de escritorio y los ordenadores laptop. En perspectiva, estos constituían mercados obvios para los discos rígidos, pero en esa época, su tamaño definitivo y su grado de significación resultaban sumamente inciertos. Micropolis fue fundada antes de la emergencia del miniordenador de escritorio y de los mercados de los procesadores de palabras, en los cuales se comenzaron a utilizar sus productos. Seagate comenzó a operar en el mercado cuando los ordenadores personales eran simples juguetes, dos años antes de que IBM introdujera su PC. Y Conner Peripherals arrancó antes que Compaq tuviese conocimiento del tamaño aproximado que podría alcanzar el mercado de los ordenadores portátiles. Los fundadores de estas empresas comercializaban sus productos sin una clara estrategia de marketing, vendiéndolos esencialmente a todo aquel que se los quisiera comprar. Las aplicaciones que resultaron finalmente dominantes emergieron, en consecuencia, de lo que fue, en gran medida, una aproximación al mercado sobre la base de prueba y error.

### *Etapa 5: los recién ingresados se movieron mercado arriba*

Una vez que los recién llegados descubrieron un nicho de operaciones en los nuevos mercados, se dieron cuenta de que, adoptando mejoras sustanciales en las nuevas tecnologías de componentes[20], podrían aumentar la capacidad de sus unidades de disco a un ritmo más rápido que el que requería el nuevo mercado que habían logrado crear. La trayectoria de mejoras anuales era del 50 por ciento, lo que hizo que fijaran su mirada en los grandes mercados ya establecidos de ordenadores que se encontraban inmediatamente por encima de ellos en la escala de desempeño.

La visión que tenían las firmas ya establecidas de los mercados secundarios y la que tenían las firmas recién ingresadas de los mercados principales eran asimétricas. En contraste con los márgenes poco atractivos y el tamaño pequeño de mercado que veían las firmas ya establecidas cuando se fijaban en los nuevos mercados emergentes para las unidades de disco más simples, las firmas recién ingresadas veían los volúmenes potenciales y los márgenes en los mercados de alto desempeño que se encontraban justo por encima de ellos como altamente atractivos. Los clientes de estos mercados ya establecidos, eventualmente adoptaron las nuevas arquitecturas que antes habían rechazado, porque una vez que estas habían logrado cubrir sus necesidades de capacidad y velocidad, el menor tamaño y la simplicidad arquitectónica de las nuevas unidades de disco las hacían más baratas, más rápidas y más confiables que las anteriores. Por lo tanto, Seagate, que arrancó en el mercado de los ordenadores personales de escritorio, luego invadió y logró dominar, en lo que a unidades de disco se refiere, los mercados de los miniordenadores, las estaciones de trabajo para ingeniería y los mainframes. Seagate, a su vez, fue desplazada del mercado de las unidades de disco para ordenadores personales de escritorio por Conner y Quantum, los fabricantes pioneros de las unidades de disco de 3,5 pulgadas.

### *Etapa 6: las firmas ya establecidas saltaron tardíamente al furgón de cola para defender su base de clientes*

Cuando los modelos más pequeños comenzaron a invadir los segmentos de mercado ya establecidos, los fabricantes de unidades de disco que habían controlado inicialmente esos mercados sacaron sus prototipos del cajón (donde los habían archivado en la Etapa 3) y los comenzaron a comercializar para tratar de defender su base de clientes en su propio mercado. A esa altura, por supuesto, la nueva arquitectura había perdido su carácter abrupto y era plenamente competitiva con las unidades de disco más grandes de los mercados dominantes. Aunque algunos fabricantes establecidos fueron capaces de defender su posición mediante la introducción tardía de la nueva arquitectura, muchos se encontraron con que las firmas recientemente ingresadas habían desarrollado ventajas competitivas difíciles de remontar en cuanto a costes de fabricación y experiencia de diseño, y eventualmente fueron desalojados del mercado. Las firmas que los atacaron desde universos de valor que se encontraban debajo trajeron consigo estructuras de costes creadas con el fin de alcanzar rentabilidades aceptables con menores márgenes brutos. Los atacantes pudieron por lo tanto obtener márgenes de beneficio adecuados a los precios a los cuales vendían sus productos, mientras que las firmas ya establecidas, jugando a la defensiva, experimentaron una severa guerra de precios.

Para los fabricantes ya establecidos que pudieron, a pesar de todo, tener éxito en introducir las nuevas arquitecturas, su única recompensa fue lograr sobrevivir. Ninguno de ellos obtuvo jamás una porción significativa del nuevo mercado; las nuevas unidades de disco simplemente canibalizaron las ventas de sus otros productos a los clientes existentes. Así, a partir de 1991, ninguna de las unidades de disco de 3,5 pulgadas de Seagate fue vendida a los fabricantes de ordenadores portátiles/laptops: sus clientes siguieron siendo únicamente los fabricantes de ordenadores de escritorio, y muchas de las unidades de 3,5 pulgadas continuaron siendo embarcadas con adaptadores que permitían montarlas en los ordenadores de tipo XT y AT diseñados para las de 5,25 pulgadas.

Control Data, el líder de las unidades de 14 pulgadas, nunca logró capturar siquiera un 1 por ciento del mercado de los miniordenadores. Introdujo sus unidades de 8 pulgadas casi tres años después que estas habían comenzado a ser vendidas, y casi todas fueron vendidas a fabricantes de mainframes que ya eran clientes. Miniscribe, Quantum y Micropolis tuvieron todo tipo de experiencias canibalísticas cuando introdujeron con demora sus unidades de disco con tecnología de punta. Fracasaron en el intento de capturar una porción significativa del nuevo mercado, y en el mejor de los casos solo tuvieron éxito en defender alguna porción de su negocio anterior.

El popular dicho "manténte cerca de tus clientes" no parece ser siempre el consejo adecuado.[21] Uno debería en cambio esperar, en todas las instancias de cambios que involucren tecnologías de punta, que los clientes conduzcan a sus proveedores solo en dirección de innovaciones de sostenimiento, que no siempre les permiten a estos mantener su liderazgo, o que inclusive los hagan ir explícitamente en la dirección *equivocada*.[22]

## La memoria flash y el universo de valor

El poder predictivo del universo de valor está siendo actualmente puesto a prueba con la aparición de la *memoria flash,* una tecnología de memoria de almacenamiento permanente sobre semiconductores de estado sólido que utiliza para ello chips de silicio. La memoria flash difiere de la memoria dinámica convencional de acceso directo (DRAM) en que el chip retiene la información aún después que se apague el equipo. La memoria flash constituye una tecnología de punta. Estos chips de memoria consumen menos que el 5% de la energía de una unidad de disco de la misma capacidad equivalente, y debido a que no existen piezas móviles, son mucho más sólidos que las unidades de disco. Los chips de memoria flash tienen también sus desventajas, por supuesto. Según la cantidad de memoria, el coste por megabyte puede ser entre cinco y cincuenta veces más grande que el de una unidad de disco equivalente. Y los chips de memoria flash tampoco son tan fuertes como para ser escritos: pueden ser sobrescritos solamente un par de cientos de miles de veces antes de gastarse, en comparación con el par de millones de veces para el que están preparados los discos convencionales.

Las aplicaciones iniciales para los chips de memoria flash residieron en universos de valor bastante alejados del campo de la informática; se los aplicaba en aparatos tales como teléfonos celulares, dispositivos para efectuar seguimientos cardiacos, módems y robots industriales en los cuales se los integraba. Las unidades de disco eran demasiado grandes, demasiado frágiles y consumían demasiada energía como para ser utilizadas en estos mercados. Hacia 1994 las aplicaciones para los chips de memoria flash individuales –"memoria flash de zócalo" en la jerga de la industria– generaron u\$s 1.300 millones en ingresos, comenzando desde la nada en 1987.

A principios de la década de los '90 los fabricantes de memoria produjeron un nuevo formato de este producto, denominado tarjeta flash: dispositivos del tamaño de una tarjeta de crédito en el cual se montaron múltiples chips de memoria flash, conectados entre sí y gobernados por un circuito de control. Los chips de las tarjetas flash se hallaban controlados por el mismo tipo de circuito SCSI (en inglés **S**mall **C**omputer **S**tandard **I**nterface, un acrónimo utilizado inicialmente por Apple), que el utilizado en las unidades de disco, lo que significa que, al menos en teoría, una tarjeta flash se podría utilizar igual que una unidad de disco para almacenamiento masivo. El mercado de la tarjeta flash aumentó desde u\$s 45 millones en 1993 a u\$s 80 millones en 1994, y los pronosticadores apuntaban a un mercado de tarjetas flash de u\$s 230 millones para 1996.

¿Invadirán las tarjetas flash los mercados principales de los fabricantes de unidades de disco y reemplazarán a la memoria magnética? Si lo hacen, ¿qué sucederá con los fabricantes de unidades de disco? ¿Permanecerán estos al frente de sus mercados, aprovechando esta nueva onda tecnológica? ¿O serán desalojados?

### El punto de vista de la capacidad

El concepto de Clark sobre jerarquías tecnológicas (ver nota 4) se concentra en las capacidades y la comprensión tecnológica que una compañía acumula como resultado de los problemas de productos y tecnología de procesos que ha debido abordar en el pasado. Al evaluar la amenaza a los fabricantes de unidades de disco por parte de la memoria flash, alguien que utilizase el enfoque de Clark, o los hallazgos paralelos de Tushman y Anderson (ver nota 5), se concentraría en el grado en el cual los fabricantes de unidades de disco hayan desarrollado históricamente conocimientos sobre el diseño de circuitos integrados y de dispositivos de control compuestos de múltiples circuitos integrados. Estos enfoques nos conducirían a suponer que los fabricantes de unidades de disco se encontrarían con muchos inconvenientes en sus intentos de desarrollar productos flash si tuviesen escasa experiencia en estos dominios, y por el contrario tendrían éxito si su experiencia y grado de conocimiento fueran los adecuados.

Superficialmente, la memoria flash involucra tecnología *electrónica* radicalmente diferente de la que se halla asociada con los fabricantes de unidades de disco (magnetismo y mecánica). Pero firmas tales como Quantum, Seagate y Western Digital han desarrollado un gran conocimiento en el diseño de circuitos integrados especiales al haber incorporado de forma cada vez más importante circuitos de control inteligente y memoria caché en sus unidades de disco. De acuerdo con la práctica habitual en gran parte de la industria ASIC (acrónimo de la expresión inglesa **A**pplication **S**pecific **I**ntegrated **C**ircuit), sus chips controladores son producidos por fabricantes independientes que poseen excedentes de capacidad de producción de semiconductores en condiciones de alta pureza.

Cada uno de los fabricantes líderes de la actualidad comenzó diseñando sus propias unidades de disco, surtiéndose de componentes en proveedores independientes, armándolas ya fuera en su propia fábrica o por medio de terceros, y luego vendiéndolas. El negocio de la tarjeta flash es muy similar. Sus fabricantes la diseñan y adquieren los chips de memoria que la componen; diseñan y fabrican un circuito de interface, tal como el SCSI, que gobierna la interacción entre la unidad de tarjeta y el dispositivo informático; la arman, ya sea en sus propias instalaciones o por contrato; y luego la comercializan.

En otras palabras, la memoria flash *se edifica sobre* importantes capacidades que muchos fabricantes ya han desarrollado por sí mismos. El punto de vista de la capacidad, por lo tanto, nos conduciría a esperar que los fabricantes de unidades de disco podrían *no* experimentar demasiados inconvenientes cuando introduzcan en el mercado la tecnología de almacenamiento flash. Más específicamente, este punto de vista predice que las firmas que cuentan con mayor experiencia en el diseño de circuitos integrados –Quantum, Seagate y Western Digital– podrán introducir los productos de memoria flash en el mercado de manera muy sencilla. Otras firmas, que históricamente tercerizaron gran parte de su diseño electrónico de circuitos, pueden llegar a experimentar inconvenientes bastante serios.

Este ha sido, de hecho, el caso hasta la fecha. Seagate ingresó al mercado de la memoria flash en 1993 por medio de la compra del 25 por ciento de las acciones de SunDisk

Corporation. Seagate y SunDisk diseñaron en conjunto los chips y las tarjetas. Los chips fueron fabricados por Matsushita y las tarjetas fueron ensambladas por un fabricante coreano, Anam. La misma Seagate se encargó de comercializarlas. Quantum ingresó con un socio diferente, Silicon Storage Technology, diseñador de los chips que fueron luego fabricados y ensamblados por contrato.

### El enfoque de la estructura organizativa

La tecnología flash es lo que Henderson y Clark denominarían una tecnología *radical*. Su arquitectura de producto y su concepto tecnológico fundamental son ambos novedosos comparados con los de las unidades de disco. El punto de vista de la estructura organizativa predeciría que, a menos que se creen organizaciones independientes para diseñar los productos flash, las firmas ya establecidas tendrían serios inconvenientes. Seagate y Quantum se han basado, de hecho, en grupos independientes y han desarrollado productos suficientemente competitivos.

### El enfoque de la curva "S" de tecnología

La curva "S" se emplea a menudo para predecir si es probable que una tecnología emergente reemplace a otra ya establecida. El factor a tener de cuenta es la curva de la tecnología ya establecida. Si ya ha dejado atrás su punto de inflexión, de modo que la segunda derivada resulte negativa (lo que significa que la tecnología está mejorando a una tasa decreciente), puede ser posible que emerja una nueva tecnología que suplante a la ya establecida. La Figura 2.7 demuestra que la curva "S" para la grabación magnética en discos todavía no ha llegado a su punto de

**Figura 2.7 Mejoras en la densidad de grabación de unidades de disco nuevas (densidades expresadas en millones de bits por pulgada cuadrada)**

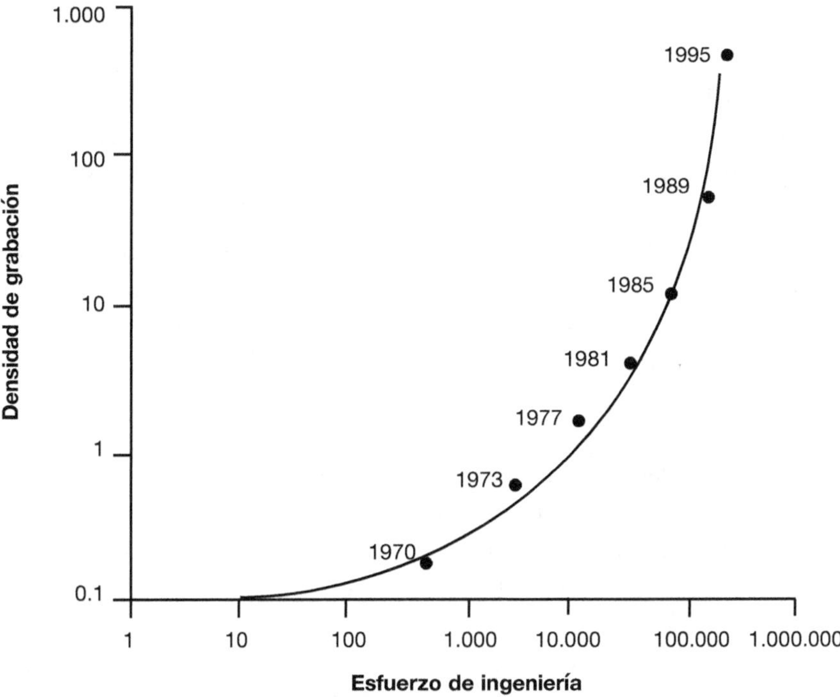


*Fuente:* Los datos han sido extraídos de varias ediciones de *Disk/Trend Report.*

inflexión: No solamente está mejorando la densidad de grabación, a partir de 1995, sino que lo está haciendo a una tasa *creciente.*

El enfoque de la curva "S" nos conduciría a predecir, por lo tanto, que ya sea que las empresas de unidades de disco establecidas posean la capacidad de diseñar las tarjetas flash o no, este producto no representará una amenaza para ellas hasta que la curva "S" de la memoria magnética haya dejado atrás su punto de inflexión y por lo tanto la tasa de mejoras en la densidad de grabación comience a declinar.

## *Consideraciones a partir del enfoque del universo de valor*

El enfoque del universo de valor sostiene que ninguno de los anteriores constituye un predictor suficiente del éxito. Específicamente, aun cuando las firmas ya establecidas no posean las capacidades tecnológicas necesarias para enfrentar una nueva tecnología, reunirán los recursos necesarios para desarrollarla o adquirirla si sus clientes la requieren. Además, los universos de valor sugieren que las curvas "S" resultan pronosticadores útiles solamente para el caso de las tecnologías de sostenimiento. Las de punta generalmente mejoran a un ritmo paralelo al de las ya establecidas, es decir, sus trayectorias no se intersectan. El enfoque de la curva "S", en consecuencia, formula *la pregunta equivocada* cuando es utilizado para evaluar la tecnología de punta. Lo que importa, en cambio, es si la tecnología de punta está mejorando desde abajo a lo largo de un recorrido que finalmente intersecte a la de las necesidades del *mercado.*

El enfoque del universo de valor afirmaría que aun cuando firmas tales como Seagate y Quantum sean capaces *tecnológicamente* de desarrollar productos de memoria flash competitivos, el hecho de que inviertan o no los recursos y el management necesarios para construir posiciones sólidas de mercado para esta nueva tecnología dependerá de que la memoria flash pueda o no ser inicialmente valorada y absorbida dentro de los universos de valor de los cuales estas firmas obtienen su dinero.

Desde 1996, la memoria flash podía ser utilizada únicamente en universos de valor diferentes a los que integra un fabricante típico de unidades de disco. Esto se ilustra en la Figura 2.8, que representa los megabytes promedio de capacidad de las tarjetas flash introducidas cada año entre 1992 y 1995, comparados con las capacidades de las

**Figura 2.8  Comparación entre la capacidad de memoria de los medios magnéticos operados por las unidades de disco y la capacidad de memoria de las tarjetas flash**

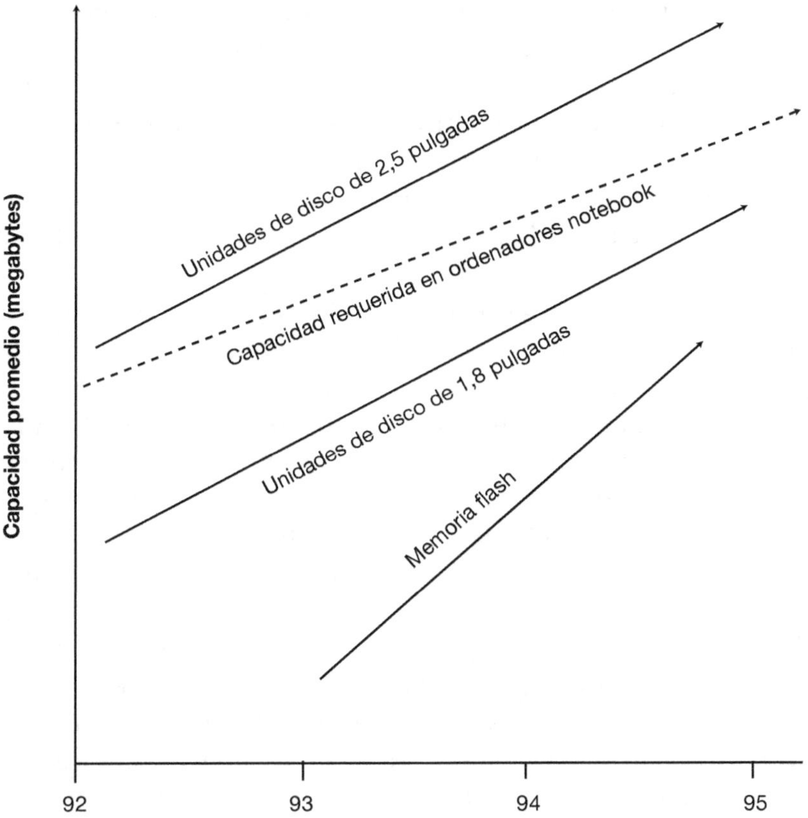


*Fuente:* Los datos han sido extraídos de varias ediciones de *Disk/Trend Report*.

unidades de disco de 2,5 y de 1,8 pulgadas y con la capacidad requerida por el mercado de los ordenadores notebook. Si bien las tarjetas flash son fuertes y consumen poca energía, simplemente todavía no son capaces de proveer la capacidad necesaria para convertirse en el principal medio de almacenamiento de los ordenadores notebook. Y el precio de la memoria flash requerida para satisfacer las demandas del sector más bajo del mercado de los ordenadores portátiles (alrededor de 350 Mb) es demasiado alto: El coste de la capacidad flash requerida sería 50 veces más grande que el que tendría un almacenamiento en disco comparable.[23] El bajo consumo de energía y el poder de las memorias flash por ahora no son valorados ni ocasionan ninguna disminución en el precio de los ordenadores descritos. No hay, en consecuencia, manera alguna hoy en día de utilizarla en los mercados donde operan las firmas tales como Quantum y Seagate.

Por lo tanto, debido a que las tarjetas flash vienen siendo empleadas en mercados totalmente diferentes de aquellos a los que acceden típicamente Quantum y Seagate –ordenadores palmtop, portapapeles electrónicos, registros de efectivo, cámaras electrónicas, etcétera– el enfoque del universo de valor predeciría que *no* sería factible que firmas similares a Quantum y Seagate llegaran a edificar posiciones de liderazgo en el mercado de la memoria flash. Esto no es así porque la tecnología sea demasiado difícil o sus estructuras organizativas impidan un desarrollo efectivo, sino porque los recursos de este tipo de empresas no les alcanzarían para tener que pelear en dicho mercado y al mismo tiempo defender sus negocios mayores en los universos de valor propio de las unidades de disco.

De hecho, el director de marketing de un fabricante líder de tarjetas flash observaba: "Estamos encontrando que a medida que los fabricantes de unidades de disco rígido se desplazan hacia el rango de los gigabytes, les resulta imposible permanecer competitivos en cuanto a costes con las capacidades más bajas. Como resultado, los fabricantes de unidades de disco se están retirando de los mercados del rango de los 10 a los 40 megabytes y creando un vacío hacia el cual la memoria flash puede desplazarse y tomar posiciones".[24]

Los esfuerzos de los fabricantes de unidades de disco para construir negocios con sus tarjetas flash han trastabillado. Hacia 1995, ni Quantum ni Seagate habían obtenido una participación en el mercado de las tarjetas flash de siquiera el 1 por ciento. Ambas compañías llegaron entonces a la conclusión de que las oportunidades no eran todavía lo suficientemente sustanciosas, y retiraron sus productos ese mismo año. Seagate retuvo, sin embargo, su participación minoritaria en SunDisk (denominada ahora SanDisk), una estrategia que, como veremos, es una manera efectiva de encarar las tecnologías de punta.

## Connotaciones del enfoque de los universos de valor respecto de la innovación

Los universos de valor definen y delimitan nítidamente lo que las empresas situadas dentro de ellos pueden y no pueden hacer. Este capítulo se cierra con cinco proposiciones acerca de la naturaleza del cambio tecnológico y de los problemas que encuentran con el mismo las firmas exitosas ya establecidas, que la perspectiva de los universos de valor permite resaltar.

1. El contexto, o universo de valor, en el cual una firma compite, tiene una profunda influencia en su capacidad de obtener y de concentrar los recursos y capacidades necesarios para superar los obstáculos tecnológicos y organizativos que impiden la innovación. Los límites de un universo de valor están determinados por una definición única del desempeño del producto: un ordenamiento de acuerdo con la importancia de diversos atributos de desempeño que difieren marcadamente de los que se emplean en otros universos paralelos de la industria, considerada esta en su totalidad. Los universos de valor están tam-

bién definidos por estructuras de costes particulares inherentes a la satisfacción de las necesidades de los clientes dentro de un universo dado.

2. Un determinante clave de la probabilidad de éxito comercial de un esfuerzo innovador es el grado en el cual el mismo satisface las necesidades, correctamente interpretadas, de actores conocidos dentro de ese universo de valor. Las firmas ya establecidas resultan candidatas a liderar sus industrias en innovaciones de todo tipo –tanto de componentes como de arquitectura– que satisfagan las necesidades de sostenimiento dentro de su universo de valor, independientemente de su dificultad o carácter tecnológico intrínsecos. Estas son innovaciones sencillas para ellas; y su valor y aplicación les resultan claros. A la inversa, las empresas ya existentes son proclives a demorarse demasiado en el desarrollo de tecnologías –aun de aquellas con escasas dificultades– que únicamente satisfagan necesidades de consumidores actuales en universos de valor emergentes. Las innovaciones abruptas son complejas porque su valor y su aplicación son inciertos, de acuerdo con el criterio utilizado por las empresas ya establecidas.

3. Las decisiones de las firmas ya establecidas de ignorar las tecnologías que no satisfagan las necesidades de sus usuarios presentes se tornan fatales cuando interactúan dos trayectorias distintas. La primera define el desempeño requerido en función del tiempo dentro de un universo de valor determinado, y la segunda rastrea el desempeño que los técnicos sean capaces de proveer dentro de un determinado patrón tecnológico. En cualquier universo de valor, la trayectoria de las mejoras de desempeño que puede suministrar la tecnología en uso puede tener una curva totalmente diferente a la de la trayectoria de las mejoras requeridas en el universo normal por los usuarios de mercados

secundarios incluidos en el mismo. Cuando las curvas de estas dos trayectorias son similares, se debe esperar que la tecnología permanezca relativamente contenida dentro del universo de valor donde la misma se inició. Pero cuando las curvas difieren, nuevas tecnologías que al principio son competitivas solo dentro de universos de valor de carácter emergente o comercialmente remotos, pueden emigrar hacia otros universos, proveyendo así un vehículo para que los innovadores puedan atacar los universos ya establecidos. Cuando dicho ataque tiene lugar, es debido a que el progreso tecnológico ha disminuido la relevancia de las diferencias en el ordenamiento de los atributos de desempeño entre los respectivos universos de valor. Por ejemplo, los atributos de tamaño y peso de las unidades de disco eran mucho más importantes en el universo de valor de los ordenadores de escritorio que lo que lo eran en los universos de valor de los mainframes y de los miniordenadores. Cuando el progreso tecnológico de las unidades de disco de 5,25 pulgadas permitió a los fabricantes satisfacer el criterio de priorización de atributos en los universos de los mainframes y de los miniordenadores, que apreciaban la capacidad total y la alta velocidad, *igual que como lo venían haciendo* en el universo de los ordenadores de escritorio, los límites entre los universos de valor dejaron de constituir una barrera para la entrada de los fabricantes de las unidades de disco de 5,25 pulgadas.

4. Las firmas recién ingresadas tienen sobre las ya establecidas una ventaja comparativa para poder atacar exitosamente con estas innovaciones –que generalmente son nuevas arquitecturas de producto que involucran solo poca tecnología realmente nueva– porque tales innovaciones cambian abruptamente o redefinen el nivel, la tasa y la dirección del progreso de una trayectoria tecnológica prefigurada. Esto es así porque estas tecnologías no generan va-

lor dentro del universo ya establecido. La única manera de que las firmas ya establecidas puedan liderar la comercialización de las nuevas tecnologías es ingresando ellas mismas al universo de valor en el cual estas innovaciones crean valor. Como lo observó Richard Tedlow en su historia de la venta al detalle en Norteamérica (en la cual los supermercados y los negocios de venta con descuento son los que desempeñan el papel de las tecnologías de punta), "la barrera más formidable con la que se encontraron las firmas ya establecidas fue simplemente que no querían hacer tal cosa" [25].

5. En estas instancias, aunque esta "ventaja de atacante" se halla *asociada* con un cambio radical de tecnología, la esencia de la ventaja del atacante se encuentra en la facilidad con la cual las firmas ingresantes, en relación con las ya establecidas, pueden identificar aplicaciones de mercados y universos de valor emergentes y efectuar compromisos estratégicos para atacarlos y desarrollarlos. En su esencia, por lo tanto, la cuestión podría estar en la relativa flexibilidad que deberían tener las firmas ya establecidas, en presencia de la recién ingresadas, para modificar sus *estrategias y estructuras de costes*, no sus tecnologías.

Estas proposiciones proveen nuevas dimensiones para el análisis de la innovación tecnológica. Además de las capacidades requeridas inherentes a las nuevas tecnologías y a la organización innovadora, las firmas enfrentadas con tecnologías de punta deben examinar las consecuencias de una innovación determinada para sus universos de valor relevantes. Las consideraciones clave son: si los atributos de desempeño implícitos en la innovación serán valorados únicamente dentro de los universos ya cubiertos por el innovador; si pueden abordarse otros universos o se deben crear nuevos a fin de obtener valor por la innovación; y determinar si la trayectoria de mercado y la tecnológica se llegarán eventualmente a intersectar, haciendo que tecnologías que no satisfacen las necesidades de los clientes que integran un universo de valor en un momento dado las satisfagan completamente en el futuro.

Estas consideraciones se aplican no simplemente a firmas que deban lidiar con las tecnologías más modernas, tales como las técnicas complejas y rápidamente cambiantes que se encuentran presentes en la electrónica avanzada, la mecánica y el magnetismo, como lo ha debido hacer el sector de la industria cubierto en este capítulo. El Capítulo 3 las examina en el contexto de una industria muy diferente: la de los equipos para desplazamientos de tierra.

## Notas

1.  Ver Rebecca M. Henderson y Kim B. Clark, "Architectural Innovation: The Reconfiguration of Existing Systems and the Failure of Established Firms", *Administrative Science Quarterly* (35), 1990, 9-30.

2.  Tracy Kidder, *The Soul of a New Machine* (New York: Avon Books. Inc., 1981)

3.  Algunos estudiosos han intentado medir la proporción de progreso tecnológico atribuible a avances radicales en comparación con avances incrementales. En un estudio empírico de una serie de procesos novedosos en la refinación de petróleo, por ejemplo, John Enos encontró que la mitad de los beneficios económicos de las nuevas tecnologías provienen de mejoras de proceso introducidas luego de que una tecnología nueva se haya establecido comercialmente. Ver J. L. Enos, "Invention and Innovation in the Petroleum Refining Industry", en *The Rate and Direction of Inventive Activity: Economic and Social Factors*, National Bureau of Economic Research Report (Princeton, NJ: Princeton University Press, 1962), 299-321. Mi estudio de la industria de las unidades de disco ha mostrado el mismo resultado. La mitad de los avances en la densidad de grabación (megabits por pulgada cuadrada de superficie del disco) puede ser atribuida a nuevas tecnologías de componentes y la otra mitad a mejoras incrementales en los componentes existentes y a refinamientos en el diseño de universos. Ver Clayton M. Christensen, "Exploring the Limits of the Techonology S-Curve", *Production and Operation Management* (1), 1992, 334-366.

4.  Ver Kim B. Clark, "The Interaction of Design Hierarchies and Market Concepts in Technological Evolution", *Research Policy* (14), 1985, 235-251. Clark sugiere, por ejemplo, que la elección inicial por parte de los fabricantes de automóviles de motores de gasolina en vez de motores de vapor o eléctricos definió los parámetros técnicos para las generaciones subsiguientes de ingenieros, que en consecuencia no intentaron seguir mejorando la propulsión a vapor. Clark ha demostrado por lo tanto que las capacidades de diseño y el conocimiento tecnológico que reside hoy en día en las empresas resulta de elecciones acumulativas que han hecho los ingenieros sobre qué tecnologías abordar y cuáles dejar de lado. Clark postula que las mejoras tecnológicas que requieren que las empresas utilicen como base o extiendan un conjunto acumulativo de conocimientos ya adquiridos favorecen a las empresas ya establecidas en la industria. A la inversa, cuando los cambios requieren un conjunto de conocimientos totalmente diferentes, las firmas ya establecidas quedarán en desventaja en comparación con las que ya hayan acumulado una base de conocimientos estructurados de acuerdo a una jerarquía diferente, muy probablemente en otro sector de la industria.

5.  Ver, por ejemplo, Michael L. Tushman y Philip Anderson, "Technological Discontinuities and Organizational Environments", *Administrative Science Quarterly* (31), 1986, 439-465, y Philip Anderson y Michael L. Tushman, "Technological Discontinuities and Dominant Designs", *Administrative Science Quarterly* (35), 1990, 604-633.

6.  El concepto de *universo de valor* se basa en otro concepto de Giovanni Dosi, el de *paradigmas tecnológicos*. Ver Giovanni Dosi, "Technological Paradigms and Technological Trajectories", *Research Policy* (11), 1982,147-162. Dosi define un paradigma tecnológico como un "patrón de solución de problemas tecnológicos específicos, basado en principios específicos derivados de las ciencias naturales y en tecnologías específicas de materiales" (152). Los paradigmas que vayan apareciendo representan por lo tanto discontinuidades en las trayectorias de progreso que se hallaban definidas dentro de paradigmas anteriores. Estos tienden a redefinir el significado mismo de la palabra progreso, y guían a los tecnólogos hacia nuevas clases de problemas como objetivos inmediatos para el alcance de un desarrollo tecnológico normal. La cuestión examinada por Dosi —sobre cómo se seleccionan y retienen las nuevas tecnologías— se halla íntimamente relacionada con la cuestión de por qué las firmas tienen éxito o fracasan como beneficiarias de tales cambios.

7.  El universo de valor, de la manera en que se lo presenta aquí, se basa intensivamente en ideas que yo he desarrollado en conjunto con el profesor Richard S. Rosenbloom y que se hallan resumidas en dos artículos: Clayton M. Christensen y Richard S. Rosenbloom, "Explaining the Attacker's Advantage: The Technological Paradigms, Organizational Dynamics, and the Value Network", *Research Policy* (24), 1995, 233-257; y Richard S.

Rosenbloom y Clayton M. Christensen, "Technological Discontinuities, Organizational Capabilities, and Strategic Commitments", *Industrial and Corporate Change* (3), 1994, 655-685. Quedo sumamente reconocido al profesor Rosenbloom por sus contribuciones al desarrollo de estos conceptos.

8. Ver D. L. Marples, "The Decisions of Engineering Design", *IEEE Transactions on Engineering Management* EM8, 1961,55-71; y S. Alexander, *Notes on the Synthesis of Form* (Cambridge, MA: Harvard University Press, 1964).

9. En este punto, también, la correspondencia entre el concepto de universo de valor y la definición de Dosi de los paradigmas tecnológicos es marcada. (Ver nota 6). El alcance y los límites de un universo de valor quedan definidos por el paradigma tecnológico dominante y la correspondiente trayectoria tecnológica en los niveles altos del universo. Como lo sugiere Dosi, el *valor* puede ser definido como función del paradigma tecnológico dominante del último universo de uso del universo de valor.

10. Michael Porter, *Competitive Advantage* (New York: The Free Press, 1985).

11. Un tratamiento más completo de este análisis puede ser encontrado en el capítulo 7 de Clayton M. Christensen, *The Innovator's Challenge: Understanding the Influence of Market Environment on Processes of Technology Development in the Rigid Disk Drive Industry*, tesis, Harvard University Graduate School of Business Administration, 1992.

12. D. Sahal, *Patterns of Technological Innovation* (Londres: Addison Wesley, 1981).

13. El proponente más ampliamente leído de esta corriente de ideas es Richard Foster; ver por ejemplo su libro *Innovation: The Attacker's Advantage* (New York: Summit Books, 1986).

14. Las ideas resumidas aquí se hayan articuladas de manera más completa en C. M. Christensen, "Exploring the Limits of the Technology S-Curve", *-Production and Operations Management* (1), 1992, 334-366.

15. Una descripción más completa de decisiones similares tomadas en otras firmas puede ser encontrada en Clayton M. Christensen, *The Innovator's Challenge: Understanding the Influence of Market Environment on Processes of Technology Development in the Rigid Disk Drive Industry*, tesis, Harvard University Graduate School of Business Administration, 1992.

16. El procedimiento es consistente con la observación de Robert Burgelman de que una de las mayores dificultades encontradas por los emprendedores corporativos es encontrar los "sitios para evaluaciones beta" adecuados, en los cuales los productos puedan ser desarrollados y pulidos interactivamente con los clientes. Generalmente, el ingreso hacia el cliente es provisto por el vendedor que comercializa la línea de productos ya establecidos de la firma. Esto ayuda a que las empresas desarrollen nuevos productos para los mercados ya establecidos, pero no identifica aplicaciones novedosas para la nueva tecnología. Ver Robert Burgelman y Leonard Sayles, *Inside Corporate Innovation* (New York: The Free

Press, 1986). La profesora Rebecca Henderson me señaló que esta tendencia a llevar siempre las nuevas tecnologías a los clientes del mercado dominante refleja una capacidad de *marketing* bastante escasa; y aunque muchos estudiosos tienden a encasillar esta cuestión como de competencia tecnológica, tal incapacidad para encontrar nuevos mercados para las tecnologías novedosas podría llegar a ser una de las deficiencias más grandes de las empresas ya establecidas respecto del tema de la innovación.

17. Los motores de bobina de voz eran más caros que los motores de desplazamiento discontinuo que usaba anteriormente Seagate para desplazar radialmente los cabezales de sus unidades de disco. Aunque estos motores no eran nuevos en el mercado, eran nuevos para Seagate.

18. Esto es consistente con los hallazgos informados por Arnold Cooper y Dan Schendel en "Strategic Responses to Technological Threats", *Business Horizons* (19), Febrero 1976, 61-69.

19. Últimamente, casi todos los fabricantes norteamericanos de unidades de disco se fundan en lo realizado por la división de IBM de San José, California, que desarrolló y fabricó los productos de registro magnético de esta firma. Ver Clayton M. Christensen, "The Rigid Disk Drive Industry: A History of Commercial and Technological Turbulence", *Business History Review* (67), Invierno, 1993, 531-588.

20. En general, estas tecnologías de componentes fueron desarrolladas por las más grandes de las firmas ya establecidas que dominaban los mercados que se encontraban por encima de los que abordaban las recién ingresadas. Esto es así porque los componentes nuevos generalmente (aunque no siempre) tienen un impacto de sostenimiento de las trayectorias de tecnología. Estas firmas ya establecidas, que contaban con alta tecnología, se encontraban típicamente embarcadas en la búsqueda afanosa de innovaciones de sostenimiento.

21. La investigación de Eric von Hippel, citada frecuentemente como evidencia del valor de prestar atención a los clientes, indica que los clientes originan la gran mayoría de las ideas sobre nuevos productos (ver Eric von Hippel, *The Sources of Innovation* [New York: Oxford University Press, 1988]). Una alternativa interesante para futuras investigaciones sería volver a considerar la información de von Hippel a la luz de los enfoques presentados aquí. El enfoque del universo de valor predeciría que las innovaciones hacia las cuales los clientes del estudio realizado por von Hippel conducirían a sus proveedores serían todas innovaciones de sostenimiento. Se debería esperar que las innovaciones abruptas vinieran a partir de otras fuentes.

22. Henderson vio similares peligros potenciales de que las firmas lleguen a ser confundidas por sus clientes en su estudio de los fabricantes de equipos alineadores fotolitográficos. Ver Rebecca M. Henderson, "Keeping Too Close to Your Customers", documento de trabajo del Massachusetts Institute of Technology Sloan School of Management, 1993.

23. Muchos observadores de la industria han señalado que parece haber un piso para el costo de fabricar una unidad de disco, de alrededor de los u$s 120 por unidad, por debajo del cual hasta los mejores fabricantes no pueden llegar. Este constituye el costo básico incurrido para diseñar, producir y ensamblar los componentes requeridos. Los fabricantes de unidades de disco siguen reduciendo los costos por megabyte incrementando continuamente el número de megabytes que se pueden colocar en su unidad de u$s 120. El efecto de este piso en la competencia entre las unidades de disco y las tarjetas de memoria flash puede llegar a ser profundo. Significa que en las aplicaciones de baja capacidad, cuando el precio de la memoria flash disminuya, esta se hará competitiva en cuanto a costos con el almacenamiento en disco. La frontera por encima de la cual las unidades de disco magnético tengan menores costos por megabyte que las tarjetas flash seguirá desplazándose mercado arriba, de manera totalmente análoga al desplazamiento mercado arriba de las arquitecturas de unidades de disco más grandes. Los expertos predijeron, de hecho, que para 1997, una tarjeta de memoria de 40 Mb tendrá un precio comparable al de una unidad de disco de la misma capacidad.

24. Lewis H. Young, "Samsung Banks on Tiny Flash Cell", *Electronic Business Buyer* (21), Julio 1995, 28.

25. Richard Tedlow, *New and Improved: A History of Mass Marketing in America* (Boston, Harvard Business School Press, 1994).

# CAPÍTULO 3

# CAMBIOS TECNOLÓGICOS RADICALES EN LA INDUSTRIA DE LAS EXCAVADORAS MECÁNICAS

Las excavadoras y sus predecesoras, las palas mecánicas de vapor, son bienes de capital de gran tamaño que se venden a los contratistas de perforaciones. Si bien es cierto que pocos observadores consideran que esta industria sea tecnológicamente dinámica y proclive a efectuar cambios, tiene sin embargo puntos en común con la industria de las unidades de disco: a través de su historia, las firmas que han sido líderes del sector adoptaron exitosamente una serie de innovaciones de *sostenimiento*, tanto incrementales como drásticas, en sus componentes y arquitecturas, pero casi la totalidad de sus palas mecánicas, impulsadas inicialmente a vapor y luego mediante motores de combustión interna, fueron desplazadas por una tecnología de punta –la hidráulica– que, a raíz del rechazo inicial por parte de los clientes de estas firmas y de las propias estructuras económicas de las mismas, fueron al principio ignoradas por estas. Aunque en la industria de las unidades de disco estas invasiones sobre mercados establecidos ocurrían ya a los pocos años de la emergencia inicial de estas tecnologías de punta, el triunfo final de las excavadoras hidráulicas requirió veinte años. Aun así, la invasión de la tecnología de punta resultó tan decisiva y difícil de contrarrestar en el caso de las excavadoras como lo fue en la industria de las unidades de disco.[1]

## Liderazgo en los cambios tecnológicos de sostenimiento

Desde la invención, por parte de William Smith Otis, de la pala mecánica en 1837 y hasta comienzos de la década de los '20, los equipos mecánicos para el movimiento de tierra se hallaban impulsados a vapor. Una caldera central lo enviaba a través de cañerías hacia pequeños motores situados en varios sitios de la máquina. Por medio de un sistema de poleas, cilindros y cables, estos motores actuaban sobre palas excavadoras ubicadas en la parte delantera, como se ilustra en la Figura 3.1. Originalmente, las palas mecánicas estaban montadas sobre rieles y se las utilizaba para excavar la tierra en la construcción de ferrocarriles y canales. Los fabricantes norteamericanos de palas mecánicas se hallaban ubicados en su mayoría en el norte de Ohio y cerca de Milwaukee.

A principios de la década de los '20, cuando en los Estados Unidos existían no menos de treinta y dos fabricantes de palas mecánicas, la industria debió enfrentar una fuerte conmoción al verse estos obligados a reemplazar el vapor por la gasolina.[2] Esta transición cae en la categoría que Henderson y Clark denominaron "tecnológica radical". El concepto tecnológico fundamental sobre el que estaba basado un componente clave (el motor) cambió del vapor a la combustión interna, y por lo tanto se modificó la arquitectura básica del producto. En las máquinas primitivas, la presión del vapor ponía en funcionamiento un conjunto de motores para enrollar y desenrollar los cables que controlaban los elementos de excavación; las palas de gasolina empleaban, en cambio, un solo motor y un siste-

**Figura 3.1 Pala mecánica accionada a cable fabricada por Osgood General**

*Fuente:* Fotografía de equipos fabricados por Osgood General en Herbert L. Nichols, Jr., *Moving the Earth: The Workbook of Excavation* (Greenwich, CT: North Castle, 1955).

ma muy diferente de engranajes, embragues, cilindros y frenos. A pesar de la naturaleza drástica del cambio surgido, la tecnología que empleaba gasolina tuvo de hecho un impacto de *sostenimiento* en la industria de las excavadoras mecánicas. Los motores de gasolina eran lo suficientemente potentes como para permitir a los constructores mover la tierra de manera más rápida, más confiable y a costes más bajos que lo que podían lograr las palas de vapor, excepto los modelos más grandes.

Los innovadores que encabezaron la tecnología del motor de gasolina fueron las firmas dominantes, tales como Bucyrus, Thew y Marion. Veintitrés de los veinticinco fabricantes más grandes efectuaron con éxito su transición.[3] Como lo indica la Figura 3.2, entre los líderes de la tecnología a gasolina hubo en los años '20 algunas empresas recién ingresadas, pero las firmas ya establecidas fueron las que definitivamente dominaron esta transición.

A partir de 1928, los fabricantes establecidos de palas mecánicas impulsadas a gasolina dieron comienzo a la modificación subsiguiente, importante pero menos radical: la inclusión de motores diesel y eléctricos. Otro cambio, que tuvo lugar después de la Segunda Guerra Mundial, introdujo el diseño del brazo arqueado, que permitía tener un mayor alcance, instalar elementos recolectores de mayor tamaño y flexibilidad para llegar a sitios difíciles. Las empresas establecidas continuaron adoptando cada una de estas innovaciones y realizando con éxito su adaptación a las mismas.

**Figura 3.2  Fabricantes de palas mecánicas de cable impulsadas con gasolina, 1920-1934**

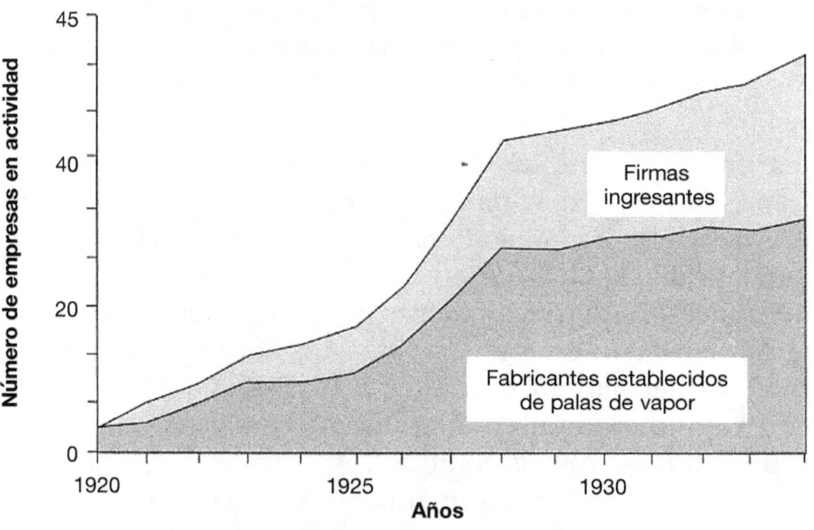


*Fuente:* Los datos provienen de la Historical Construction Equipment Association y de *The Thomas Register* de diversos años.

Los propios contratistas de excavaciones fueron los responsables, a su vez, de otro número de innovaciones de sostenimiento importantes, primero modificando sus propios equipos sobre el terreno para hacerlos funcionar mejor y luego fabricando ellos mismos algunas excavadoras que incorporaban esas nuevas prestaciones para venderlas en el mercado.[4]

## El impacto de la tecnología hidráulica de punta

El siguiente cambio importante fue abrupto y precipitó una ola de fracasos en serie. Desde poco después de la Segunda Guerra Mundial hasta fines de la década de los '60, y a pesar de que todavía la fuente preponderante de propulsión seguía siendo el motor diesel, imperó un nuevo mecanismo alternativo para extender y bajar, retraer y alzar el brazo de la grúa donde iba montada la pala: los sistemas primitivos, operados mediante cables, fueron reemplazados por sistemas operados hidráulicamente. Sólo cuatro de las más de treinta empresas establecidas en este mercado durante los años '50 (Insley, Koehring, Little Giant y Link Belt) se pudieron transformar con éxito en fabricantes de excavadoras mecánicas hacia finales de los '70. Algunos otros sobrevivieron dedicándose a construir equipos con cables en una versión de gran tamaño para utilización en dragado y minería.[5] La mayoría de los demás fabricantes fracasó. Las empresas que asumieron el liderazgo de la industria de los equipos excavadores en ese momento fueron todas firmas que ingresaron directamente con equipos hidráulicos: J. I. Case, John Deere, Drott, Ford, J. C. Bamford, Poclain, International Harvester, Caterpillar, O & K Demag, Leibherr, Komatsu e Hitachi.[6] ¿Por qué ocurrió esto?

## *Desempeño requerido en el mercado de las excavadoras mecánicas*

Las excavadoras son uno de los tantos tipos de equipos utilizados para mover tierra. Algunas de las otras máquinas presentes en este mercado sirven esencialmente para una sola función, por ejemplo empujar, apisonar o levantar tierra. Las excavadoras[7] habían sido tradicionalmente utilizadas para cavar pozos y zanjas, sobre todo en tres mercados: el primero y más grande, el de la excavación general, compuesto por los contratistas que hacen los pozos para construir sótanos de edificios o en proyectos de ingeniería civil tales como la construcción de canales; segundo, los contratistas de alcantarillas y sistemas de cañerías, que generalmente hacen zanjas largas y no demasiado anchas; y tercero, la minería en túneles o a cielo abierto. En cada uno de estos mercados, los contratistas han tendido a evaluar la funcionalidad de sus excavadoras mecánicas sobre la base de su alcance de brazo y por los metros cúbicos de material que fuesen capaces de levantar en cada palada.[8]

En 1945, los contratistas de alcantarillas y sistemas de cañerías utilizaban máquinas cuya capacidad estaba alrededor de 1 metro cúbico (la medida más adecuada para cavar zanjas relativamente angostas); el contratista promedio de excavaciones generales utilizaba equipos que levantaban aproximadamente 2,5 metros cúbicos por palada, y los de trabajos de minería necesitaban alzar alrededor de 3,5 metros cúbicos. La capacidad promedio del elemento excavador que requería cada mercado aumentaba en alrededor del 4 por ciento por año, un ritmo restringido también por varios otros factores. Los problemas logísticos de transportar maquinaria sumamente grande desde y hacia los sitios donde se la empleaba contribuyeron asimismo a limitar el incremento de capacidad que requerían los contratistas.

## *El surgimiento de las excavadoras hidráulicas y la trayectoria de mejoras de los mismos*

El primer equipo hidráulico fue desarrollado por una compañía británica, J. C. Bamford, en 1947. Otros productos similares comenzaron a surgir casi al mismo tiempo en varias compañías norteamericanas, entre ellas Henry Company, de Topeka, Kansas, y en Sherman Products, Inc., de Royal Oak, Michigan. Este diseño fue denominado "Despegue Vigoroso Operado Hidráulicamente", cuyas iniciales en inglés (**H**ydraucally **O**perated **P**ower **T**ake-**O**ff) dieron lugar al acrónimo HOPTO, adoptado como nombre por la tercera empresa que ingresó a la industria a fines de esa década.[9]

Estas máquinas fueron denominadas inicialmente *azadones traseros* porque se las montaba en la parte trasera de los tractores industriales o agrícolas. Las mismas excavaban extendiendo primero la pala hacia fuera y arriba, retrocediéndola luego en el sentido de la cabina para hacerla tomar contacto con la tierra,[10] donde era introducida entonces debajo de la porción de material que se quería levantar, y luego se la hacía subir para descargar el material. Al hallarse limitada por la potencia de las bombas hidráulicas disponibles en esa época y por la hermeticidad de los sellos que las mismas requerían, la capacidad de los primeros equipos hidráulicos era de nada más que 0,20 metros cúbicos, tal como se indica en la Figura 3.3. Su alcance estaba limitado a menos de dos metros. Mientras que las mejores excavadoras de cable podían girar sin problemas la totalidad de los 360 grados alrededor de su base, los excavadores hidráulicos más flexibles solo podían hacerlo 180 grados.

Debido a que su capacidad era tan pequeña y su alcance tan reducido, estas máquinas no servían en minería, excavaciones de tipo general o cavado de zanjas, donde se re-

**Figura 3.3  Impacto abrupto de la tecnología hidráulica de punta en el mercado de los excavadores mecánicos**

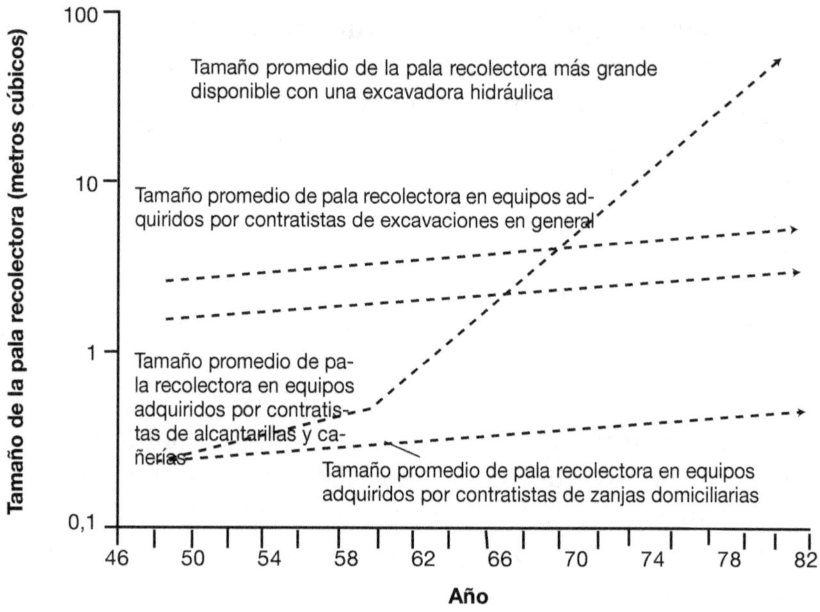

*Fuente:* Historical Construction Equipment Association.

quería levantar entre 1 y 4 metros cúbicos por palada. Como resultado de ello, las nuevas firmas que ingresaron al mercado se vieron obligadas a desarrollar nuevas aplicaciones para sus productos. Comenzaron por vender sus excavadoras como agregados a la parte trasera de pequeños tractores industriales y agrícolas construidos por Ford, J. I. Case, John Deere, International Harvester y Massey Ferguson. También empezaron a adquirir estos equipos los pequeños contratistas que se dedicaban a cavar zanjas angostas que fueran desde las líneas de suministro de agua y las alcantarillas que corrían por debajo de la calzada, hasta los cimientos de las casas en construcción. Estos trabajos de escala muy pequeña no podían afrontar nunca el gasto y el tiempo requerido para disponer de una pala mecánica convencional actuada por cable, grande e imprecisa, de modo que este tipo de zanjas siempre se habían debido excavar a mano. Con estos nuevos y pequeños equipos hidráulicos adosados a tractores sumamente ágiles se lograba realizar esta tarea en menos de una hora por obra, y por lo tanto se hicieron sumamente populares entre los contratistas que construían sobre las subdivisiones de grandes parcelas durante la explosión edilicia que tuvo lugar después de la Segunda Guerra Mundial y la Guerra de Corea. Estos primeros equipos hidráulicos eran vendidos a través de proveedores de tractores y maquinaria agrícola, que se hallaban acostumbrados a tratar con clientes pequeños.

Los primeros usuarios de excavadoras hidráulicas fueron, en resumen, *muy* diferentes en sus modalidades de los clientes normales de palas de cable, tanto en el tamaño de los equipos requeridos como en sus necesidades operativas y en los canales de distribución a través de los cuales se surtían de los mismos. Estos usuarios constituyeron un nuevo universo de valor para el mercado. Como dato interesante, así como el desempeño de las unidades de disco pequeñas era evaluado con parámetros diferentes que el de las unidades más grandes (peso, potencia y consumo de energía, en lugar de capacidad y velocidad), el rendimiento de las primeras excavadoras mecánicas se evaluaba de manera distinta al de los equipos de cable. Las características más promocionadas en la literatura de producto de las primeras palas hidráulicas eran el *ancho* de la pala recolectora (los contratistas deseaban cavar zanjas angostas y poco profundas) y la velocidad y maniobrabilidad del *tractor*. La Figura 3.4, extraída de un viejo folleto de Sherman Products para su excavadora hidráulica "Bobcat", ilustra esa particularidad. Sherman denominaba a su Bobcat "excavadora" en lugar de "pala mecánica", la mostraba operando en lugares reducidos y proclamaba que se la podía conducir por encima del césped sin ocasionar mayores daños. La Bobcat estaba montada sobre un tractor fabricado por Ford (más tarde Ford adquirió la línea Bobcat de Sherman). Las prestaciones que promocionaba el folleto eran, por supuesto, absolutamente irrelevantes para los grandes proyectos. Estas diferencias entre los criterios de apreciación del desempeño definían los límites de los universos de valor vigentes para esta industria.

**3.4  Excavadora hidráulica fabricada por Sherman Products**

*Fuente:* Folleto de Sherman Products, Inc. Royal Oak, Michigan, de principios de la década de los ´50.

La línea llena de la Figura 3.3 grafica la tasa de mejoras en el tamaño de la pala recolectora que los ingenieros hidráulicos iban logrando emplear en esta nueva arquitectura de excavadoras. La pala más grande disponible alcanzaba a poco más de 1/3 de metro cúbico en 1955, 1/2 en 1960, y 1,5 en 1965. Hacia 1974, las más grandes ya llegaban a ser capaces de levantar 7 metros cúbicos. Esta trayectoria de mejoras, que fue mucho más rápida que la tasa de mejoras de desempeño requerida en cualquiera de los mercados de excavadoras, condujo a esta tecnología hidráulica desde su mercado original hacia mercados de mayor envergadura, precisamente los de movimientos de tierra en gran escala. Su empleo en los mercados de contratistas generales tuvo un fuerte aporte en 1954, cuando otra firma recién ingresada al mercado en Alemania, Demag, introdujo un modelo montado sobre cremalleras que podía rotar sobre su base la totalidad de los 360 grados.

## La respuesta a la tecnología hidráulica por parte de los fabricantes de excavadoras ya establecidos

De igual manera que Seagate Technology fue una de las primeras firmas en desarrollar un prototipo de las unidades del disco de 3,5 pulgadas, Bucyrus Erie, el fabricante líder de palas mecánicas operadas por cable, se encontraba totalmente al tanto de la aparición de la tecnología de excavación hidráulica. Hacia 1950 (más o menos dos años después que apareciese la primera excavadora hidráulica comercial) Bucyrus adquirió una fábrica de excavadoras hidráulicas de reciente formación, la Milwaukee Hydraulics Corporation. Bucyrus enfrentó precisamente el mismo problema para comercializar sus productos, que el que debió enfrentar Seagate con sus unidades de disco de 3,5 pulgadas: sus clientes más importantes no tenían dónde utilizarlos.

La respuesta de Bucyrus Erie fue entonces un nuevo producto, lanzado en 1951, denominado "Hydrohoe", cuyo equivalente en castellano sería algo así como "Azadón hidráulico". En lugar de tres cilindros, utilizaba solamente dos, uno para introducir la pala recolectora en la tierra desde atrás haciéndola avanzar en el sentido de la cabina del equipo, y el otro para acercar la pala a la cabina una vez extraído el material; para alzar la pala recolectora, en cambio, utilizaba un mecanismo de cable. El Hydrohoe era pues un híbrido de las dos tecnologías, comparable a los primitivos barcos de vapor transoceánicos que venían provistos simultáneamente de velas.[11] No existen evidencias, sin embargo, de que el diseño híbrido del Hydrohoe fuera debido a que los ingenieros de desarrollo de Bucyrus se hubiesen "trabado" en alguna parte de su desarrollo. Lo que sucedía, en cambio, era que el mecanismo de elevación por medio de cable era la *única manera viable* que había en esa época, de acuerdo con el estado de la tecnología hidráulica en ese momento, de otorgarle al Hydrohoe la capacidad de pala recolectora y el alcance de brazo que los especialistas de marketing de Bucyrus plantearon que necesitarían para satisfacer las necesidades de sus clientes habituales.

La Figura 3.5 muestra una porción de un viejo folleto de ventas del Hydrohoe. Nótense las diferencias entre la estrategia de marketing de Bucyrus y la utilizada antes por Sherman: Bucyrus denominaba al Hydrohoe "pala excavadora", lo mostraba operando a campo abierto, y sugería que podía levantar una gran cantidad de tierra en cada palada, prestaciones todas ellas dirigidas a captar a los contratistas de excavaciones generales. En lugar de comercializar la nueva tecnología de punta en el universo de valor en el cual resultaban apreciados en ese momento los beneficios que ofrecía la hidráulica, Bucyrus optó por acomodar esa nueva tecnología a su propio universo de valor. A pesar de tal esfuerzo, el Hydrohoe se hallaba aún demasiado limitado en su capacidad y en su alcance y no se logró comercializar adecuadamente entre los clientes de Bucyrus. La firma mantuvo sin embargo el Hydrohoe en el mercado durante más de una década, tratando cada tanto de mejorar su desempeño para hacerlo finalmente aceptable para sus clientes, pero el equipo nunca resultó comercialmente exitoso. Al final, la

**Figura 3.5  Excavadora modelo Hydrohoe fabricada por Bucyrus Erie**

*Fuente:* Folleto de Bucyrus Erie Company, South Milwaukee, Wisconsin, 1951.

empresa volvió a las palas operadas por cable, que eran su fuerte.

Bucyrus Erie fue el único fabricante de palas mecánicas por cable que se sepa haya lanzado una excavadora hidráulica entre 1948 y 1961: todos los demás siguieron abasteciendo a sus clientes ya establecidos, de manera normal y rentable.[12] De hecho, los mayores fabricantes de excavadoras de cable, Bucyrus Erie y Northwest Engineering, registraron utilidades récord hasta 1966, momento en el cual la tecnología hidráulica de punta logró finalmente satisfacer sin inconvenientes las nccesidades de los usuarios del segmento correspondiente al alcantarillado y el tendido de caños. Esto es típico de las industrias que se ven enfrentadas a una tecnología de punta: las firmas líderes de la tecnología ya establecida permanecen financieramente fuertes hasta que se encuentran con que la tecnología de punta ha logrado penetrar en su universo de valor y se halla, de hecho, firmemente asentada en su propio mercado principal.

Entre 1947 y 1965, veintitrés compañías ingresaron al mercado de la excavación de tierras con productos hidráulicos. La Figura 3.6, que grafica el número total de firmas activas, ingresantes y establecidas, (exceptuadas las empresas que se habían ido retirando), muestra de qué manera tan absoluta las primeras dominaron el mercado.

En la década de los '60, algunos de los fabricantes más importantes de palas mecánicas operadas con cable introdujeron algunos modelos donde se aplicaba la tecnología hidráulica. Casi todos estos modelos eran híbridos, sin embargo, como lo había sido el Hydrohoe de Bucyrus Erie, y generalmente empleaban todos ellos un cilindro hidráulico para articular o hacer girar la pala recolectora, y cables para extender la pala hacia adelante o para levantar el brazo de la grúa. Utilizada de esta manera en la década de los '60, la tecnología hidráulica brindó un apoyo de sosteni-

**Figura 3.6 Fabricantes de excavadoras hidráulicas, 1948-1965**

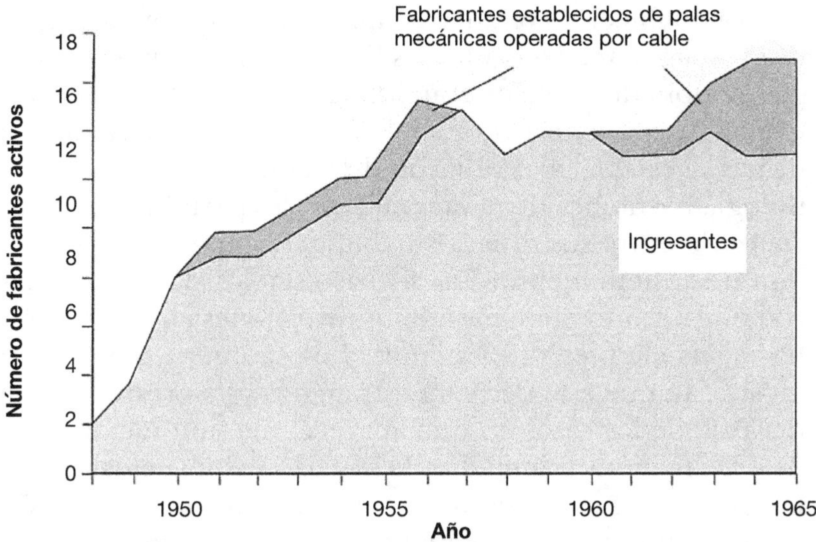



*Fuente:* Los datos fueron obtenidos de la Historical Construction Equipment Association.

miento a los productos de los fabricantes ya establecidos, mejorando su desempeño en sus universos de valor habituales. Algunos de los métodos que diseñaron los ingenieros para utilizar la tecnología hidráulica en las excavadoras de cable fueron realmente ingeniosos. Toda esa energía innovadora, sin embargo, fue dirigida solamente hacia los clientes existentes.

Las estrategias empleadas por los fabricantes establecidos en ese período muestran una importante tendencia que resulta contrapuesta, en lo que se refiere a la manera en que visualizan este cambio tecnológico de tipo abrupto, a la exhibida por las empresas recién ingresadas. En general, las empresas ingresantes que finalmente resultaron exitosas, ya en las décadas de los '40 y '50 consideraron a la tecnología hidráulica en sí misma como una fuente adecuada para generar ingresos, y cultivaron nuevas aplicaciones de mercado en las cuales esta tecnología, así como existía, pudiera crear valor. Y como regla general, las firmas ya establecidas veían, en cambio, la situación de manera opuesta: para estas últimas, lo que constituía la fuente generadora de ingresos eran las necesidades de su *mercado*. Como consecuencia de este punto de vista diferente, las firmas ya establecidas trataron de adaptar o mejorar la tecnología hidráulica de manera tal que les permitiese comercializarla entre sus usuarios habituales solo como una mejora de sostenimiento. Las firmas establecidas concentraron por lo tanto plenamente sus inversiones en innovación hacia sus clientes ya existentes. Los capítulos que siguen mostrarán que esta decisión estratégica está presente en la mayoría de los casos en que aparece una innovación drástica. De manera sistemática, la firmas ya establecidas intentan hacer llegar la nueva tecnología a sus mercados existentes, mientras que los ingresantes que logran éxito encuentran nuevos mercados que valoren la nueva tecnología por sí misma.

La tecnología hidráulica finalmente *logró* progresar hasta el punto en que podía satisfacer las necesidades de los contratistas de excavación de los mercados principales. Ese progreso fue logrado, sin embargo, solo por las compañías ingresantes, que primero habían hallado un mercado para las prestaciones iniciales de esa tecnología, acumularon luego experiencia de diseño y fabricación en ese mercado, y finalmente utilizaron esa plataforma comercial para atacar los universos de valor que se encontraban por encima de ellos. Las firmas ya establecidas perdieron esa batalla. Sólo cuatro empresas fabricantes de excavadoras operadas por cable –Insley, Koehring, Little Giant y Link Belt– siguieron siendo proveedores viables para los contratistas de excavación al introducir, de manera exitosa pero tardía, líneas de excavadoras hidráulicas con el fin de defender sus mercados.[13]

Aparte de los ya citados, sin embargo, los demás fabricantes líderes de grandes máquinas excavadoras operadas por cable nunca introdujeron una hidráulica comercialmente exitosa. Aunque algunas de ellas emplearon la hidráulica hasta cierto grado en los mecanismos secundarios, carecían de la experiencia de diseño y de la estructura de costes necesaria para competir airosamente en el mercado cuando este fue invadido por la tecnología hidráulica. Hacia principios de la década de los '70, todas estas firmas habían sido desalojadas del mercado de los contratistas de alcantarillado, tendido de cañerías y excavación general por las nuevas empresas, la mayoría de las cuales había pulido inicialmente su capacidad tecnológica en el mercado de los pequeños contratistas.[14]

Este contraste de estrategias para obtener rentabilidad a partir de los cambios en la tecnología, caracteriza a la diferencia entre los enfoques empleados por las firmas ingresantes y las ya establecidas en muchas de las demás industrias que fueron afectadas por la tecnología de punta, especialmente las de las unidades de disco, el acero, los ordenadores y los automóviles eléctricos.

## La elección entre cable e hidráulica

En el mapa de trayectorias de la Figura 3.3, cuando la tecnología hidráulica resultó capaz de satisfacer las necesidades de tamaño de la pala excavadora en los mercados de contratistas de alcantarillado y tendido de cables (y podría haberse trazado también una trayectoria similar para el alcance del brazo), la dinámica competitiva de la industria cambió, y los contratistas del mercado principal de excavación de tierra modificaron el criterio por el cual se regían en el pasado sus adquisiciones de maquinaria. Aún hoy, las arquitecturas de equipos operados mediante cable pueden lograr mucho mayor alcance y mayor poder de elevación que los hidráulicos. Ambos tienen trayectorias de tecnología aproximadamente paralelas. Pero cuando *ambas* tecnologías, la de cable y la hidráulica, pudieron satisfacer los requerimientos del mercado principal de movimiento de tierra, los contratistas no podían ya basar su selección de equipos sobre cuál de ellos tenía más alcance de brazo y/o mayor capacidad de pala. Ambas tecnologías resultaban adecuadas, y el hecho de que el equipo estuviese o no operado por cable dejó de ser relevante como ventaja competitiva.

Los contratistas encontraron, además, que las máquinas hidráulicas resultaban mucho menos proclives a experimentar desperfectos que sus contrapartes operadas por cable. En particular, aquellos que habían experimentado la desgraciada experiencia de que un cable se cortara mientras alzaba una pesada pala cargada de material, adoptaron la tecnología hidráulica rápidamente, tan pronto esta pudo ser capaz de realizar adecuadamente la tarea requerida. Una vez que ambas tecnologías resultaron lo suficientemente adecuadas para satisfacer las capacidades básicas buscadas por los contratistas, pues, la base para la selección del producto en ese mercado pasó a ser la confiabilidad. Los contratistas de alcantarillado y de tendido de caños empezaron a adoptar rápidamente los equipos hidráulicos a partir de principios de la década de los '60, mientras que los contratistas de excavación general los siguieron más adelante en esa misma década.

## Consecuencias y connotaciones
## de la aparición de la tecnología hidráulica

¿Qué anduvo mal en las empresas que fabricaban excavadoras operadas por cable? Claramente, con la ventaja de poder mirarlo en retrospectiva, uno puede aducir que estas deberían haber invertido en equipos hidráulicos y haber incorporado la parte de sus organizaciones que tenía a cargo la fabricación de productos hidráulicos al universo de valor que los requería en ese momento. Pero el dilema al gerenciar las tecnologías de punta en el fragor de la batalla es que intrínsecamente no había nada que anduviese mal en esas empresas. La hidráulica era en ese momento una tecnología que sus clientes no necesitaban; de hecho, no podían utilizar. Cada fabricante de palas mecánicas era uno más de entre por lo menos veinte que apelaban a todo lo que tenían a su alcance para robarse los clientes entre sí: si llegaban a apartar su vista de las necesidades de sus usuarios respecto de su próxima generación de equipos, los negocios existentes hubieran sido puestos en riesgo. Además, desarrollar excavadoras de cable cada vez más grandes, mejores y más rápidas, para poder quitarles así una porción de mercado a sus competidores, constituía una oportunidad mucho más obvia para un crecimiento rentable que lo que lo era un emprendimiento con excavadoras hidráulicas, dado lo pequeño que era ese mercado cuando apareció en la década de los '50. De modo que, como hemos visto anteriormente, esas compañías no fracasaron en realidad porque no dispusieran de la tecnología adecuada. Tampoco fracasaron porque carecieran de información sobre lo que era la hidráulica y cómo se podía utilizar; de hecho, las mejores de ellas utilizaron esa tecnología tan pronto advirtieron que les podía ser de utilidad a sus clientes. No fracasaron porque su management fuese lerdo o arrogante. Fracasaron porque la hidráulica no tenía sentido para ellos... hasta que fue demasiado tarde.

Los patrones de éxitos y de fracasos que vemos entre empresas enfrentadas con cambios tecnológicos, ya sean estos de sostenimiento o abruptos, son el resultado natural o sistemático de *buenas* decisiones gerenciales. Esa es la razón, en verdad, de que las tecnologías de punta confronten a los innovadores con semejante dilema. Trabajar duramente, ser perspicaz, invertir más agresivamente y escuchar con mayor atención a los clientes, son todas soluciones a los problemas que generan las nuevas tecnologías convencionales, o de sostenimiento. Pero esas actitudes, paradigmas del management correcto, resultan inútiles –y, en muchas instancias, hasta contraproducentes– al tener que enfrentarse con tecnologías de punta.

## Notas

1.  Puede encontrarse un resumen sobre cómo este mismo mecanismo pudo haber afectado un rango más amplio de industrias en Richard S. Rosenbloom y Clayton M. Christensen, "Technological Discontinuities, Organizational Capabilities, and Strategic Commitments", *Industrial and Corporate Change (3), 1994. 655-686.*

2.  La información y los datos empleados para calcular los gráficos de esta sección fueron provistos por Dimitrie Toth, Jr. y Keith Haddock, ambos directores nacionales de la Historical Construction Equipment Association. Esta asociación posee en sus archivos un cúmulo de información sobre la industria de los equipos recolectores de tierra, y tanto Toth como Haddock han sido sumamente gentiles en permitirme compartir sus conocimientos e información con ellos. Les estoy también profundamente agradecido por sus útiles comentarios sobre un borrador previo de este capítulo. Otras fuentes útiles de información han sido Peter Grimshaw, *Excavators* (Poole, Inglaterra: Blandford Press, 1985); The Olyslager Organisation, Inc., *Earthmoving Vehicles* (Londres: Frederick Warne & Co., Ltd., 1972), Harold F. Williamson y Kenneth H. Myers, *Designed for Digging: The First 75 Years of Bucyrus Erie Company* (Evanston, IL: Northwester University Press, 1955); y J. L. Allhands, *Tools of the Earthmover* (Huntsville, TX: Sam Houston College Press, 1951).

3.  Como dato interesante, la alta tasa de éxito se dio solo entre las veinticinco firmas más grandes. Solamente uno de los siete fabricantes más pequeños de palas mecánicas impulsadas a vapor sobrevivieron a ese cambio de tecnología sostenida hacia el motor de gasolina de combustión interna. Casi no existe información sobre estas compañías, salvo las que proveen sus folletos de producto. Sospecho, sin embargo, que el hecho de que las firmas grandes y medianas pudieron atravesar esa transición sin inconvenientes mientras que las más pequeñas fracasaron indica que la disponibilidad de recursos desempeñó un papel importante en ese momento,

conclusión que complementa las perspectivas teóricas resumidas en el capítulo 2. Algunas tecnologías sostenidas son evidentemente tan caras de desarrollar y poner a punto o tan dependientes de conocimientos exclusivos o difíciles de acceder que algunas compañías simplemente no pueden debido a ello administrar con éxito la transición. Le quedo reconocido al profesor Richard Rosenbloom por compartir conmigo sus puntos de vista sobre esta cuestión.

4.  Un ejemplo de esto es el desarrollo de la primera draga, a cargo de Page, un contratista de Chicago. Page cavó el sistema de canales de Chicago, e inventó la draga en 1903 para lograr hacer ese trabajo de manera más efectiva. Las dragas de Page fueron luego utilizadas ampliamente en la excavación del Canal de Panamá, junto a palas mecánicas de vapor construidas por Bucyrus Erie y Marion. Este hallazgo de que los clientes eran fuentes significativas de innovaciones de sostenimiento es coherente con los hallazgos del profesor Eric von Hippel; ver *The Sources of Innovation* (Nueva York: Oxford University Press, 1988).

5.  Las empresas que sobrevivieron de esta manera a la invasión de la tecnología hidráulica encontraron refugio seguro en un peculiar segmento alto del mercado. Bucyrus Erie y Marion, por ejemplo, se convirtieron en los principales fabricantes de las inmensas palas mecánicas utilizadas en la industria minera. El modelo 6360 de Marion fue la mayor pala excavadora frontal jamás construida, capaz de levantar 130 metros cúbicos con su pala recolectora (un aviso publicitario que mostraba a Paul Bunyan parado al costado de una 6360 es una de las propagandas más impactantes que yo jamás haya visto.) Harnischfeger es el mayor fabricante mundial de palas mecánicas para minería operadas eléctricamente, en tanto que Unit encontró un nicho fabricando las inmensas grúas de pedestal empleadas en las perforaciones petroleras realizadas en plataformas marítimas. Durante cierto tiempo, Northwest sobrevivió fabricando dragas para excavar canales oceánicos. P & H Lorain construyó voluminosas grúas y dragas (todas ellas operadas a cable).

6.  A medida que la excavadora hidráulica fue madurando, estas empresas fueron obteniendo diversos grados de éxito posterior. En 1996, las firmas más grandes del sector, Demag y O & K, estaban basadas ambas en Alemania.

7.  Técnicamente, las excavadoras que impulsan sus palas recolectoras hacia delante se denominan *palas mecánicas*. Ese fue el diseño predominante desde 1837 hasta los comienzos del presente siglo, y persistió como un segmento importante del mercado a través de gran parte del mismo. Las excavadoras que recogen tierra por su parte de atrás y en el sentido de la cabina se denominan *azadones traseros*. A medida que la excavadora hidráulica se convirtió en el diseño predominante durante la década del '70, ambos tipos de equipo pasaron a denominarse simplemente excavadoras. Hasta que la operación de las excavadoras hidráulicas comenzó a requerir que los brazos de sus grúas debiesen ser parte integral de los mismos, los

contratistas podían adosarle libremente distintos brazos a la unidad motriz de modo que la misma excavadora pudiese operar indistintamente como pala, azadón trasero o grúa. De manera similar, se le podían colocar diferentes palas recolectoras, algunas veces denominadas *cucharones*, para poder así mover distintos tipos de material.

8.  El verdadero parámetro para medir el desempeño de una excavadora debiera ser el número de metros cúbicos de tierra que puedan ser movidos por el mismo por minuto. Esta medida resultaba tan dependiente de la habilidad del operador y del tipo de tierra que se estuviese excavando, sin embargo, que los contratistas optaron por adoptar el tamaño de la pala como parámetro más homogéneo y verificable.

9.  Estos pioneros británicos y norteamericanos fueron seguidos por varios fabricantes europeos, cada uno de los cuales era también un recién ingresado a la industria de las excavadoras, incluyendo a Poclain de Francia y Fratelli Bruneri de Italia.

10.  La eficacia con que se lograba introducir la pala en la tierra era una de las principales ventajas de la tecnología hidráulica. Las excavadoras operadas mediante cable que introducían la pala en el sentido en que se hallaba la cabina del equipo debían, todos ellos, depender exclusivamente de la fuerza de gravedad para hacer penetrar el terreno con los dientes de la pesada pala.

11.  Los fabricantes de los primeros transportes oceánicos de naturaleza híbrida, que se hallaban impulsados a vapor pero todavía empleaban velas como alternativa, utilizaban el mismo razonamiento en su diseño que el que emplearon los ingenieros de Bucyrus Erie: la generación de energía a partir del vapor todavía no era lo suficientemente confiable para ser empleada en el mercado transoceánico, de modo que las turbinas de vapor debían ser apoyadas por la tecnología convencional de esa época. El advenimiento de los barcos propulsados a vapor y el reemplazo por estos últimos de los barcos a vela en el negocio transoceánico constituye por sí mismo un caso clásico de tecnología abrupta o de punta. Cuando Robert Fulton botó el primer barco propulsado a vapor por el río Hudson en 1819, el desempeño de este era inferior al de los buques de vela transoceánicos en casi todos los aspectos: costaba más dinero por milla náutica para ser operado, era más lento y era proclive a experimentar frecuentes desperfectos. Debido a ello, no podía todavía ser empleado en el universo de valor de los viajes transoceánicos y solo podía ser utilizado en un universo de valor diferente, el de los viajes de cabotaje, en el cual el desempeño de un producto era medido a partir de parámetros muy diferentes. En los ríos y lagos, la capacidad de poder avanzar contra el viento o en ausencia del mismo era el atributo más valorado por los capitanes de barco, y en ese aspecto el vapor superaba a la vela. Algunos estudiosos (ver, por ejemplo, Richard Foster en *Innovation: The Attacker's Advantage* [Nueva York: Summit Books, 1986]) se han maravillado de lo miopes que fueron los fabri-

cantes de barcos de vela, que permanecieron aferrados a su envejecida tecnología hasta su amargo final, a principios de siglo, ignorando rotundamente la propulsión a vapor. De hecho, ningún fabricante de barcos de vela sobrevivió a la transición de la industria hacia la propulsión a vapor. El enfoque del universo de valor ofrece una perspectiva de este problema que esos estudiosos parecen no haber tenido en cuenta, sin embargo. No se trataba de un problema de *conocimientos* sobre la propulsión a vapor o de tener acceso a esa tecnología. El problema era que los clientes de los fabricantes de barcos de vela, que eran armadores transoceánicos, no estuvieron en condiciones de utilizar los barcos propulsados a vapor hasta principios de este siglo. Para haber logrado una posición expectante en el mercado de los buques a vapor, los fabricantes de barcos de vela deberían haber efectuado una gran reorientación estratégica hacia el mercado de los barcos de cabotaje, porque ese era el único universo de valor donde los barcos de vapor fueron valorados a todo lo largo del siglo XIX. Por lo tanto, fue la renuencia o la falta de capacidad de esas empresas para modificar su estrategia, más que su falta de solvencia técnica, la que constituyó la raíz de su fracaso cuando en su universo de valor comenzaron a aparecer los buques a vapor.

12. Una excepción a esto fue un producto inusual presentado por Koehring en 1957; el Skooper combinaba la tecnología del cable con la de la hidráulica para cavar la tierra hacia delante de una pared que tuviera enfrente; no cavaba el suelo.

13. Bucyrus Erie no encaja fácilmente en ninguno de estos grupos. La firma presentó una gran excavadora hidráulica en la década del '50, pero posteriormente lo retiró del mercado. A fines de la década del '60, adquirió la línea "Dynahoe", constituida por azadones traseros con accionamiento hidráulico de la pala, a Hy-Dynamic Corporation y procedió a venderlos como máquinas de uso misceláneo a sus clientes del mercado de la excavación general pero, nuevamente, retiró finalmente esta línea de productos del mercado.

14. Caterpillar fue un ingresante muy tardío (aunque exitoso) a la industria de los equipos excavadores hidráulicos, ya que presentó su primer modelo en 1972. Las excavadoras eran una extensión de su línea existente de equipos para movimiento de tierra. Caterpillar nunca participó en el mercado de las máquinas excavadoras cuando el diseño predominante era la operación mediante cable.

# CAPÍTULO 4

## NO TODO LO QUE SUBE
## PUEDE BAJAR

Resulta claro, a partir de las historias de las industrias de las unidades de disco y de las excavadoras mecánicas, que los universos de valor no mantienen a las empresas que operan dentro de ellos completamente confinadas a sus límites: existe considerable movilidad hacia *arriba* en dirección a otros universos de nivel superior. Es en cambio en el hecho de restringir la movilidad hacia *abajo*, rumbo a mercados donde se encuentren operando las tecnologías de punta, donde los universos de valor ejercen tan peculiar poder. En este capítulo analizaremos esta pregunta: ¿Por qué pueden las empresas líderes migrar con tanta facilidad hacia los mercados superiores, y en cambio les resulta tan difícil moverse mercado abajo? Los managers racionales, como veremos, raramente pueden encontrar motivos lo suficientemente convincentes como para hacer ingresar a sus empresas a mercados pequeños y poco definidos tales como los son los mercados emergentes, que solo pueden ofrecer rentabilidades bajas. De hecho, incluso hasta las perspectivas de crecimiento e incremento de beneficios que se podrían obtener de desplazar a sus empresas hacia los universos de valor que corresponden a los mercados superiores, a menudo parecen serles de tal manera más atractivas que las de permanecer dentro del *actual* universo de valor, que no resulta inusual ver a empresas bien gerenciadas abandonar sus clientes habituales (o hacerse no competitivos para los mismos) e ir a la búsqueda de mercados de precios más altos. En las buenas compañías, los recursos y las energías de que se dispone siempre se unen más fácilmente detrás de propuestas tendientes a atacar mercado arriba hacia productos de mejor rendimiento que puedan suministrar mayores márgenes.

De hecho, las percepciones de que se podría mejorar el desempeño financiero desplazándose hacia universos de valor situados mercado arriba han sido tan fuertes que pareciese como si hubiera habido una especie de inmenso imán ubicado del lado derecho y superior de los gráficos de trayectoria de las empresas productoras de unidades de disco y de excavadoras, posición que, haciendo una analogía geográfica, podríamos denominar "rincón nordeste". Este capítulo analiza el poder de dicha "fuerza de atracción hacia el nordeste", recogiendo las evidencias que se pudieron obtener de la historia de la industria de las unidades de disco. Luego se generaliza este enfoque explorando el mismo fenómeno en la batalla entre dos tipos de productores de acero que emplean estrategias sumamente diferentes: las acerías integradas y las que emplean minilaminadores.

## La gran migración mercado arriba (rumbo al "nordeste") en la industria de las unidades de disco

La Figura 4.1 describe en más detalle el movimiento ascendente de Seagate Technology, cuya estrategia ha sido la típica de la mayoría de los fabricantes de unidades de disco. Recuérdese que Seagate fue la que originó, y luego creció para seguir dominándolo, el universo de valor de los ordenadores de escritorio. La posición de sus productos con relación a la capacidad requerida en su mercado se representa por medio de líneas verticales que van desde las unidades de menor capacidad en su línea de productos hasta las de mayor capacidad, para cada uno de los años mostrados. El rectángulo negro situado sobre las líneas que miden el rango abarcado por la capacidad de sus modelos en cada año representa entonces la capacidad promedio que Seagate fue introduciendo en el mercado en cada período sucesivo.

Entre 1983 y 1985, el valor promedio de la línea de productos de Seagate se correspondía aproximadamente con la capacidad promedio requerida por el mercado de los ordenadores de escritorio. Pero cuando tuvo lugar, entre 1987 y 1989, la irrupción de las unidades de disco de tecnología abrupta de 3,5 pulgadas, la respuesta de Seagate no

**Figura 4.1  Migración mercado arriba de las unidades de disco de Seagate**

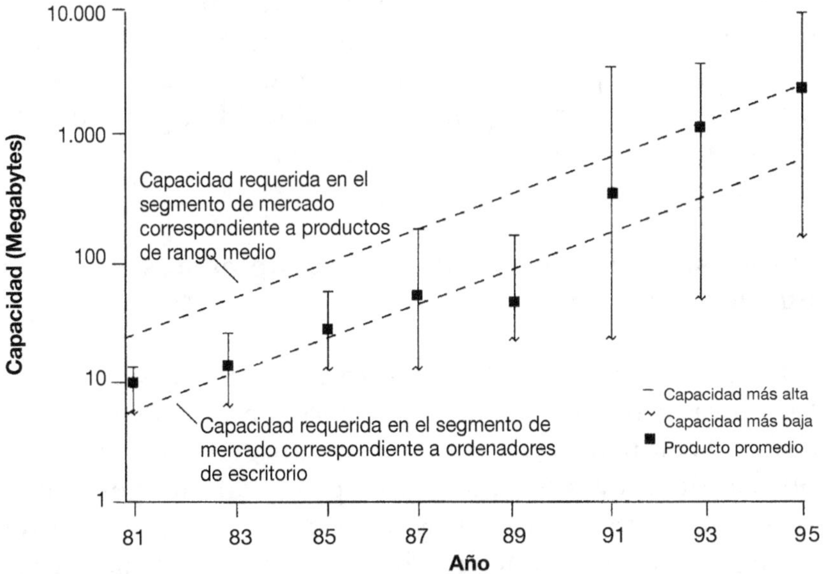

*Fuente:* Los datos han sido obtenidos de diversas ediciones de *Disk/Trend Report.*

fue salir a enfrentar ese nuevo diseño directamente en el mercado donde este se comercializaba, como hubiera sido de esperar, sino replegarse mercado arriba. Seagate continuó ofreciendo, por supuesto, modelos del rango de capacidades que requería el mercado de los ordenadores de escritorio, pero hacia 1993 el grueso de sus esfuerzos se habían claramente desplazado hacia el mercado de los ordenadores de rango medio, tales como los servidores de red y las estaciones de trabajo para ingeniería.

De hecho, las tecnologías de punta tienen siempre un efecto tan devastador en este sector sobre las firmas ya establecidas, porque las empresas que primero comienzan a comercializar cada generación de unidades de disco de tecnología abrupta deciden luego *no* permanecer limitadas a su universo inicial de valor. En lugar de ello, con cada nueva generación de producto tratan de ir tan arriba como les sea posible, hasta que sus unidades de disco alcanzan finalmente la capacidad necesaria como para atraer a los clientes pertenecientes al universo de valor que se encuentra inmediatamente por encima de ellos. Es esa movilidad ascendente lo que hace que las tecnologías de punta sean tan peligrosas para las firmas ya establecidas, y tan atractivas para las que recién ingresan al mercado.

## Universos de valor y estructuras de costes que los caracterizan

¿Qué alberga esta movilidad de características asimétricas? Como ya lo hemos visto, está gobernada por los procesos de asignación de recursos que los dirigen hacia las propuestas de nuevos productos que prometan márgenes más altos y mayores mercados. Estas son casi siempre mejores en la porción "nordeste" (arriba y la derecha) de las curvas de trayectoria (tales como las Figuras 1.7 y 3.3) que en la "sudoeste" (abajo y a la izquierda). Los fabricantes de unidades de disco iban migrando hacia el rincón "nordeste" de la gráfica de producto-mercado porque los procesos de asignación de recursos que empleaban los conducían indefectiblemente hacia allí.

Como lo hemos señalado en el Capítulo 2, una característica de cada universo de valor es su estructura particular de costes que deben crear las empresas inmersas en el mismo con el fin de proveer los productos y servicios que desea el mercado con la prioridad que los requieren los clientes. Así, cuando los fabricantes de unidades de disco se fueron haciendo grandes y exitosos dentro de su universo de valor "doméstico", desarrollaron una cualidad económica muy específica: asignar sus niveles de esfuerzo y gastos en investigación, desarrollo, ventas, marketing y administración a las necesidades de sus clientes y a contrarrestar los esfuerzos similares de sus competidores. Los márgenes brutos tendieron a evolucionar en cada universo de valor hacia niveles que les permitieran a los mejores fabricantes de unidades de disco obtener rentabilidades satisfactorias, considerando los costes operativos que acabamos de mencionar y que les eran indispensables a los efectos de permitirles continuar en el mercado.

A su vez, esto les otorgó a estas compañías un modelo muy específico para lograr mejorar su rentabilidad. Generalmente, hallaban difícil mejorarla solo recortando sus costes y manteniéndose inamovibles en su mercado principal: los costes de investigación, desarrollo, marketing y administrativos les eran críticos para poder permanecer competitivas en su mercado habitual. Moverse mercado arriba hacia productos de mayor rendimiento les proporcionaba por lo general una manera más directa de producir aumentos en la rentabilidad. Por lo contarrio, moverse mercado abajo era totalmente contraproducente para tal objetivo.

La obviedad de esa ruta hacia la mejora de la rentabilidad se muestra en la Figura 4 .2. Las tres barras a la izquierda representan, respectivamente, el tamaño de los universos de valor de los ordenadores de escritorio, de los miniordenadores y de los equipos mainframe en 1981, y se las rotula con los márgenes de rentabilidad característicos que tenía cada uno de los fabricantes en estos tres universos. Los márgenes brutos son claramente mayores en los mercados superiores, a fin de compensar a los fabricantes por los mayores niveles de gastos de este tipo de mercado.

Las diferencias de tamaño entre estos mercados y las estructuras características de costes entre los correspondientes universos de valor creaban serias asimetrías de comercialización entre las firmas. Las empresas que fabricaban unidades de disco de 8 pulgadas para el mercado de los miniordenadores, por ejemplo, requerían márgenes brutos del 40 por ciento. Si se hubieran movido agresivamente mercado abajo se habrían encontrado con adversarios que habían diseñado sus estructuras de costes de modo de lograr hacer dinero con márgenes brutos del 25 por ciento. Del otro lado, moverse mercado arriba les permitiría, a la inversa, trasladar una estructura de costes relativamente baja hacia un mercado que se hallaba acostumbrado a otorgarles a sus proveedores márgenes brutos del 60 por ciento. ¿Cuál de las dos direcciones aparentaba por lo tanto ser la adecuada? Una asimetría similar encontraron los fabricantes de unidades de disco de 5,25 pulgadas en 1986, cuando debieron decidir si gastar sus recursos en alcanzar una posición de supremacía en el mercado emergente de las unidades de 3,5 pulgadas de los ordenadores portátiles, o desplazarse hacia las empresas que adquirían miniordenadores y mainframes.

La decisión de derivar recursos hacia el lanzamiento de productos de mejor desempeño que fuesen capaces de generar mayores márgenes brutos, generalmente ofrecía al mismo tiempo mayores beneficios y ocasionaba menos inconve-

**Figura 4.2 Situación de los mercados superior e inferior para los fabricantes ya establecidos de unidades de disco**

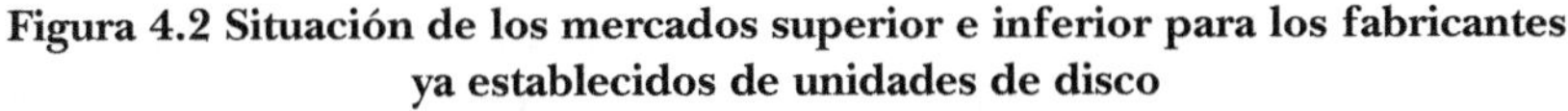

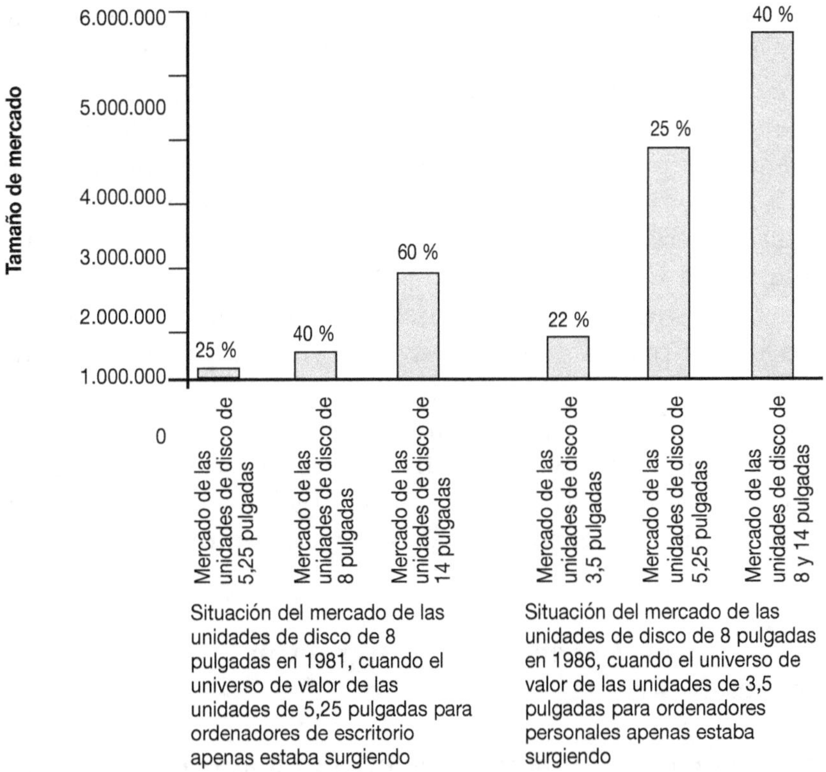

Situación del mercado de las unidades de disco de 8 pulgadas en 1981, cuando el universo de valor de las unidades de 5,25 pulgadas para ordenadores de escritorio apenas estaba surgiendo

Situación del mercado de las unidades de disco de 8 pulgadas en 1986, cuando el universo de valor de las unidades de 3,5 pulgadas para ordenadores personales apenas estaba surgiendo

*Fuente:* Los datos han sido extraídos de diversos números de *Disk/Trend Report*, informes corporativos anuales e información obtenida en entrevistas personales.
*Nota:* Los porcentajes exhibidos sobre cada barra indican los márgenes brutos característicos de cada uno de los universos de valor.

nientes. A medida que los managers iban adoptando decisiones repetitivas sobre qué nuevos productos deberían solventar y cuáles archivar, las propuestas que obtenían siempre eran las dirigidas a desarrollar productos de mejor desempeño encaminados hacia los mercados más grandes y de mayores márgenes situados inmediatamente por encima de ellos. En otras palabras, detrás de la disposición de las empresas de moverse mercado arriba y la renuencia en moverse mercado abajo a través de los universos de valor vecinos había procesos de asignación de recursos absolutamente atinados.

El análisis de regresión hedónica resumido en el Capítulo 2 mostraba que los mercados superiores pagaban precios significativamente más altos por megabyte incremental de capacidad. ¿Iría alguien a optar por vender un megabyte por menos dinero cuando podía venderlo por más? La emigración de las empresas hacia el rincón superior derecho de la curva de trayectoria era, en ese sentido, altamente racional.

Otros estudiosos han hallado evidencias de que cuando las empresas abandonan sus raíces de tecnología de punta en busca de mayor rentabilidad en los segmentos de mercado ubicados por encima de ellas, gradualmente tienden a adquirir las estructuras de costes requeridas para competir en estos nuevos mercados.[1] Esto contribuye a exacerbar su negativa posterior a dirigirse mercado abajo.

## Asignación de recursos y migración mercado arriba

Se puede lograr una percepción aún más profunda de esta asimetría entre las movilidades a través de segmentos de mercado al comparar dos modelos descriptivos diferentes de asignación de recursos. El primer modelo describe la asignación de recursos como un proceso de toma de decisiones racional, efectuado desde arriba hacia abajo, en el cual los senior managers sopesan propuestas alternativas de inversión en innovaciones y asignan recursos a aquellos proyectos que encuentran coherentes con la estrategia de la compañía y que ofrecen el mayor retorno sobre la inversión. Las propuestas que no pasan ese filtro son descartadas.

El segundo modelo de asignación de recursos, estudiado inicialmente por Joseph Bower[2], caracteriza las decisiones de asignación de recursos de manera muy diferente. Bower observa que la mayoría de las proposiciones para innovar se generan desde muy abajo en la organización, y no desde la cima. A medida que estas ideas van surgiendo desde abajo, los managers intermedios desempeñan un papel crítico pero invisible en el filtrado de los proyectos. Los managers no pueden adoptar sin restricciones cada nueva idea que les llega a su escritorio y arremeter con ella directamente hacia los estamentos superiores de la jerarquía; necesitan primero decidir cuáles ideas son las mejores, cuáles pueden ser las más exitosas y cuáles son las que cuentan con más probabilidades de ser aprobadas, en función del clima financiero, competitivo y estratégico que haya en la corporación en ese momento.

En la mayoría de las organizaciones, las carreras de los managers reciben un considerable espaldarazo cuando estos desempeñan un papel clave en la puesta en funcionamiento de proyectos muy exitosos y, por el contrario, pueden quedar permanentemente deterioradas si han tenido la falta de apreciación o la mala suerte suficiente como para respaldar proyectos que hayan fracasado. Los managers intermedios no son penalizados por *todos* los fracasos, por supuesto. Los proyectos que fracasaron porque los departamentos técnicos no pudieron llevarlos a cabo, por ejemplo, a menudo no son (necesariamente) visualizados en absoluto como fracasos, porque con el esfuerzo realizado de todos modos se ha aprendido mucho y porque el desarrollo tecnológico es generalmente considerado como algo impredecible, probabilístico. Pero los proyectos que fracasan simplemente porque no había *mercado* para los mismos producen consecuencias mucho más serias. Estos fracasos tienden a ser mucho más caros y públicos. Generalmente ocurren luego que la empresa ha realizado grandes inversiones en diseño de producto, fabricación, ingeniería, marketing y distribución. Por lo tanto, los managers intermedios –actuando tanto en resguardo de los intereses de la empresa como de los suyos propios– tienden a respaldar solo aquellos proyectos para los cuales parece ser más segura la demanda del mercado. Una vez seleccionados estos, se ponen a trabajar para revestir las propuestas que han seleccionado de manera tal de obtener la aprobación del senior management. Así, aunque los senior managers puedan *suponer* que están tomando las decisiones adecuadas sobre asignación de recursos, muchas de las decisiones realmente críticas sobre la materia ya han sido adoptadas, de hecho, mucho antes, cuando los managers intermedios han elegido qué proyectos habrán de respaldar y presentar, y cuáles otros dejarán languidecer.

Consideremos, mediante un ejemplo hipotético, lo que puede representar lo anterior para un desplazamiento exitoso de una firma mercado abajo o mercado arriba desde su universo de valor inicial. En la misma semana, dos empleados respetables, uno de marketing y otro de ingeniería, acuden con dos ideas radicalmente diferentes sobre nuevos productos a una gerente que se halla dos niveles por encima del jefe directo de ambos. El de marketing llega primero, con una idea sobre un modelo de mayor velocidad y mayor capacidad. La gerente que está dos niveles arriba comienza su interrogatorio:

> –¿Quién lo va a comprar?
> –Bueno, existe todo un segmento dentro de la industria de las estaciones de trabajo, que compra más de u$s 600 millones al año en unidades de disco, al cual nunca hemos podido acceder porque la capacidad de nuestros productos no llega tan arriba. Pienso que este proyecto nos permitirá llegar a él.
> –¿Ha estado usted evaluando esta idea con algún cliente potencial?
> –Sí, por supuesto, la semana pasada cuando estuve en Ca-

lifornia. Todos ellos dijeron que quisieran prototipos en cuanto estuviesen disponibles. Se abre una posibilidad en aproximadamente nueve meses. Esta gente ha estado trabajando con su proveedor actual [competidor X] para tener algo listo, pero una persona que acabamos de incorporar y que viene de trabajar con el competidor X, dice que allí están teniendo un montón de problemas para satisfacer las especificaciones. Supongo que nosotros sí lo podríamos lograr.

–¿Ese es el mismo punto de vista que tiene *ingeniería?*

–Dicen que no garantizan que lleguen a tiempo, pero usted los conoce. Siempre dicen lo mismo.

–¿Y qué tipo de márgenes se podrían obtener allí?

–Eso es precisamente lo que me entusiasma del proyecto. Si lo pudiésemos construir en nuestra fábrica actual, dado el precio por megabyte que ha estado obteniendo el competidor X, pienso que andaríamos cercanos al 35 por ciento.

Comparemos esta conversación con la que tuvo después la gerente con el ingeniero, cuya idea es construir una unidad de disco de tecnología de punta más barata, más pequeña, más lenta y de menor capacidad.

–¿Quién lo va a comprar?

–Bueno, no estoy seguro, pero *debería* haber un mercado para esto *en alguna parte.* La gente común quiere cosas más pequeñas y baratas. Los puedo imaginar utilizándolos en aparatos de fax, y tal vez en impresoras.

–¿Ha estado usted evaluando esta idea con algún cliente potencial?

–Sí, cuando estuve en la última exposición le presenté la idea a uno de nuestros clientes actuales. Me dijo que estaba interesado, pero que no podía imaginarse de qué manera lo podrían realmente llegar a utilizar. Hoy en día uno realmente necesita 270 MB para operar casi cualquier cosa, y no hay forma de lograr esa capacidad en un producto así, al menos durante un tiempo. Su respuesta no me sorprende, realmente.

–¿Y qué sucede con los fabricantes de equipos de fax? ¿Ellos qué piensan?

–Bueno, dicen que no saben. De nuevo, es una idea atractiva, pero ya tienen sus planes de producto plenamente establecidos, y ninguno de ellos emplea unidades de disco.

–¿Supone que podemos hacer dinero con este proyecto?

–Bien, supongo que sí, pero eso dependerá de a cuánto lo podamos vender, por supuesto.

¿Cuál de los dos proyectos respaldará la gerente? En el tira y afloja por obtener recursos para desarrollo, los proyectos dirigidos a cubrir necesidades específicas de clientes actuales o necesidades de clientes presentes en el mercado, a los que otro proveedor no ha sido aún capaz de satisfacer, *siempre* saldrán gananciosos sobre las propuestas encaminadas a desarrollar productos para mercados que aún no existen. Esto se debe a que, de hecho, los mejores sistemas de asignación de recursos están diseñados precisamente para desalentar aquellas ideas que no aparenten ser capaces de encontrar mercados grandes, rentables y receptivos. Toda compañía que *no* cuente con una manera sistemática de asignar sus recursos para desarrollo hacia las necesidades de los clientes va, de hecho, a fracasar.[3]

El aspecto gerencial más exasperante de este problema de la asimetría, en el cual el camino más sencillo hacia el crecimiento y la rentabilidad es únicamente mercado arriba, y los ataques más temibles vienen en general desde abajo, es que las reglas del "buen" management –trabajar más duro, de manera más inteligente y ser más visionario– no resuelven el problema. El proceso de asignación de recursos involucra miles de decisiones, algunas de ellas sutiles y otras explícitas, tomadas cada día por cientos de personas, sobre cómo debería disponerse de su tiempo y del dinero de la compañía. Aun en el supuesto caso de que un senior manager decida efectivamente embarcarse en una tecnología de punta, otras personas que se encuentran dentro de la organización es probable que no cooperen o que, en el mejor de los casos, lo hagan con renuencia si el proyecto no se acomoda a *su* modelo de lo que haría falta para triunfar como organización y como individuos dentro de ella. Las compañías bien administradas no están pobladas por gente que tenga el sí fácil porque haya sido expresamente adoctrinada para llevar a cabo dócilmente las directivas del management. Por el contrario, sus empleados han sido entrenados para comprender qué resulta bueno para la compañía y qué se requiere para hacer una carrera exitosa dentro de la misma. Los empleados de las grandes compañías ejercitan su iniciativa para servir a los clientes y satisfacer las ventas y las rentabilidades presupuestadas. Es muy difícil para un manager motivar a la gente capaz que pueda tener a su alrededor para que adopte de manera entusiasta y persistente un curso de acción que la misma considera que no tiene sentido. Un ejemplo tomado de la historia de la industria de las unidades de disco ilustrará el impacto de dicha conducta de los empleados.

## El caso de la unidad de disco de 1,8 pulgada

Los gerentes de las compañías de unidades de disco fueron muy generosos al haberme ayudado a realizar la investigación cuyos resultados se informan en este libro, que fui realimentando con la publicación de artículos que resumían lo que estaba aprendiendo. Yo estaba especialmente interesado en verificar si el enfoque resumido en la Figura 1.7 tendría algún impacto significativo en sus decisiones referentes a la unidad de disco de 1,8 pulgada, que se hallaba en ese momento emergiendo como la tecnología de punta más reciente de la industria. Para los ajenos al sector, por supuesto, la conclusión era obvia: "¡¿Cuántas veces va a tener que suceder lo mismo hasta que estos sujetos aprendan?! Por supuesto que deberían hacerlo". Los sujetos, de hecho, aprendían. Ya para finales de 1993, cada uno de los fabricantes líderes de la industria de las unidades de disco había desarrollado modelos de 1,8 pulgada y los tenía listos para su introducción en el mercado tan pronto este se hubiese desarrollado.

En agosto de 1994, me encontraba visitando al CEO de una de las empresas fabricantes de unidades de disco más importantes y le pregunté qué estaba haciendo su compañía con respecto a la unidad de disco de 1,8 pulgada. Con esa pregunta quedó claro que estaba metiendo el dedo en la llaga. El CEO señaló a un estante de su oficina donde había una unidad de disco de 1,8 pulgada. "¿Usted ve eso?" me preguntó. "Eso es la *cuarta generación* de unidades de disco de 1,8 pulgada que hemos desarrollado, cada una de más capacidad que la anterior. Pero no hemos vendido ni un solo aparato. Queremos hallarnos listos para cuando el mercado finalmente aparezca, pero todavía el mercado que hay no es el adecuado para nuestros productos."

Le repliqué recordándole que *Disk/Trend Report*, una publicación sobre investigación del mercado altamente respetada que había sido la fuente de gran parte de la información utilizada en este estudio, había medido en 1993 un mercado para este tipo de productos de u$s 40 millones, y que estaba proyectando ventas para 1994 por un valor de u$s 80 millones, y para 1995 por u$s 140 millones.

"Yo sé lo que piensan ellos", me respondió. "Pero están equivocados. No hay un mercado definido. Esa unidad de disco lleva 18 meses en nuestro catálogo. Todo el mundo sabe que la tenemos, pero nadie la quiere. El mercado simplemente no se encuentra presente. Nosotros sencillamente estamos muy alejados de ese mercado." Me quedé sin argumentos para reforzar mi punto de vista ante mi interlocutor, uno de los más astutos para su puesto que yo jamás haya visto. Nuestra conversación siguió con otros temas.

Alrededor de un mes después, yo estaba conduciendo el debate sobre un caso de estudio correspondiente al curso de management de tecnología y operaciones del programa curricular de Harvard, que versaba sobre el desarrollo de un nuevo motor en Honda. Uno de los estudiantes de la clase había trabajado anteriormente en la organización de investigación y desarrollo de Honda, de modo que le pedí que nos dispensara un par de minutos para explicarle a la clase cómo era trabajar allí. Resultó que ese alumno había estado trabajando en el diseño de tableros y sistemas de navegación. No me pude resistir a interrumpir su charla preguntándole: "¿Dónde almacenaban ustedes la información necesaria para confeccionar los planos?". Respondió: "Encontramos una pequeña unidad de disco de 1,8 pulgada y almacenamos la información allí. Era realmente práctica, parecía casi un dispositivo de estado sólido, con muy pocas partes móviles. Muy poderoso".

"¿A quién se lo compraron?" le seguí preguntando.

"Es interesante", respondió. "No se lo puede obtener de ninguna de las compañías grandes. Lo conseguimos en una pequeña empresa que apareció hace poco en algún lugar de Colorado; no recuerdo el nombre."

He reflexionado desde entonces sobre por qué el CEO de esa compañía grande insistía tan tercamente en que no había mercado para sus unidades de disco de 1,8 pulgada, siendo que lo había, y por qué mi estudiante decía que las compañías grandes no vendían esas unidades de disco, cuando en realidad estaban intentando hacerlo. La respuesta se halla en el problema de la asimetría con que se encaran los abordajes de otros universos de valor, según estén por arriba o por debajo del propio, y en el papel que desempeñan los cientos de personas bien entrenadas para la toma de decisiones que posee cualquier compañía eficiente, en encaminar los recursos y energías de la empresa solo hacia aquellos proyectos que perciben van a producir a la firma el mayor crecimiento y la mayor rentabilidad. El CEO con el que mantuve mi entrevista había decidido que su empresa iba a encarar la próxima irrupción de una tecnología de punta de manera anticipada y había logrado cristalizar su proyecto en el logro de un diseño funcional y económico. Pero evidentemente, para sus empleados no había nada atractivo en un mercado pequeño de solo u$s 80 millones que resolviera los problemas de crecimiento y rentabilidad de una empresa que se manejaba con miles de millones, especialmente cuando había competidores igualmente capaces que se hallaban haciendo todo lo que se encontraba a su alcance para robar los clientes que proveían justamente esos miles de millones. Y, en algún otro lugar de la empresa, tampoco encontraban nada atractivo en suministrarle prototipos de unidades de disco de 1,8 pulgada a un fabricante de automóviles, ya que ciertamente eso no les lograría resolver el problema más acuciante de cumplir con los cupos de venta de 1994 a vendedores cuyos contactos y experiencia estaban tan sólida, y tan dependientemente, basados en la industria de los fabricantes de ordenadores.

Para que una organización logre llevar a cabo una tarea tan compleja como lo es el lanzamiento de un nuevo producto, tanto la lógica como la energía y los ímpetus deben todos alinearse detrás de un único objetivo. Por lo tanto, no son solamente los *clientes* de una firma establecida los que la mantienen cautiva de sus necesidades. Las firmas establecidas están también cautivas de su estructura financiera y de su cultura organizativa, inherentes al universo de valor en el cual compiten; un cautiverio que puede bloquear cualquier intento racional de una inversión oportuna con la cual poder entreverarse en el surgimiento de una tecnología de punta.

## Universos de valor y visibilidad de mercado

El impulso de dirigirse mercado arriba puede ser particularmente poderoso cuando los propios clientes de la firma están también migrando en la misma dirección. En tales circunstancias, los proveedores de un componente intermedio, como una unidad de disco, pueden no sentir la sensación de estar migrando, porque se hallan ellos mismos a su vez rodeados de competidores y clientes que están experimentando idéntico desplazamiento.

A la luz de esto, podemos ver lo fácil que debió haber sido para los fabricantes de unidades de disco de 8 pulgadas –Prism, Quantum y Shugart– pasar de largo por la generación de las de 5,25 pulgadas. Ni uno solo de sus principales clientes, por ejemplo, Digital Equipment, Prime Computer, Data General, Wang Laboratories y Nixdorf, introdujeron exitosamente un ordenador de escritorio. En lugar de eso, cada una de dichas firmas se fue desplazando *por sí misma* hacia segmentos de mejor desempeño dentro de sus propios mercados, intentando ganar para ellos a los clientes que históricamente habían utilizado mainframes. De la misma manera, ningún cliente de los proveedores de unidades de disco de 14 pulgadas –fabricantes de ordenadores mainframe como Univac, Burroughs, NCR, ICI, Siemens y Amdahl– nunca realizó ningún movimiento verdaderamente audaz mercado abajo para intentar convertirse allí en un operador importante del negocio de los miniordenadores.

Tres factores combinados –la promesa de mayores márgenes mercado arriba, el movimiento simultáneo hacia mercados superiores de muchos de los clientes de una firma, y la dificultad de recortar costes para poder desplazarse rentablemente mercado abajo– constituyen poderosas barreras a la movilidad descendente. En los debates internos sobre asignación de recursos para desarrollo de nuevos productos, por lo tanto, las proposiciones acerca de encarar alguna tecnología de punta generalmente pierden la batalla contra otras dirigidas a desplazarse mercado arriba. De hecho, cultivar enfoques sistemáticos que le permitan desembarazarse de iniciativas de desarrollo de nuevos productos que hagan bajar la rentabilidad constituye uno de los logros más importantes de una empresa bien administrada.

Una connotación estratégica importante de ese patrón racional que rige el movimiento mercado arriba de una empresa es que puede crear un vacío dentro de su propio universo de valor que tiende a ser llenado por empresas recién ingresadas, que cuentan con tecnologías y estructuras de costes más adecuadas para competir. Uno de esos importantes vacíos mercado abajo ocurrió en la industria del acero, por ejemplo, en la cual las compañías que ingresaron empleando la tecnología de punta de los minilaminadores lo hicieron en los mercados más pequeños; y desde allí han atacado incesantemente mercado arriba.

## La migración mercado arriba de las industrias integradas del acero

La fabricación de acero por medio de minilaminadores se hizo comercialmente viable por primera vez a mediados de la década de los '60. Con tecnologías y equipos comunes y ampliamente disponibles, los minilaminadores fundían el acero proveniente de la chatarra, en hornos de arco eléctrico y lo volcaban continuamente en alojamientos intermedios desde donde luego se obtenían productos tales como barras, varillas, vigas o planchas. Estos equipos se denominan *minilaminadores* porque la escala a la cual producen acero fundido a partir de desechos, a precio competitivo, es menos de un décimo de la requerida por un laminador integrado para obtener acero fundido a partir del mineral de hierro en hornos que queman oxígeno (los laminadores integrados derivan su nombre del proceso integrado de transformar el mineral de hierro, el carbón y la piedra caliza, en productos finales de acero). Los laminadores integrados y los minilaminadores se asemejan mucho en sus procesos de volcado continuo y operaciones de apisonamiento por medio de rodillos. La única diferencia es la escala: la producción eficiente de los grandes hornos a oxígeno requiere que el volcado a los laminadores integrados y las operaciones de apisonamiento sean realizados a escalas mucho más grandes que las requeridas en los minilaminadores.

Las empresas que emplean minilaminadores en los Estados Unidos de América son los productores más eficientes de acero de bajo coste del mundo. En 1995, el minilaminador más eficiente requirió 0,6 horas/hombre por tonelada de acero producida; el mejor laminador integrado requirió, por su parte, 2,3 horas-hombre. En las categorías de producto en las cuales compiten, el minilaminador promedio puede producir productos de calidad equivalente, en el peor de los casos, a un coste de alrededor del 15 por ciento menos que el promedio del laminador integrado. En 1995, costaba alrededor de u$s 400 millones construir un minilaminador de acero que fuese competitivo en cuanto a costes, y alrededor de u$s 6.000 millones construir uno integrado de las mismas características.[4] En términos de coste de capital por tonelada de capacidad de fabricación de acero, los laminadores integrados son más de cuatro veces más caros.[5] Como resultado, la participación de los minilaminadores en el mercado del acero norteamericano ha aumentado desde cero en 1965 a 19 por ciento en 1975, a 32 por ciento en 1985 y a 40 por ciento en 1995. Los expertos predicen que, para los primeros años del próximo siglo, los minilaminadores abarcarán la mitad del mercado de la producción de acero.[6] Los minilaminadores dominan virtualmente los mercados norteamericanos de varillas, barras y vigas estructurales.

Y sin embargo, ni una sola de las mayores compañías de acero del mundo que emplean procesos de fabricación integrados ha construido un laminador que emplee tecnología de minilaminador. ¿Por qué ninguna de ellas hace algo que a primera vista parece tener mucho sentido común? La explicación aportada más frecuentemente por las publicaciones de negocios, especialmente en los Estados Unidos, es que los managers de las compañías integradas son conservadores, retrógrados, odian asumir riesgos y son incompetentes. Considérense los siguientes comentarios:

> El año último, la U. S. Steel Corp. cerró quince de sus plantas, aduciendo que se habían vuelto "no competitivas". Tres años antes, la Bethlehem Steel Corp. bajó las persianas a grandes porciones de sus plantas en Johnstown, PA, y Lackawanna, NY . . .
> El cierre de estas plantas productoras es la admisión dramática y final de sus máximos ejecutivos de que el management no ha venido desempeñando adecuadamente su tarea. Representa décadas de maximizar los beneficios y de mirar solo el corto plazo.[7]

> Si la industria del acero de los Estados Unidos de Norteamérica fuera tan productiva en toneladas por hora/hombre como lo es en retórica por problema, sería un operador de primer nivel.[8]

Al mismo tiempo, en la década de 1990, los equipos de management de las acerías integradas han adoptado acciones agresivas conducentes a aumentar la eficiencia de la producción. USX, por ejemplo, mejoró la eficiencia de sus operaciones de producción de acero de más de nueve horas/hombre por tonelada producida en 1980 a algo menos de tres horas en 1991. Logró dicho cometido disminuyendo drásticamente su fuerza de trabajo, llevándola de 93.000 personas en 1980 a menos de 23.000 en 1991, e invirtiendo más de u$s 2.000 millones en la modernización de su planta y equipos. A pesar de todo, esta agresividad gerencial para atacar el problema fue encarada hacia los procedimientos de fabricación de acero convencionales. ¿Cómo se lo puede explicar?

La tecnología de fabricación de acero mediante el empleo de minilaminadores es de punta. Cuando surgió en los años '60, como utilizaba acero de descarte, producía elementos de calidad relativamente baja. Las propiedades de sus productos variaban según la composición metalífera y el grado de impurezas que tuviera su materia prima, o sea la chatarra. Por lo tanto, casi el único mercado que los productores de este tipo podían abordar era el de las barras de acero para refuerzo, que estaba muy abajo en el mercado en lo que se refiere a calidad, costes y márgenes. Este mercado era el menos atractivo para los productores de aceros integrados ya establecidos. No solo los márgenes eran bajos, sino que los clientes que formaban parte del mismo eran los menos leales de todos: cambiaban de proveedor con asiduidad, cerrando trato con quien les ofreciera el precio más bajo. Los fabricantes integrados de acero casi se sintieron aliviados al poder desembarazarse de ese mercado marginal y fastidioso.

Los minilaminadores, sin embargo, visualizaban el sector de las barras de refuerzo de una manera totalmente diferente. Estos productores tenían estructuras de costes diferentes a las de sus competidores integrados: la depreciación de sus equipos era muy baja y no incurrían en gastos de investigación y desarrollo; sus gastos de venta (mayormente consistentes en llamadas telefónicas) eran bajos y los desembolsos generales eran mínimos. Podían vender por teléfono casi todo el acero que podían fabricar, y además obtener una rentabilidad adecuada.

Una vez que estuvieron asentados en el mercado de las barras de refuerzo, las empresas más agresivas del sector, especialmente Nucor y Chaparral, desarrollaron una perspectiva muy diferente del mercado global del acero que la que tenían las compañías integradas. Así como a estas el mercado modesto y voluble de las barras de refuerzo les resultaba poco atractivo, la visión que tenían los minilaminadores de los mercados situados *por encima* era la de lograr obtener mayores beneficios y expandir notablemente sus ventas. Con tal incentivo, se pusieron a trabajar para mejorar la calidad metalúrgica y la homogeneidad de sus productos e invirtieron en equipos que les permitieran fabricar productos de mayor tamaño.

Como lo muestra el gráfico de trayectoria de la Figura 4.3, los minilaminadores comenzaron a atacar los mercados de barras más grandes para uso general, varillas y perfiles que se encontraban inmediatamente por encima de ellos. Hacia 1980, ya habían logrado capturar el 90 por ciento del mercado de las barras de refuerzo y alrededor del 30 por ciento de los mercados de barras de todo tipo, varillas y perfiles de acero. Para la época en que fueron atacados por los minilaminadores, estos mercados constituían los de menores márgenes para los productores integrados. Por lo tanto, estas empresas se sintieron de nuevo casi aliviadas al poder desembarazarse de ese tipo de operatoria, de modo que para mediados de la década de los '80, el mercado ya les pertenecía casi enteramente a los minilaminadores.

Una vez que su posición en ese nuevo mercado pareció lo suficientemente consolidada, los minilaminadores continuaron con su marcha ascendente, esta vez hacia el mercado de las vigas estructurales. Nucor lo comenzó a hacer desde una nueva planta que estableció en Arkansas, mientras que Chaparral lo hizo desde un nuevo minilaminador adyacente al que ya tenía en Texas. Las empresas integradas terminaron siendo desalojadas por los minilaminadores también de este mercado. En 1992, USX cerró su planta de acero estructural del sur de Chicago, dejando a Bethlehem como el único productor norteamericano inte-

**Figura 4.3 El progreso de la tecnología de punta de los minilaminadores**

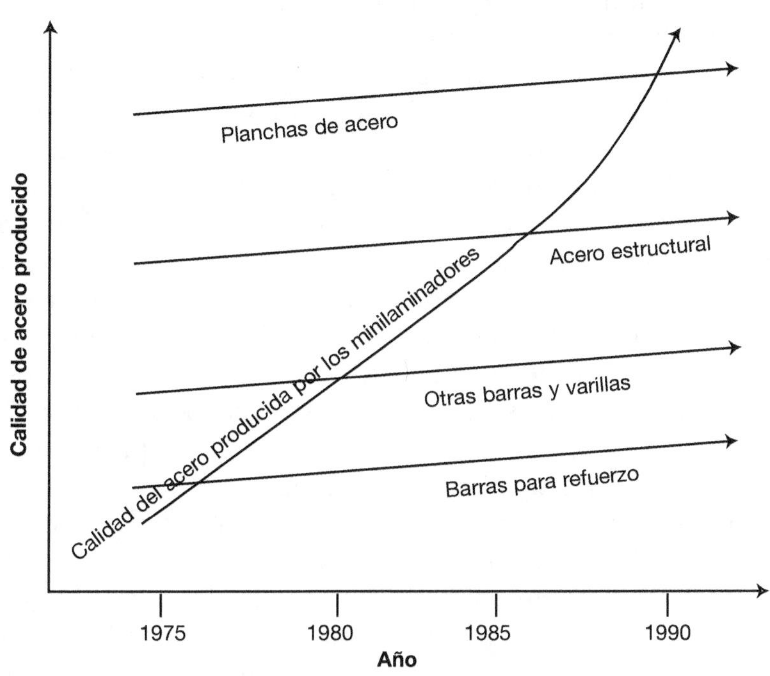



grado de acero estructural. Bethlehem cerró a su vez su última planta de este tipo en 1995, abandonando el mercado a los minilaminadores.

Una vez que su posición en ese nuevo mercado pareció lo suficientemente consolidada, los minilaminadores continuaron con su marcha ascendente, esta vez hacia el mercado de las vigas estructurales. Nucor lo comenzó a hacer desde una nueva planta que estableció en Arkansas, mientras que Chaparral lo hizo desde un nuevo minilaminador adyacente al que ya tenía en Texas. Las empresas integradas terminaron siendo desalojadas por los minilaminadores también de este mercado. En 1992, USX cerró su planta de acero estructural del sur de Chicago, dejando a Bethlehem como el único productor norteamericano integrado de acero estructural. Bethlehem cerró a su vez su última planta de este tipo en 1995, abandonando el mercado a los minilaminadores.

Una parte importante de esta historia la constituye el hecho de que, durante la década de los '80, mientras venían cediendo los negocios de las barras y las vigas a los minilaminadores, los productores integrados de acero experimentaron coincidentemente un drástico aumento de su rentabilidad. No solo estos productores atacaban sus costes, sino que se estaban desembarazando cada vez más de sus productos de baja rentabilidad y comenzaban a concentrarse intensivamente en las chapas de acero, donde los clientes, que eran los fabricantes de envases, automóviles y artefactos de diverso tipo, eran más exigentes respecto de la calidad del producto que adquirían y estaban dispuestos a pagar un sobreprecio a cambio de una provisión homogénea de acero libre de defectos superficiales. De hecho, la porción más importante de las inversiones de las empresas integradas durante los '80 estuvo dedicada a mejorar su capacidad de proveer a los clientes más exigentes de estos tres sectores con productos de la mejor calidad, con los que además lograban obtener buenos beneficios. Los mercados de la plancha de acero constituían un nicho atractivo para este tipo de productores, en parte porque se sentían a resguardo de la competencia de los minilaminadores. Construir una planta moderna de chapa de acero que resultase competitiva en cuanto a costes representaba una inversión de alrededor de u$s 2.000 millones, y esta disponibilidad de capital sencillamente resultaba excesiva aun para los más grandes de los minilaminadores.

El enfoque adoptado de dirigirse mercado arriba fue del agrado de los inversores de las empresas integradas: por ejemplo, el valor de mercado de Bethlehem Steel había trepado de u$s 175 millones en 1986 a u$s 2.400 millones en 1989. Esto representaba un retorno de inversión muy atractivo sobre los u$s 1.300 millones que la compañía había invertido en investigación y desarrollo, plantas y equipamiento durante ese mismo período. La prensa especializada acogió generosamente dichas inversiones agresivas y bien encaminadas.

Walter Williams (el CEO de Bethlehem) ha logrado maravillas. Durante los últimos tres años ha estado llevando a cabo una campaña personal tendiente a mejorar la calidad y la productividad del negocio básico del acero de Bethlehem. La metamorfosis de su empresa ha empalidecido incluso a sus principales competidores en los EE.UU., que en conjunto están ahora produciendo a costes menores que los de sus rivales japoneses y están asimismo equiparando rápidamente los niveles de calidad. Los clientes se dan cuenta de la diferencia. *"Parece un verdadero milagro"*, *dice un importante comprador de chapa de acero* de Campbell Soup [la letra va por cuenta mía][9].

Otro analista efectuó consideraciones similares.

Mientras nadie se hallaba observando, ocurrió casi un milagro: Big Steel está regresando sigilosamente. Gary Works (US Steel) ha disipado la oscuridad (...) vertiendo un brillante río de hierro fundido a una tasa de 3 millones de toneladas por año, un récord para los E.E.U.U. Sus equipos de management y los de solución de problemas están en todas partes. En lugar de fabricar acero de todas las formas y tamaños, *Gary se ha concentrado casi totalmente en las chapas de acero que se comercializan a mejores precios.* [las cursivas son mías][10].

Casi todos nosotros coincidiríamos en que estas notables recuperaciones fueron el fruto de un buen management. ¿Pero adónde conducirá el buen management *de este tipo* a estas empresas?

## Los minilaminadores de tableta delgada para producir chapa de acero

Casi al mismo tiempo que los productores integrados de acero se encontraban ocupados en diseñar sus planes de recuperación, nuevos nubarrones de tecnología de punta comenzaron a aparecer en el horizonte. En 1987, un productor alemán de maquinaria para la industria del acero, Schloemann-Siemag AG, anunció que había desarrollado lo que denominó "tecnología de fundición continua de tableta delgada", un método para que el acero fuese continuamente vertido desde su estado fundido en forma de tabletas largas y delgadas que pudiesen ser transportadas directamente, sin tener que enfriarlas, hacia un laminador. Laminar, hasta el grosor final que requiere la chapa, una tableta de acero que ya arriba al laminador directamente al rojo vivo y que además al llegar al mismo se halla lo suficientemente delgada, resulta mucho más sencillo que la tarea tradicional llevada a cabo por los laminadores integrados, consistente en recalentar y pasar por rodillos el acero proveniente de barras o lingotes de grueso espesor. Más importante todavía, un laminador continuo para producción de chapa a precios competitivos representaba con esta tecnología una inversión de menos de u$s 250 millones, una décima parte del coste de un laminador tradicional y una inversión relativamente manejable para un fabricante de acero que emplease minilaminadores. A esa escala, un horno eléctrico de arco podía suministrar de manera sencilla la cantidad requerida de acero fundido. Además, el método de la tableta delgada prometía una reducción de por lo menos el 20 por ciento en el coste total de fabricación de la chapa.

Debido a esta última promesa, la tecnología de tableta delgada fue cuidadosamente evaluada por cada uno de los principales operadores de la industria. Algunos laminadores integrados, tales como USX, trabajaron mucho en el tema de justificar la instalación de una planta de tableta delgada.[11] Al final, sin embargo, fue la empresa Nucor Steel, productora de acero mediante minilaminadores, la que efectuó la audaz movida hacia la nueva tecnología. ¿Por qué?

En última instancia, el sistema no lograba ofrecer las superficies lisas y libres de defectos requeridas por los clientes principales de la las empresas productoras integradas (los fabricantes de envases, automóviles y artefactos diversos). Los únicos mercados factibles para este producto eran los de revestimientos de acero para la industria de la construcción y el acero corrugado para alcantarillas y caños, en los cuales los usuarios eran más sensibles al precio que a las imperfecciones de las superficies. La fundición de tableta delgada era una tecnología de punta. Además, los grandes productores integrados, competentes y ávidos de negocios, se hallaban muy ocupados tratando de robarse entre sí los negocios más lucrativos de las industrias automotrices, de envases metálicos y de artefactos diversos que requiriesen chapa de acero. No tenía sentido para este tipo de empresas invertir capital hacia la fundición de tableta delgada, ubicada como se hallaba esta última en mercados que eran menos rentables, más competitivos en cuanto a precio y más volubles que aquellos en los que se venían desempeñando este tipo de empresas. De hecho, después de considerar seriamente entre 1987 y 1988 la posibilidad de invertir en equipos laminadores de tableta delgada, que para esa época costaban alrededor de los u$s 150 millones, tanto Bethlehem como USX decidieron en cambio invertir en laminadores convencionales continuos a un coste de u$s 250 millones, para proteger y mejorar la rentabilidad de los negocios que venían realizando con sus clientes habituales.

Obviamente, Nucor apreciaba la situación de otra manera. Sin tener que afrontar la restricción que significaban las exigencias de clientes más rentables del tipo de los que había en el mercado de la chapa de acero, como ocurría con sus competidores integrados, y con el beneficio de una estructura de costes forjada en los niveles más bajos de la industria, Nucor estableció la primera planta del mundo que emplease tecnología de tableta delgada en Crawfordsville, Indiana, en 1989, y construyó un segundo laminador en Hickman, Arkansas, en 1992. Incrementó asimismo la capacidad de producción de ambas plantas en un 80 por ciento en 1995. Los analistas estiman que Nucor había capturado ya el 7 por ciento del mercado masivo de chapa de acero norteamericano hacia 1996, cosa que difícilmente preocupase a los productores integrados, porque el éxito de Nucor quedó limitado al sector menos rentable de su línea de productos. Por supuesto, en sus esfuerzos por obtener clientes en los mercados de márgenes más altos, Nucor ya ha mejorado sustancialmente la calidad de la terminación superficial de sus chapas de acero.

De esta manera, la marcha de las compañías de acero integradas hacia la zona superior derecha ("nordeste") más rentable de la curva de trayectoria de la industria del acero constituye una historia de inversión agresiva, toma de decisiones racionales, atención cercana a las necesidades de los clientes principales y beneficios récord. Es el mismo dilema del innovador que ya logró confundir a los proveedores líderes de las industrias de las unidades de disco y de las excavadoras mecánicas: las decisiones sólidas y coherentes de sus managers constituyen la raíz misma de su eventual desplazamiento del liderazgo de la industria.


## Notas

1.  Este proceso de desplazarse hacia los sectores más altos del mercado y luego agregar allí los costos necesarios para poder realizar negocios en ese nivel fue descripto por el profesor Malcolm P. McNair, de la Escuela de Negocios de Harvard, de una manera que resulta llamativamente similar a la ocurrida con la industria de las unidades de disco. Escribiendo sobre la historia de las ventas al detalle, McNair describe cómo las olas sucesivas de vendedores al menudeo ingresaron a ese mercado con tecnologías de punta (aunque él no emplee ese término):

    La rueda siempre da vueltas, algunas veces más despacio, otras más rápido, pero no se detiene. El ciclo frecuentemente comienza con un nuevo concepto de carácter audaz, la innovación. Alguien tiene una idea brillante. Aparece un John Wanamaker, un George Hartford (A&P), un Frank Woolworth, un W. T. Grant, un General Wood (Sears), un Michael Cullen (supermercados), un Eugene Ferkauf. A dicho innovador se le ocurre una idea para un nuevo tipo de emprendimiento de distribución. Al comienzo todo el mundo le encuentra mal olor, lo ridiculiza, lo agrede, condena e "ilegitimiza". Los banqueros y los inversores le recelan. Pero él atrae al público a partir de la atracción en los precios hecha posible por los bajos costes operativos inherentes a su operación. A medida que su negocio se va desarrollando el innovador apunta hacia más arriba, mejora la calidad de su mercadería, mejora la apariencia y prestigio de su negocio, adquiere mayor respetabilidad . . .Durante este proceso de crecimiento la institución rápidamente se hace respetable tanto a los ojos de los consumidores como de los inversores, pero al mismo tiempo su inversión de capital va incrementándose y sus costes operativos tienden a aumentar. Luego la institución ingresa en su etapa de madurez ... La fase de madurez pronto tiende a ser seguida por inestabilidad ... y eventual vulnerabilidad. ¿Vulnerabilidad a qué? Al próximo sujeto que tenga una idea brillante y que comience su negocio basándose en costes bajos, al amparo del paraguas que las primitivas instituciones han abierto. Ver Malcolm P. McNair, "Significant Trends and Developments in the PostWar Period" en Albert B. Smith, ed., *Competitive Distribution in a free High-Level Economy and Its Implications for the University* (Pittsburgh: University of Pittsburgh Press, 1958) 17-18. En otras palabras, los propios costes requeridos para permanecer competitivo en los mercados de nivel más alto restringen la movilidad hacia abajo y crean aún más incentivos para desplazarse mercado arriba.

2.  Joseph Bower, *Managing the Resource Allocation Process* (Homewood, IL: Richard D. Irwin, 1970).

3.  El empleo del término *sistemático* en esta frase es importante, porque la mayoría de los sistemas de asignación de recursos operan de una manera sistemática, ya sean estos formales o informales. Se mostrará más tarde en este libro que una clave para estimar las perspectivas de los managers de enfrentar con éxito a las tecnologías abruptas consiste en su grado de limitación para intervenir y adoptar las decisiones sobre asignación de recursos personalmente y de manera persistente. Los sistemas de asignación de recursos están diseñados justamente para excluir aquellas propuestas del tipo de lo que lo son las tecnologías de punta. Una excelente descripción de este dilema puede ser encontrada en Roger Martin, "Changing the Mind of the Corporation", *Harvard Business Review*, Noviembre-Diciembre 1993, 81-94

4.  Debido al lento crecimiento de la demanda de acero en muchos de los mercados mundiales, se han construido pocos laminadores de acero integrados en la década del 90. Aquellos que se están construyendo en estos días lo son en países de gran crecimiento y rápidamente en desarrollo tales como Corea, Méjico y Brasil.

5. Estas estimaciones fueron suministradas por el profesor Thomas Eagar del Departamento de Ciencias de los Materiales del MIT (Massachusetts Institute of Techonology).

6. "The U.S: Steel Industry: An Historical Overview", *Goldman Sachs U.S. Research Report*, 1995.

7. "What caused the Decline", *Business Week*, Junio 30, 1980, 74.

8. Donald B. Thompson, "Are Steel's Woes Just Short-term?", *Industry Week*, febrero 22, 1982, 31.

9. Gregory L. Miles, "Forging the New Bethlehem ", *Business Week*, Junio 5, 1989, 108-110.

10. Seth Lubove and James R. Norman, "New Lease on Life", *Forbes*, Mayo 9, 1994, 87.

11. La experiencia del equipo de la U.S. Steel a cargo de evaluar la tecnología de laminación por fundición continua de tableta delgada se describe en el caso de estudio de la Harvard Business School "Continuous Casting Investments at USX Corporation", N° 697-020.

# SEGUNDA PARTE

En la búsqueda de razones por las que tantas empresas de tres tipos de industrias muy diferentes tropezaron o fracasaron, la investigación resumida en los capítulos anteriores arroja dudas sobre varias explicaciones convencionales que han ofrecido algunos investigadores. No fue el caso de que los ingenieros de las empresas líderes tendieran a quedarse trabados con alguna tecnología en especial o se desentendieran de las innovaciones que "no se hubiesen inventado aquí". La causa de los fracasos no podía ser atribuida solo a que las firmas establecidas fueran incompetentes con las nuevas tecnologías o incapaces de mantenerse firmemente encaramadas en su "palo enjabonado" industrial. Por supuesto, estos problemas afectan a algunas empresas. Pero, como regla general, existen fuertes evidencias de que cada vez que la nueva tecnología resultaba necesaria para satisfacer las necesidades de sus clientes, las firmas establecidas eran capaces de reunir la experiencia, el capital, los proveedores, la energía y la materia gris como para desarrollar e implementarla competitiva y eficientemente. Esto ha resultado siempre así tanto para los avances incrementales como para los radicales; tanto para proyectos que consumieran solo meses como para aquellos que llevaran más de una década; así en la dinámica industria de las unidades de discos, como en la mucho más lenta de las excavadoras mecánicas o en una de procesos intensivos como es la del acero.

Probablemente el resultado más importante de este intento de definir el problema es que eliminó el management deficiente como una de las causas principales de los fracasos. De nuevo, esto no quiere decir que tanto el buen management como el no tan bueno no constituyan factores clave que afectan el patrimonio de las empresas. Pero, como explicación general, los managers de las compañías estudiadas tenían muy buenos antecedentes acerca de la comprensión de las necesidades futuras de los usuarios, de ser capaces de identificar qué tecnologías podrían satisfacer mejor esas necesidades, y de invertir lo necesario para desarrollarlas y llevarlas a cabo. Sólo cuando eran confrontados con las tecnologías de punta era cuando fracasaban. Debería de haber, por lo tanto, alguna razón por la cual los buenos managers sistemáticamente tomaban decisiones incorrectas cuando se tenían que enfrentar a cambios tecnológicos abruptos.

La razón es que la causa principal de los fracasos resultaba ser justamente el *buen management* que realizaban. Los managers desempeñaban sus funciones de la manera en que se suponía que lo hicieran. Los propios procesos de toma de decisiones y de asignación de recursos, que eran la clave del éxito de las empresas ya establecidas, eran los mismos que rechazaban a las tecnologías de punta, a saber: escuchar cuidadosamente a los clientes, seguir de cerca las acciones de los competidores e invertir los recursos solo para diseñar y construir productos de mejor desempeño y calidad que brindaran más beneficios. Esas son las razones por las que grandes firmas tropezaban o caían cuando se veían confrontadas con los cambios tecnológicos drásticos, de presente modesto y futuro incierto.

Las compañías exitosas *quieren* que sus recursos se concentren en actividades que satisfagan las necesidades de sus clientes, que prometan mayores beneficios, que sean tecnológicamente factibles y que las ayuden a desempeñarse en mercados importantes. Por eso, esperar que los procesos que logran esas cosas *también* se ocupen de recomendar tenerles paciencia a las tecnologías de punta, que acepten concentrar recursos en propuestas que los clientes al principio rechazan, que ofrecen menores beneficios, que no poseen el mismo desempeño que las tecnologías que se vienen utilizando y que solo se pueden vender en mercados de magnitud insignificante, es bastante similar a lo ya comentado anteriormente acerca de intentar volar atándose alas a los brazos y saltando desde algún lugar alto. Estas expectativas requieren pelear contra ciertas tendencias fundamentales respecto de la manera en que operan las organizaciones exitosas y sobre la forma en que se evalúa su desempeño.

La Parte Dos de este libro se halla elaborada sobre la base de casos de estudio detallados de algunas compañías que tuvieron éxito, y muchas más que fracasaron, cuando se vieron enfrentadas a un cambio tecnológico abrupto. De la misma manera que en nuestra analogía con la capacidad que los hombres desarrollaron en última instancia para aprender a volar cuando finalmente lograron comprender y alternativamente dominar algunas leyes fundamentales de la naturaleza o acomodarse a ellas, estos casos de estudio muestran que aquellos ejecutivos que tuvieron éxito tendieron a gerenciar el proceso empleando una serie de reglas muy diferentes de las de aquellos que fracasaron. Hubo, en efecto, cuatro principios fundamentales de naturaleza organizativa que los managers de las firmas que fueron exitosas sistemáticamente reconocieron y utilizaron. Las empresas que perdieron sus batallas con las tecnologías de punta eligieron no prestarles atención o directamente combatirlos. Estos principios son:

1. Dependencia de los recursos: En las compañías bien administradas son de hecho los clientes los que controlan los patrones de asignación de recursos.

2. Los mercados pequeños no resuelven las necesidades de crecimiento de las compañías grandes.

3. Los empleos o aplicaciones definitivos de las tecnologías de punta no se pueden conocer por adelantado. El camino hacia el éxito pasa inexorablemente por bolsones de fracaso.

4. El desempeño de un producto resultado de una tecnología de punta puede al principio no satisfacer los requerimientos del mercado. Las características de una tecnología de punta que la hacen poco atractiva en los mercados importantes a menudo son precisamente las mismas que constituyen su principal punto a favor en los mercados emergentes.

## ¿Cómo hicieron los managers exitosos para tomar partido por estos principios?

1. Integraron sus proyectos de desarrollo y comercialización de tecnologías de punta a organizaciones cuyos clientes los necesitasen. Cuando los managers hacían corresponder una innovación abrupta con los clientes "adecuados" para la misma, la demanda generada aumentaba la probabilidad de que la innovación obtuviera los recursos que necesitaba.

2. Se ocuparon de colocar los proyectos para el desarrollo de tecnologías de punta en organizaciones lo suficientemente pequeñas como para que pudiesen ser satisfechas con oportunidades pequeñas y ganancias reducidas.

3. Tuvieron previsto fracasar en las etapas tempranas y *a coste reducido* en su búsqueda de un mercado adecuado para una tecnología de punta. Encontraron que sus mercados a menudo se iban generando sobre la base de un proceso iterativo de prueba, error, aprendizaje y nueva prueba.

4. Cuando comercializaban tecnologías de punta, encontraban o desarrollaban *nuevos mercados* que valoraban las prestaciones de los productos de características de punta, en lugar de buscar algún hueco para que los mismos pudiesen competir en los mercados principales como si fueran fruto de una tecnología de sostenimiento.

Los capítulos 5 a 8 de la Parte Dos describen en más detalle cómo los managers pueden utilizar y dominar estos cuatro principios. Cada capítulo comienza examinando cómo el hecho de dominar o pasar por alto estos principios afectó los destinos de las empresas productoras de unidades de disco cuando emergían las tecnologías de punta.[1]

Cada capítulo pasa luego a otra industria de características muy diferentes, a fin de mostrar cómo los mismos postulados gobernaron el éxito o el fracaso de las empresas.

La conclusión que se obtiene de esos estudios es que aunque la tecnología de punta puede modificar las dinámicas de industrias de muy diverso tipo, los motivadores del éxito o el fracaso son consistentemente similares entre distintas industrias.

El Capítulo 9 muestra la manera en que estos principios pueden ser utilizados, ilustrando cómo pueden aplicarlos los managers en un caso de estudio de una tecnología particularmente inquietante: el vehículo eléctrico. El Capítulo 10 revisa luego los principales hallazgos comentados a lo largo de este libro.

**Nota**

1    La noción de que ejercemos un poder más efectivo cuando comprendemos las leyes físicas y psicológicas que definen la manera en que funciona al mundo y luego nos disponemos en armonía con esas leyes, no es por supuesto un concepto nuevo que se introduzca en este libro. A un nivel más frívolo, el profesor de Stanford Robert Burgelman, cuyo trabajo se cita extensamente en este libro, una vez dejó caer su lapicera al piso en una conferencia. Mientras se agachaba para recogerla, musitó: "Odio a la gravedad." Luego, cuando caminaba hacia el pizarrón para continuar exponiendo, agregó: "¿Pero saben ustedes una cosa? ¡A la gravedad no le importa!".
Considerándolo más seriamente, la conveniencia de alinear nuestras acciones con las leyes más poderosas de la naturaleza, la sociedad y la psicología, con el fin de llevar una vida productiva, es una cuestión central en muchos ensayos sobre el tema, especialmente el antiguo clásico chino, *Tao De Ching*.

# CAPÍTULO 5

# DARLES RESPONSABILIDAD POR LAS TECNOLOGÍAS DE PUNTA A AQUELLAS ORGANIZACIONES CUYOS CLIENTES LAS NECESITEN

La mayoría de los ejecutivos quisieran creer que se hallan a cargo de sus organizaciones, que toman las decisiones cruciales y que cuando lo hacen, todo el mundo sale corriendo a complacerlos. Sin embargo, en la práctica, son los *clientes* los que controlan lo que debe hacerse. Como hemos visto para la industria de las unidades de disco, las empresas estuvieron dispuestas a arriesgar enormes sumas de dinero en determinados productos cuando resultaba claro que sus clientes los necesitaban, pero fueron incapaces de ejecutar proyectos innovadores mucho más simples si los usuarios existentes y rentables no los demandaban.

Esta observación apoya una hipótesis algo controversial denominada de la *dependencia de recursos,* propuesta por una minoría de estudiosos del management[1]. Tal parecer postula que la libertad de acción de las compañías se halla limitada a satisfacer a las entidades externas (especialmente, clientes e inversores) que les suministran los recursos indispensables. Basados casi por completo en conceptos tomados de la evolución biológica, estos teóricos aseveran que las empresas sobrevivirán y prosperarán solamente si su personal y sus sistemas sirven a las necesidades de los usuarios y capitalistas, proveyéndoles los productos, servicios y rentabilidad que estos requieran. Las organizaciones que no lo hagan, finalmente morirán[2].

A través de este mecanismo de supervivencia del más apto, las empresas que alcancen a sobresalir en sus industrias, generalmente serán aquellas cuyo personal y procesos estén más ajustadamente diseñados para proporcionar a sus clientes lo que estos desean. La discusión surge cuando se llega a la conclusión de que los managers son *impotentes* para modificar los acontecimientos contra los dictados de sus clientes, aun los que tienen una visión clara respecto de la dirección en la que desean llevar a sus compañías. Esto significa que el papel verdadero de los managers en las compañías bien adaptadas a sobrevivir sería solo simbólico.

Para aquellos de nosotros que hemos conducido empresas, o hemos sido consultados por asuntos de management, o formado a futuros managers, esta es una idea muy perturbadora. Estamos allí para dirigir, para establecer la diferencia, para formular y llevar a cabo estrategias, para acelerar el crecimiento y aumentar los beneficios. La dependencia de recursos se opone a cada una de nuestras razones para encontrarnos allí. No obstante, los hallazgos informados en este libro proveen un apoyo bastante contundente a esta teoría, especialmente en lo que se refiere a la noción de que las inversiones basadas en los intereses del cliente son mucho más efectivas que las orientadas por los ejecutivos.

No cabe duda de que los usuarios poseen enorme poder sobre las inversiones de una empresa. ¿Qué deberían hacer los managers que se ven enfrentados con una tecnología de punta que sus clientes explícitamente no desean? Una opción es convencer a todo el mundo dentro de la firma de que deberían seguir en esa tesitura de todos modos, porque la misma tiene importancia estratégica a largo plazo a pesar del rechazo de quienes pagan las facturas y a pesar de la baja rentabilidad respecto de las alternativas mercado arriba. La otra opción sería crear una organización independiente e integrarla a los clientes emergentes que *sí* necesitan de esa tecnología. ¿Cuál de estos enfoques funciona mejor?

Los que eligen la primera opción tendrán que enfrentarse a la poderosa realidad organizativa de que son los clientes los principales controles de los patrones de inversión de la empresa. Los que eligen la segunda opción, en cambio, se alinean con esta tendencia, acoplándose a ella en vez de combatirla. Los casos que se presentan en este capítulo proveen fuerte evidencia de que la segunda opción ofrece mayores posibilidades de éxito que la primera.

## La innovación y la asignación de recursos

El mecanismo a través del cual los clientes controlan las inversiones de una firma es el proceso de asignación de recursos. Este determina a qué iniciativas se les otorgarán personal y dinero y a cuáles no. La asignación y la innovación son dos caras de la misma moneda: solamente aquellos desarrollos de nuevos productos que obtengan los fondos, gente y atención adecuados tendrán una posibilidad de sobrevivir; aquellos que se vean privados de estos recursos languidecerán.

Los buenos procesos de asignación se proponen filtrar las proposiciones que los clientes no desean. Cuando estos procesos de toma de decisión funcionan bien, si los clientes no desean un producto, el mismo no obtendrá fondos; si lo desean, los obtendrá. Esa es la manera como las cosas *deben* funcionar en las grandes empresas. Estas *deben* invertir en aquello que los clientes quieren, y cuanto mejor lo hagan, más exitosas serán.

Como lo hemos visto en el Capítulo 4, la asignación de recursos no es simplemente una cuestión de toma de decisiones de arriba hacia abajo seguida de su implementación. A los más altos ejecutivos llegan solo los proyectos seleccionados por muchos otros individuos de niveles más bajos de la organización, de manera que ven una parte muy reducida de las ideas innovadoras generadas.[3]

Y aun luego de que el management haya concedido los fondos para un proyecto en particular, raras veces este pasa a ser "una cuestión resuelta". Muchas decisiones cruciales son tomadas después de la aprobación del proyecto –en verdad, luego del lanzamiento del propio producto– por managers de nivel intermedio que establecen prioridades cuando se encuentran con múltiples ideas y productos que compiten por el tiempo de la misma gente, equipos y vendedores. Como lo ha observado el estudioso del management Chester Barnard:

> Desde el punto de vista de la importancia relativa de las decisiones específicas, las de los ejecutivos son las que adecuadamente requieren la principal atención. Pero desde el punto de vista de la importancia añadida, no son las decisiones de los ejecutivos, sino las de los participantes *no ejecutivos* de las organizaciones las que deberían recibir el mayor interés [las cursivas son mías][4].

De modo que, ¿cómo efectúan los participantes no ejecutivos *sus* decisiones de asignación de recursos? Ellos deciden qué proyectos van a proponer y a cuáles les van a conceder prioridad, basados en su comprensión de qué tipo de clientes y productos son los más rentables para la compañía. Unido a esto se halla su punto de vista de cómo su respaldo a diferentes propuestas afectará sus propias trayectorias dentro de la empresa, una visión que está formada en gran parte por su apreciación de lo que los clientes desean y de los tipos de productos que la empresa necesita vender más a fin de generar mayores beneficios. Las carreras individuales pueden subir mucho cuando se auspician programas innovadores altamente rentables. Mediante este mecanismo de buscar la rentabilidad corporativa y el éxito personal, los integrantes de una organización conceden a los clientes una profunda influencia sobre el proceso de asignación de recursos, y por lo tanto sobre los patrones de innovación.

## Éxitos con las tecnologías de punta en la industria de las unidades de disco

Sin embargo, resulta posible salirse de este sistema. Tres casos tomados de la industria de las unidades de disco demuestran cómo los managers pueden posicionarse sólidamente en el mercado con una tecnología de punta. En dos casos, se trató de aliarse, en vez de combatirlas, con las fuerzas de la dependencia de recursos mediante la creación de empresas independientes. En el tercer caso, se optó por enfrentar a estas fuerzas.

### *Quantum y Plus Development Corporation*

Como hemos visto, Quantum Corporation, un fabricante líder de unidades de disco de 8 pulgadas vendidas en el mercado de los miniordenadores al principio de la década de los '80, dejó pasar completamente el advenimiento de los discos de 5,25 y produjo sus primeras versiones casi cuatro años después que hubieran aparecido en el mercado. Cuando los pioneros de las unidades de 5,25 pulgadas comenzaron a invadir el mercado de los miniordenadores desde abajo, por todas las razones ya descritas, las ventas de Quantum comenzaron a caer.

En 1984 varios empleados de Quantum vieron un mercado potencial para una delgada unidad de disco de

3,5 pulgadas que pudiese ser insertada en una ranura de expansión de un miniordenador de escritorio IBM clase XT y AT; dichas unidades serían vendidas a usuarios de ordenadores personales en lugar de a los fabricantes OEM de miniordenadores que habían sido los generadores de todos sus ingresos hasta entonces. Resolvieron dejar Quantum e iniciar una nueva firma que comercializara la idea.

En vez de dejarlos irse sin trabas, los ejecutivos de Quantum financiaron y retuvieron el 80 por ciento de la propiedad de este emprendimiento subsidiario, denominado Plus Development Corporation, y lo establecieron físicamente en diversas plantas. Plus era una organización autosuficiente, con su propio personal ejecutivo y todas las capacidades funcionales requeridas por una compañía independiente. Plus resultó sumamente exitosa. Diseñó y comercializó sus propias unidades de disco, pero las hacía fabricar por contrato por Matsushita Kotobuki Electronics (MKE) en Japón.

A medida que las ventas de las unidades de disco de 8 pulgadas de Quantum comenzaron a disminuir aceleradamente a mediados de la década de los '80, fueron compensadas por los ingresos crecientes de los productos "Hardcard" de Plus. Hacia 1987, ya casi no se vendían productos de 8 y 5,25 pulgadas. Quantum prácticamente cerró la vieja corporación, adquirió el 20 por ciento restante de Plus, e instaló a sus ejecutivos en las posiciones más encumbradas de Quantum. Fueron reconfigurados entonces los productos del 3,5 pulgadas de Plus de modo de hacerlos atractivos a los fabricantes OEM de ordenadores personales, tales como Apple, justo cuando el vector de capacidad para las unidades de disco de 3,5 pulgadas estaba comenzando a invadir el mercado de los ordenadores de escritorio, como se muestra en la Figura 1.7. Quantum, reconvertido ahora en fabricante de unidades de 3,5 pulgadas, adoptó agresivamente innovaciones de componentes basadas en tecnologías de sostenimiento, desplazándose mercado arriba hacia las estaciones de trabajo de ingeniería, y negoció también con éxito las innovaciones de arquitectura de sostenimiento encaminadas a las unidades de disco de 2,5 pulgadas. Ya para 1994 la nueva Quantum se había convertido en el mayor productor de unidades de disco del mundo [5].

### *Control Data en Oklahoma*

Control Data Corporation (CDC) efectuó el mismo tipo de reconstitución, solo una vez. CDC era el principal fabricante de unidades de disco de 14 pulgadas vendidas al sector de los OEM entre 1965 y 1982; su cuota de participación en el mercado fluctuaba entre el 55 y el 62 por ciento. Cuando emergió el formato de 8 pulgadas a fines de la década de los '70, sin embargo, CDC hizo caso omiso de ella durante tres años. La compañía nunca capturó más que una fracción del mercado de 8 pulgadas, y solo para mantener su base de clientes establecidos constituida por fabricantes de ordenadores mainframe. La razón estribaba en el énfasis gerencial en el uso de los recursos: los ingenieros y el personal de marketing de la principal planta de la empresa en Minneapolis venían siendo sistemáticamente apartados del programa de unidades de 8 pulgadas para resolver problemas referentes al lanzamiento de la siguiente generación de productos de 14 pulgadas, encaminada a los clientes principales de CDC.

CDC lanzó su primer modelo de 5,25 pulgadas dos años después que Seagate fabricara el primer producto de ese tipo en 1980. Esta vez, sin embargo, CDC radicó su emprendimiento con las unidades de 5,25 pulgadas en la ciudad de Oklahoma. Esto se hizo, según uno de sus directivos, "no para escapar de la cultura de ingeniería de CDC en Minneapolis, sino para aislarlo [al producto de 5,25 pulgadas] de los clientes principales de la empresa". Aunque ya era tarde y nunca recuperó su anterior posición dominante en el mercado, la incursión de CDC en las unidades de disco de 5,25 pulgadas fue rentable y en ocasiones la firma llegó a alcanzar un 20 por ciento de participación en el sector.

### *Micropolis: transición por medio de esfuerzos de management*

Micropolis Corporation, un veterano líder de la industria de las unidades de disco, fundada en 1978 para fabricar unidades de 8 pulgadas, fue la otra única empresa de la industria que pudo llevar a cabo con éxito la transición hacia una plataforma nueva. No utilizó la estrategia de desarrollar una subsidiaria que ya había funcionado en el caso de Quantum y Control Data, sino que optó por administrar el cambio desde dentro de la propia compañía. Pero aun esta excepción confirma la regla de que los clientes ejercen una influencia excepcionalmente poderosa sobre las inversiones que las firmas pueden llevar a cabo exitosamente.

Micropolis comenzó a cambiar en 1982, cuando su fundador y CEO Stuart Mabon percibió intuitivamente las trayectorias de demanda de mercado y oferta tecnológica representadas en la figura 1.7 y decidió que la empresa debería convertirse principalmente en fabricante de unidades de disco de 5,25 pulgadas. Aunque al comienzo esperaba dirigir los recursos a desarrollar su siguiente generación de unidades de disco de 8 pulgadas de modo que Micropolis pudiese abarcar ambos mercados[6], asignó sin embargo los mejores ingenieros de la empresa al programa de 5,25 pulgadas. Mabon recuerda que le tomó "el 100 por ciento de mi tiempo y energía durante dieciocho meses" mantener los recursos adecuados concentrados en el programa de 5,25 pulgadas, porque los propios mecanismos de la orga-

**Figura 5.1 Transición tecnológica y
posición de mercado en Micropolis Corporation**

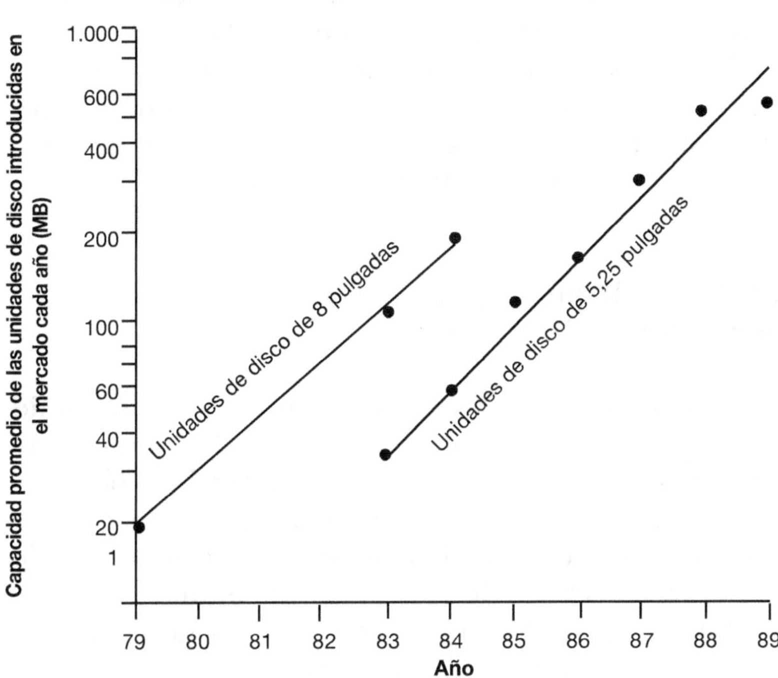



Fuente: Los datos han sido extraídos de diversas ediciones de *Disk/Trend Report*.

nización los asignaban a lo que utilizaban los clientes: las
de 8 pulgadas.

Hacia 1984, Micropolis había fracasado en mantenerse en carrera con la competencia en el mercado de las unidades de disco para miniordenadores y retiró del mismo
sus restantes modelos de 8 pulgadas. Con un esfuerzo hercúleo, sin embargo, tuvo éxito en sus programas de 5,25.
La figura 5.1 muestra por qué tuvo lugar esta lucha: al realizar la transición, Micropolis tomó posiciones en una trayectoria tecnológica muy diferente. Tuvo que alejarse de
cada uno de sus principales clientes y reemplazar las pér-
didas de ingresos resultantes con ventas de la nueva línea

de productos a un grupo totalmente diferente de fabricantes de ordenadores de escritorio. Mabon recuerda esta experiencia como la más agotadora de su vida.

Micropolis finalmente introdujo un producto de 3,5 pulgadas en 1993 que podía almacenar más de un gigabyte. A ese nivel, Micropolis podía vender la unidad de disco de 3,5 pulgadas a sus clientes ya existentes.

## Tecnologías de punta y la teoría de la dependencia de recursos

Las luchas relatadas anteriormente sobre los ensayos de Seagate Technology por vender sus unidades de disco de 3,5 pulgadas y el fallido intento de Bucyrus Erie por vender su primitivo Hydrohoe a sus clientes principales ilustran cómo la teoría de la dependencia de recursos puede ser aplicada a los casos de tecnologías de punta. En ambas instancias, Seagate y Bucyrus fueron de las primeras en desarrollar estos productos. Pero a pesar de las decisiones de los senior managers de introducirlos, el ímpetu o la energía organizativa requerida para lanzar los productos agresivamente hacia los universos de valor adecuados simplemente no dieron resultado, al menos hasta que los clientes los necesitaron.

¿Deberíamos aceptar entonces el corolario estipulado por los teóricos de la dependencia de recursos, de que los managers son simplemente individuos sin poder? Difícilmente. En la Introducción, explorando la imagen de cómo el hombre aprendió a volar, se hizo notar que todos los intentos habían terminado en fracasos en tanto consistieran en combatir contra los fundamentos de la naturaleza. Pero una vez que leyes tales como la gravedad, el principio de Bernoulli y los conceptos de ascensión, aerodinamia y resistencia comenzaron a ser entendidos, las máquinas voladoras se comenzaron a diseñar de acuerdo con estos principios y el hombre pudo volar. Algo análogo fue lo que realizaron Quantum y Control Data: se acoplaron a las poderosas fuerzas de la dependencia de recursos insertando organizaciones autónomas dentro de un universo de valor totalmente diferente, donde dependieran del conjunto adecuado de clientes para lograr sobrevivir. El CEO de Micropolis combatió contra ellas, y obtuvo una victoria rara y costosa.

Las tecnologías de punta han tenido un impacto letal sobre varias otras industrias, como la de las excavadoras mecánicas y la del acero[7]. Las páginas que siguen resumen el efecto de las tecnologías de punta en tres industrias adicionales –la de los ordenadores, las ventas al detalle y las impresoras– a los efectos de resaltar cómo las únicas compañías que establecieron fuertes posiciones de mercado con tecnologías de punta fueron aquellas que, como Quantum y Control Data, se unieron a las fuerzas de la dependencia de recursos en lugar de combatirlas.

## DEC, IBM y el ordenador personal

Tal como es de esperar, la industria de los ordenadores y la de las unidades de disco tienen historias paralelas, porque los universos de valor de esta última están integrados en los de la primera. En efecto, si los ejes y las trayectorias intersectantes graficadas en el mapa de las unidades de disco rígido de la figura 1.7 fueran vueltos a rotular con nomenclaturas pertenecientes esta vez al terreno de los ordenadores, resumiría de manera igualmente efectiva el fracaso de las empresas líderes de la informática. IBM, el primer líder de esta industria, vendía sus mainframes a los departamentos centrales de contabilidad y procesamiento de datos de las grandes organizaciones. El surgimiento del miniordenador representó para IBM y su competidores una innovación desconcertante. Sus clientes no encontraban uso para ella; los márgenes que prometían eran menores, y el mercado inicial era significativamente más pequeño. Como resultado, los fabricantes de mainframes ignoraron al miniordenador durante años, permitiendo que un conjunto de firmas ingresantes –Digital Equipment, Data General, Prime, Wang y Nixdorf–crearan y pasasen a dominar ese mercado. IBM finalmente introdujo su propia línea de miniordenadores, pero lo hizo principalmente como una medida defensiva, cuando las capacidades de los miniordenadores habían llegado al punto en que satisfacían las necesidades de algunos de los clientes de IBM.

De manera similar, ninguno de los fabricantes de miniordenadores se convirtió en un agente significativo en el mercado de los ordenadores personales de escritorio, porque para ellos era un cambio drástico. El mercado del PC fue creado por otro conjunto de ingresantes que incluía a Apple, Commodore, Tandy e IBM. Los fabricantes de miniordenadores eran excepcionalmente prósperos y muy bien considerados por los inversores, la prensa de negocios y los estudiosos del management, al menos hasta fines de la década de los '80, cuando la trayectoria tecnológica del ordenador de escritorio intersectó la del desempeño requerido por aquellos que anteriormente habían comprado miniordenadores. El ataque del ordenador de escritorio, tipo misil desde abajo, afectó severamente a todos los fabricantes de miniordenadores. Muchos de ellos fracasaron. Ninguno logró establecer una posición viable en el universo de valor de los ordenadores personales.

Una secuencia similar de acontecimientos caracterizó el surgimiento del ordenador portátil, cuyo mercado fue creado y dominado por un conjunto de firmas ingresantes, tales como Toshiba, Sharp y Zenith. Apple e IBM, los fabricantes líderes de ordenadores de escritorio, no introdujeron modelos portátiles hasta que la trayectoria de desempeño de los ordenadores portátiles intersectó a la de las necesidades de sus clientes.

Probablemente ninguna de esta firmas ha sido tan profundamente herida por la tecnología de punta como Digital Equipment. DEC cayó de la fortuna a la insensatez en tan solo un par de años, cuando las estaciones de trabajo independientes y los ordenadores de escritorio en red cubrieron las necesidades de la mayoría de sus clientes de contar con minicomputadores casi de un día para otro.

DEC no trastabilló por falta de empeño, por supuesto. Cuatro veces, entre 1983 y 1995, introdujo líneas de ordenadores personales dirigidas a los mercados de consumidores pequeños, productos tecnológicamente mucho más simples que los miniordenadores de esta firma. Pero cuatro veces fracasó en establecer en este universo de valor negocios que fueran percibidos por la empresa como rentables. Cuatro veces se retiró del mercado de ordenadores personales. ¿Por qué? DEC lanzó cuatro incursiones desde dentro mismo de la compañía principal[8]. Por todas las razones comentadas hasta ahora, aun cuando las decisiones a nivel ejecutivo en el negocio de los ordenadores personales siempre vienen detrás de los acontecimientos, los que efectuaban las decisiones sobre la asignación cotidiana de recursos de la compañía nunca vieron sentido a invertir el dinero, tiempo y energía en productos de bajo margen que sus clientes no deseaban. En lugar de ello, las que capturaron los recursos fueron iniciativas de superior desempeño que prometían márgenes mayores, tales como el microprocesador super rápido Alpha de DEC y la incursión de la compañía en el terreno de los ordenadores mainframe.

Al tratar de ingresar al negocio de los ordenadores personales de escritorio desde su organización principal, DEC se vio forzada a quedar a horcajadas entre dos estructuras diferentes de costes, intrínsecas a dos universos de valor distintos. Simplemente no pudo recortar los suficientes costes de infraestructura como para resultar competitiva en el mercado de los ordenadores personales sencillos porque necesitaba que esos costes permanecieran competitivos en sus productos de alto desempeño.

Sin embargo, el éxito de IBM en los primeros cinco años de la industria de la informática personal se halla en agudo contraste con el fracaso de otras empresas líderes fabricantes de mainframes y miniordenadores para acoplarse al advenimiento abrupto de los ordenadores de escritorio. ¿Cómo logró hacerlo IBM? Estableciendo una organización autónoma en Florida, bien alejada de su centro de operaciones en Nueva York, que se hallaba libre de obtener los componentes necesarios donde le resultara más conveniente, de vender a través de sus propios canales de distribución, y de diseñar una estructura de costes adecuada a los requerimientos tecnológicos y de competencia del mercado de los ordenadores personales. Esta organización podía dedicarse a lograr éxito de acuerdo con los patrones de éxito específicos del mercado de la informática personal. De hecho, algunos estudiosos han argumentado que la posterior decisión de IBM de acercar su división de ordenadores personales a su organización principal resultó una importante causa de las dificultades que experimentó para mantener su rentabilidad y participación en el mercado de la industria de los ordenadores personales. Parece ser sumamente difícil administrar una coexistencia pacífica e independiente de dos estructuras de costes, y los modelos sobre cómo hacer dinero, dentro de una sola compañía.

La conclusión de que una única organización sería simplemente incapaz de adherir de una manera competente a una innovación radical, permaneciendo al mismo tiempo competitiva en los mercados principales, molesta a algunos managers del tipo "yo puedo" y, de hecho, la mayoría tratan de hacer exactamente lo que hicieron Micropolis y DEC: mantener su competitividad en el mercado principal, mientras simultáneamente tratan de ponerse a tono con la tecnología de punta. Existe fuerte evidencia de que tal tipo de esfuerzos rara vez resultan exitosos; la posición en uno de los mercados se verá afectada a menos que existan dos organizaciones separadas, integradas a sus universos de valor adecuados, y que obtengan otros tipos de clientes.

## Kresge, Woolworth y la venta con descuento

En pocas industrias el impacto de las tecnologías de punta se ha sentido tanto como en la de las ventas con descuento, donde las empresas ingresantes lograron arrebatar el dominio a las tiendas de departamentos y de variedades tradicionales. La tecnología de la venta con descuento fue de punta con respecto a las operaciones tradicionales, porque la calidad del servicio y la selección ofrecida por las firmas que ingresaron a ese mercado generaron el caos en los patrones acostumbrados de la venta de calidad. Además, la estructura de costes requerida para competir rentablemente en la venta con descuento era fundamentalmente distinta de la que las tiendas de departamentos habían desarrollado a fin de competir dentro de sus universos de valor.

La primera tienda con descuento fue Korvette's, que tenía una serie de locales en la ciudad de Nueva York a mediados de la década de los '50. Korvette's y sus imitadores operaban en la parte más baja de la venta, ofreciendo marcas conocidas a nivel nacional de bienes durables estándar, a precios entre un 20 y un 40% menores que los de las tiendas de departamentos. Estos locales se concentraron en productos que "se vendiesen a sí mismos" porque los clientes ya sabían cómo utilizarlos. Basadas en la imagen nacional de una marca para establecer el valor y la calidad de sus productos, estas tiendas eliminaron la necesidad de disponer de personal de ventas entrenado; también se concentraron en el grupo de clientes menos atractivos para los vendedores tradicionales: "jóvenes esposas de obreros con hijos pequeños"[9]. Esto iba en contra de las fórmulas escala arriba que las tiendas de departamentos habían empleado históricamente para definir la reventa de productos de calidad y para mejorar su rentabilidad.

Los vendedores con descuento no aceptaban márgenes menores que los vendedores tradicionales; simplemente obtenían sus beneficios a través de una fórmula diferente que consistía en cubrir sus costes a través del margen bruto, o marcación, que efectuaban sobre el coste de la mercadería. Las tiendas de departamentos tradicionales históricamente marcaban su mercadería un 40 por ciento por encima del coste y la renovaban cuatro veces al año, lo que daba un total de retorno sobre la inversión del 160 por ciento. Las tiendas de variedades ganaban algo menos a través de una fórmula similar. Las de descuento ganaban una cifra parecida a las de departamentos, pero a través de un modelo diferente: márgenes bajos y alta rotación de mercadería. La Tabla 5.1 resume estas tres posiciones.

La historia de la venta con descuento recuerda vívidamente la historia de la fabricación de acero por medio de minilaminadores. Igual que en este caso, los vendedores con descuento sacaron ventaja de su estructura de costes para desplazarse mercado arriba y tomar alguna participación de sus competidores, los vendedores tradicionales, a un ritmo asombroso: al principio, en el segmento bajo del mercado, en bienes durables de marca tales como artículos de ferretería, pequeños artefactos y maletas, y luego en territorios más hacia el nordeste de la línea de trayectoria, tales como muebles, accesorios y ropa. La Figura 5.2 ilustra lo asombrosa que resultó la invasión de los vendedores con descuento: su participación en los ingresos de la venta al detalle aumentó del 10 por ciento en 1960 a casi el 40 por ciento apenas seis años más tarde.

**Tabla 5.1 Diferentes caminos hacia los beneficios**

| Tipo de revendedor | Ejemplo de compañía | Márgenes brutos típicos | Rotaciones de inventario típicas | Retorno sobre la inversión en mercadería* |
|---|---|---|---|---|
| Tiendas de departamentos | R. H. Macy | 40% | 4x | 160% |
| Tiendas de variedad | F. W. Woolworth | 36% | 4x | 144% |
| Vendedores con descuento | Kmart | 20% | 8x | 160% |

*Calculado como Margen por rotaciones; en otras palabras, el total de los márgenes ganados a través de sucesivas rotaciones de mercadería cada año.
*Fuente:* Informes corporativos anuales de diversas compañías de cada categoría para varios años.

**Figura 5.2 Ganancias en la participación en el mercado de los vendedores con descuento, 1960-1966**

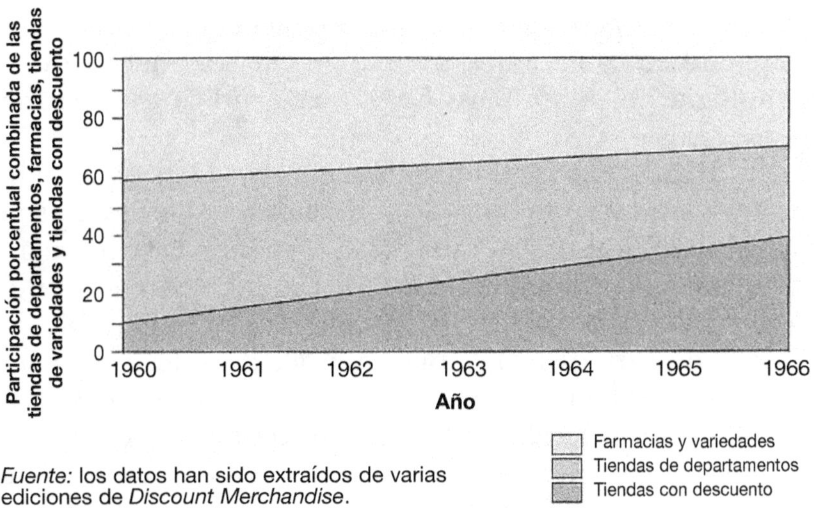


*Fuente:* los datos han sido extraídos de varias ediciones de *Discount Merchandise*.

De la misma manera que lo que ocurrió con las unidades de disco y las excavadoras mecánicas, solo unos pocos de los vendedores al detalle tradicionales líderes –especialmente S.S. Kresge, F. W. Woolworth y Dayton Hudson– vieron venirse el ataque de la tecnología de punta e invirtieron en ella en los comienzos. Ninguna de las demás cadenas principales de venta al detalle, incluyendo a Sears, Montgomery Ward, J. C. Penney y R. H. Macy, hicieron algún intento significativo por crear algún tipo de negocio en el mercado de las ventas con descuento. Kresge (con su cadena Kmart) y Dayton Hudson (con la cadena Target) tuvieron éxito[10]. Ambas crearon organizaciones de venta con descuento especializadas que eran independientes de su negocio tradicional. Reconocieron y sacaron partido de las fuerzas de la dependencia de recursos. En contraste con ambas, Woolworth fracasó en su emprendimiento (Woolco), tratando de lanzarlo desde dentro de la propia compañía de tiendas de variedades F. W. Woolworth. Una comparación detallada de los enfoques de Kresge y Woolworth, que comenzaron desde posiciones muy similares, añadirá mayor claridad a la cuestión de por qué establecer organizaciones independientes para que se ocupen exclusivamente de la tecnología de punta parece ser una condición necesaria para el éxito.

S.S. Kresge, por entonces la segunda cadena más grande del mundo de tiendas de variedades, comenzó a estudiar la venta con descuento en 1957, cuando esta actividad se hallaba aún en pañales. Hacia 1971, tanto Kresge como su rival, F. W. Woolworth (el mayor operador del mundo de tiendas de variedades) habían anunciado iniciativas para ingresar en el mercado de las ventas con descuento. Ambas firmas abrieron locales en 1972, con tres meses de diferencia entre una y otra. El desempeño de los emprendimientos de Woolco y Kmart, sin embargo, más tarde difirieron notablemente. Una década después, las ventas de Kmart se aproximaban a los $ 3.500 millones, mientras las de Woolco languidecían sin rentabilidad en $ 900 millones[11].

Al efectuar su compromiso con la venta con descuento, Kresge decidió salirse totalmente del negocio de las tiendas de variedades; en 1959 contrató a Harry Cunningham, más tarde CEO de la firma, con la exclusiva misión de convertir a Kresge en una potencia de las ventas con descuento. Cunningham, a su vez, introdujo un equipo de management absolutamente nuevo, de modo que hacia 1961 "no habría un solo vicepresidente de operaciones, manager regional, asistente o gerente de compras que no fuera nuevo en la función"[12]. En 1961 Cunningham dejó de abrir nuevas tiendas de variedades, para embarcarse en cambio en un programa de cierre de alrededor del 10% anual de las operaciones aún existentes de Kresge en las tiendas de variedades. Esto representó un giro de las actividades mayoristas de la compañía hacia las ventas con descuento.

Woolworth, por el otro lado, intentó apoyar un programa de sostenimiento de mejoras en la tecnología, la capacidad y las instalaciones en su negocio principal de tiendas de variedades, mientras que simultáneamente invertía en la tecnología de ventas con descuento. Los managers que fueron encargados de mejorar el desempeño de las tiendas de variedades de Woolworth fueron también responsables de construir "la mayor cadena de casas de descuento de los Estados Unidos". El CEO Robert Kirkwood aseveró que Woolco "no entraría en conflicto con los planes de la compañía de crecimiento y expansión de las operaciones de las tiendas de variedad habituales", y que ninguna tienda de variedad existente sería convertida al formato de local de descuento[13]. Cuando la venta con descuento alcanzó su fase de expansión más frenética en la década de los '60, Woolworth se hallaba abriendo nuevas tiendas de variedades al ritmo que había establecido en los '50.

Desafortunadamente (pero de manera previsible), Woolworth demostró ser incapaz de sostener dentro de una única organización las dos culturas diferentes y los dos modelos distintos de rentabilidad que se requerían para lograr que funcionaran las tiendas de variedades y con descuento. Hacia 1967 había eliminado el término "descuento" de toda la publicidad de Woolco, y adoptado en su reemplazo la expresión "tienda de departamentos promocional". Aunque inicialmente Woolworth había establecido un personal administrativo separado para su operación con Woolco, hacia 1971 prevalecieron los cerebros más racionales y conscientes de los costes.

> En una jugada diseñada con el fin de incrementar las ventas por metro cuadrado tanto en las divisiones Woolco como Woolworth, las dos subsidiarias han sido consolidadas operativamente sobre una base regional. Los ejecutivos de la compañía afirman que la consolidación –que involucra oficinas de compras, instalaciones para distribución y personal de management a nivel regional– contribuirá tanto a desarrollar mejores mercaderías como tiendas más eficientes. Woolco podrá contar con los recursos de compras, servicios de distribución y experiencia adicional en el desarrollo de departamentos de especialidades que posee Woolworth. A cambio, Woolworth se beneficiará de los conocimiento que posee Woolco sobre ubicar, diseñar, promover y operar grandes tiendas de más de 10.000 metros cuadrados[14].

¿Cuál fue el impacto de esta consolidación para ahorrar costes? Suministró más evidencia de que dos modelos para hacer dinero no pueden coexistir pacíficamente dentro de una única organización. A no más de un año de esta consolidación, Woolco había incrementado sus márgenes de modo tal que eran los mayores de la industria de la venta con descuento: alrededor del treinta y tres por ciento. En el proceso, su rotación de mercadería cayó desde el 7% que originalmente había alcanzado al 4%. La fórmula para obtener rentabilidad que había sido largamente sostenida por F. W. Woolworth (35 por ciento de margen para cuatro rotaciones de mercadería por año, o el equivalente del 140 por ciento de retorno sobre la inversión) fue finalmente requerida también por Woolco (ver Figura 5.3).

**Figura 5.3 Impacto de la integración de Woolco y F. W. Woolworth sobre la manera en que Woolco trataba de hacer dinero**

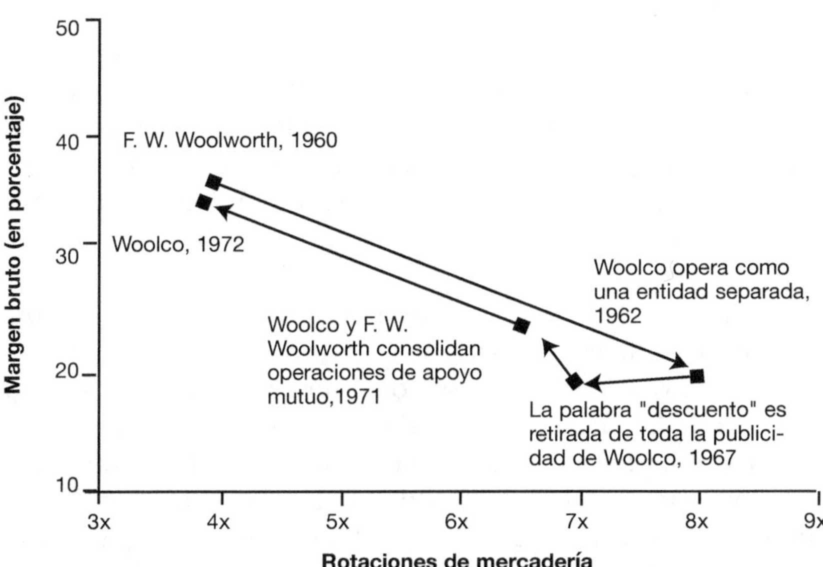


*Fuente:* Los datos han sido extraídos de los informes anuales de F. W. Woolworth Company y de varias ediciones de *Discount Merchandiser*.

Woolco ya no fue más un vendedor con descuento, ni de nombre ni de hecho. No debe sorprender, pues, que el emprendimiento de Woolworth hacia la venta con descuento fracasara: cerró su último local de Woolco en 1982.

La estrategia de organización de Woolworth para tener éxito en la tecnología de punta de la venta con descuento fue la misma de Digital Equipment para lanzar su negocio de ordenadores personales. Ambas fundaron nuevos emprendimientos dentro de su organización principal, que tenían que generar dinero de acuerdo con las reglas de la organización principal y ninguna pudo lograr la estructura de costes y el modelo de rentabilidad requerido para tener éxito en el universo de valor del negocio principal.

## Supervivencia por medio del suicidio: las impresoras láser y de chorro de tinta Hewlett Packard

La experiencia de Hewlett Packard en el negocio de las impresoras para ordenadores personales ilustran cómo la persecución por parte de una compañía de una tecnología de punta desarrollando una organización independiente puede significar, al final, acabar con otra de sus unidades de negocios.

El éxito documentado de Hewlett Packard en la fabricación de impresoras para ordenadores personales se hace aún más notable cuando se considera su manejo del surgimiento de la tecnología de las impresoras de chorro de tinta. A mediados de la década de los '80, HP comenzó a construir un inmenso y exitoso negocio basado en la tecnología de impresión de láser. El láser representó una mejora discontinua respecto de la impresión por matriz de puntos, la dominante hasta esos momentos en el mercado de los ordenadores personales, y HP construyó una posición de liderazgo indiscutido en ese mercado.

Cuando apareció por primera vez una manera alternativa de producir las señales digitales a imágenes sobre el papel (la tecnología del chorro de tinta), se produjeron fuertes debates acerca de si sería la tecnología láser o la de chorro de tinta la que emergería como diseño dominante en las impresoras para ordenadores personales. Los expertos se alinearon de ambos lados de la cuestión, ofreciendo a HP copioso asesoramiento acerca de cuál de ambas tecnologías resultaría finalmente la elegida en el mercado de los ordenadores personales[15].

Aunque en su momento no fue evidente, la impresión por chorro de tinta era una tecnología de punta. Era más lenta que el láser, la resolución era peor, y su coste por página, mayor. Pero el aparato era mucho más pequeño y po-

**Figura 5.4  Velocidad de mejoras en las impresoras de chorro de tinta y laser**

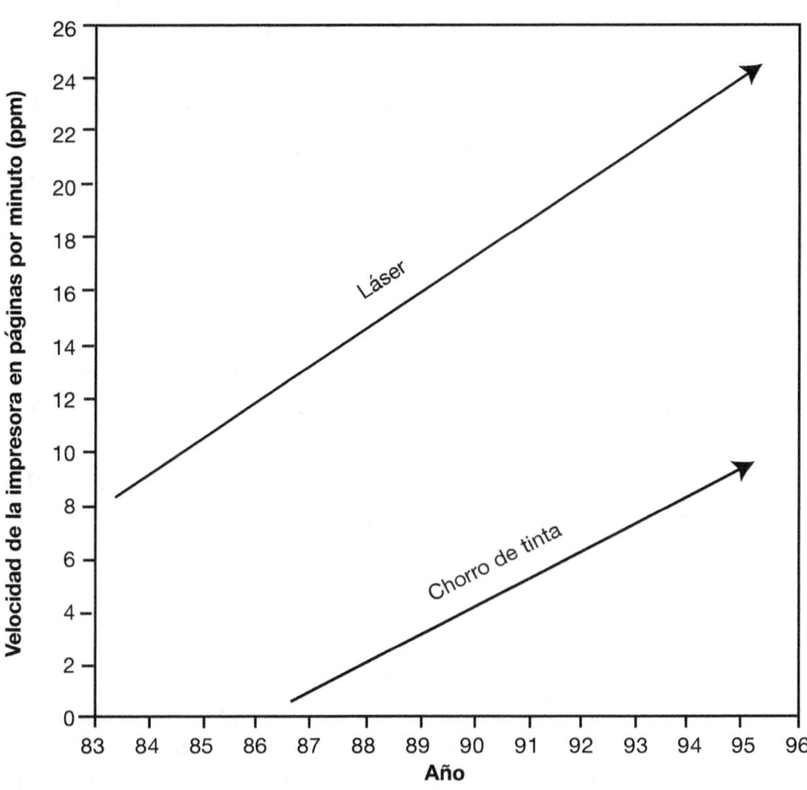


*Fuente:* Folleto de productos de Hewlett-Packard, varios años.

tencialmente mucho menos caro, por lo tanto, constituía una clásica innovación radical.

En lugar de apostar exclusivamente a una o la otra, y en vez de intentar comercializar la impresora de chorro tinta desde la división existente en Boise, Idaho, HP creó una organización completamente autónoma, ubicada en Vancouver, Washington, con la responsabilidad de imponerla en el mercado. Luego dejó que ambos negocios compitieran uno contra el otro. Cada uno de ellos se comportó de la manera clásica. Como se muestra en la Figura 5.4, la división láser se movió mercado arriba, en una estrategia que recordaba a la de las unidades de disco de 14 pulgadas, los ordenadores mainframe, y los laminadores de acero integrados. Las impresoras láser de HP imprimen a alta velocidad con una resolución excepcional, administran cientos de fuentes y gráficos complicados, imprimen en ambos lados de la hoja y pueden atender a múltiples usuarios de una red. Se han vuelto también más grandes físicamente.

La impresora de chorro de tinta no es tan buena como la láser y tal vez nunca lo sea. Pero la cuestión crítica era si serían lo suficientemente buenas como para satisfacer las demandas del *mercado* de ordenadores personales. La respuesta parece ser sí. La resolución y velocidad de las impresoras de chorro de tinta, aunque siguen siendo inferiores a las de la tecnología láser, satisfacen las expectativas de muchos estudiantes, profesionales y otros usuarios individuales de ordenadores de escritorio.

El negocio de las impresoras de chorro de tinta de HP está ahora captando a muchos de los usuarios de láser. Además, es probable que el número de usuarios presentes en el segmento de mercado de más alto desempeño, hacia el cual la división láser está encaminada, se reduzca. Uno de los negocios de HP podría haber aniquilado al otro. Pero si HP no hubiese establecido su negocio de las impresoras de chorro de tinta como una organización separada, tal vez esta tecnología hubiera llevado a otras compañías, tales como Canon, a constituir una seria amenaza al mercado de impresoras de HP. Al permanecer también en el negocio de las impresoras láser, HP se ha incorporado al grupo de empresas, entre las que se cuentan IBM y sus ordenadores mainframes y las compañías de acero integradas, que han logrado hacer un *montón* de dinero mientras procedían a ejecutar una retirada mercado arriba[16].

## Connotaciones organizativas adicionales de las tecnologías de punta

Además de la conveniencia de crear una significativa distancia entre la empresa principal y la organización encargada de comercializar la tecnología de punta, hay otra dimensión del encuadre que debería guiar las decisiones acerca de cómo organizarse para la innovación: el equipo debería estar estructurado a fin de facilitar la interacción funcional cruzada que es característica de los diferentes tipos de proyectos.

Los estudiosos han mostrado que en las fases iniciales de la historia de una industria, la mayor parte de la energía técnica se utiliza en la innovación del formato, utilizando materiales y tecnologías disponibles[17]. Los diseños de productos tienden a hacerse *integrales*, lo que significa que se adaptan a, o modifican, el diseño de muchos otros componentes. Por lo tanto, los proyectos en esta etapa del desarrollo de una industria están mejor administrados por equipos rígidamente integrados. Eventualmente, sin embargo, emerge un diseño dominante para la categoría de producto de que se trate. Después de ese punto, la energía tiende a aplicarse a mejorar el desempeño y la efectividad de coste de los componentes y subsistemas individuales dentro del encuadre establecido por el diseño dominante. Emergen interfaces o especificaciones estandarizadas, que definen de qué manera los componentes interactúan entre sí. Esto hace posible emplear técnicas de reconocimiento rápido, y emplear componentes de diversas procedencias.

Cuando tiene lugar el desplazamiento de innovación desde el formato hasta el nivel de los componentes empleados, los grupos tecnológicamente especializados tienden a organizarse en firmas establecidas para crear un profundo conocimiento del producto y concentrarse en mejoras a cada uno de los componentes. Los principales grupos funcionales, tales como marketing y manufactura, son establecidos a fin de concentrarse en su propio componente del valor añadido por la compañía. Esta especialización ocurre también dentro de funciones específicas tales como la ingeniería. Por ejemplo, la división dentro de una terminal automotriz responsable de diseñar el mecanismo de dirección de un vehículo, estará organizada en equipos que reflejan los componentes de dicho mecanismo: un grupo de columna de dirección, un grupo de piñón y corona, un grupo de varillaje, un grupo de bomba hidráulica, y así siguiendo.

La manera en que los componentes se vinculan entre sí está definida por el diseño del sistema del que forman parte. Los estudiosos han encontrado que, a través del tiempo, los patrones de interacción y comunicación entre los individuos y grupos dentro de la organización reflejarán la manera en la cual los componentes interactúan dentro de la estructura del producto. En el ejemplo del mecanismo de dirección, los miembros de los grupos responsables del diseño de las mangueras y las bombas hidráulicas interactuarán regularmente, debido a que los componentes para los cuales tienen responsabilidad interactúan íntimamente. Cuando se efectúa una modificación en el diseño de la bomba, los ingenieros de bombas hidráulicas sabrán quiénes necesitan ser informados de dicho cambio en el grupo de las mangueras, qué necesitan saber, y cuándo necesitan conocerlo para poder realizar su propio trabajo de manera efectiva. Por el mismo criterio, los miembros del grupo de la bomba hidráulica de dirección raramente van a interactuar con los miembros del grupo responsable por el varillaje. Debido a que los dos componentes no tienen mucha relación entre ellos en la arquitectura del mecanismo de dirección, sus respectivos grupos de ingeniería nunca aprenderán a trabajar juntos.

Esta simetría entre la arquitectura del producto y el diseño de la organización está representada simbólicamente en la Figura 5.5.

Esta estructura organizativa y los patrones del trabajo en conjunto que representa sirven a las funciones de la compañía en tanto que las innovaciones sean *modulares,* esto es, estén en su mayor parte contenidas dentro de cada componente y no requieran que otros componentes del sistema sean rediseñados para acomodar el cambio. Mientras la interface no se modifique, el nuevo componente encajará tanto en la arquitectura del producto como en la estructura de la organización. La organización sabrá cómo funcionar para que el trabajo se realice. En proyectos de este tipo, los equipos no demasiado estructurados, en los cuales el líder es esencialmente un coordinador o un activador, pueden resultar muy exitosos[18].

**Figura 5.5  La estructura organizativa refleja la arquitectura de los productos habituales**

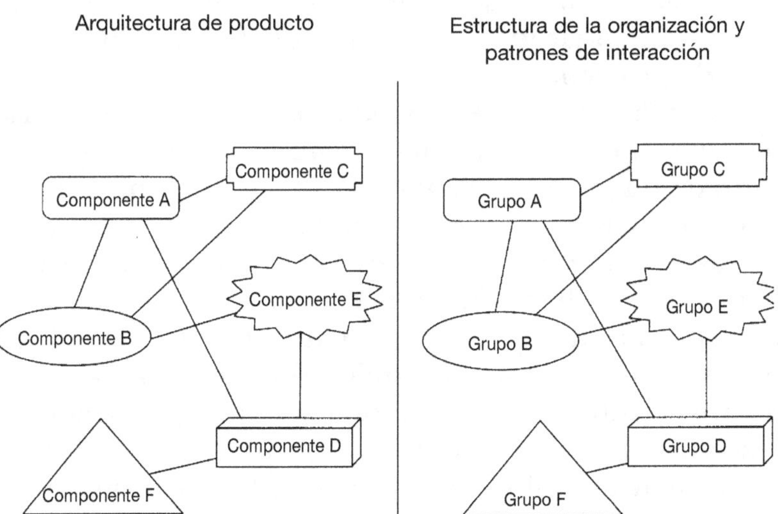

Sin embargo, cuando un proyecto involucra un nuevo diseño, entonces la estructura de la organización y sus bien definidos y lubricados patrones de comunicaciones e interacción pueden convertirse en barreras, en vez de facilitar la innovación efectiva. Si el rediseño de un componente impacta en el desempeño de otro, los ingenieros pueden no saber con cuál de ellos necesitan trabajar, qué tienen que saber, cuándo necesitan saberlo, o cómo resolver nuevos problemas mutuos cuando una innovación requiere un cambio significativo de la arquitectura del producto y modifica las interfaces entre módulos.

Lo mismo es cierto a un nivel más amplio. Cuando el rediseño de un producto requiere que tanto manufactura como compras y marketing coordinen sus actividades en torno a diferentes cuestiones en diferentes puntos del proyecto de modo que resulten diferentes a lo que ha sido la norma histórica –cuando la manera en que interactúan debe cambiar– entonces resulta importante un equipo fuerte o de gran peso. Cuando los miembros del equipo puedan trabajar juntos de manera continua, libres de ritmos organizativos, hábitos y requerimientos de informes, serán capaces de forjar nuevos patrones de interacción y resolución de problemas.

Por lo tanto, parece haber dos factores que determinan qué tipo de estructura organizativa facilitará más el éxito de un proyecto: el grado en el cual la innovación requerirá que la gente y los grupos interactúen con otra gente, sobre diferentes cuestiones y con tiempos diferentes a lo que ha sido habitualmente el caso; y el grado en que la tecnología resulte abrupta. La matriz de la Figura 5.6 resume este encuadre: su eje izquierdo mide el grado de modularidad inherente a la innovación, que gobierna la formación adecuada del equipo de desarrollo. El eje inferior mide cuán radical es la innovación, lo que determina la distancia necesaria de ese equipo respecto de la organiza-

**Figura 5.6  Las estructuras organizativas requeridas para nuevos productos y servicios**

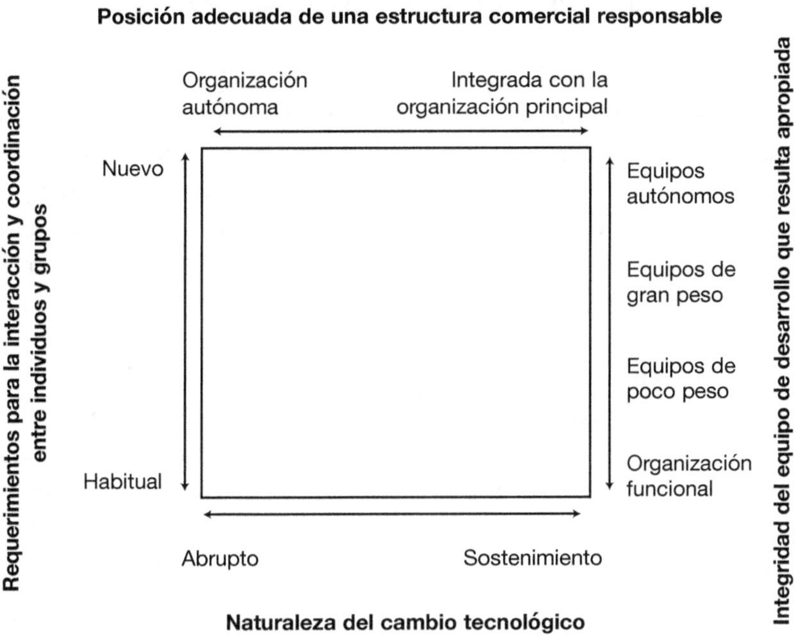


ción principal, a fin de que se puedan comercializar exitosamente los productos de cada una de ellas.

La connotación aquí es que ningún único desarrollo o estructura comercial resulta apropiado para todos los tipos de productos y tecnologías. Los proyectos importantes que, aunque involucren significativa innovación de arquitectura y requieran diferentes patrones de cooperación de grupos y personas, sean esencialmente de sostenimiento, pueden ser administrados a través de equipos de peso dentro de la propia organización principal. Los proyectos de tipo abrupto, sin embargo, aun los tecnológicamente sencillos, pueden prosperar solo si se utilizan unidades organizativas distintas.

## Sacar partido o ignorar las fuerzas de la dependencia de recursos: resumen

En los casos de Quantum, Control Data, IBM y Hewlett Packard citados anteriormente, los managers innovadores que se vieron enfrentados con tecnologías de punta crearon organizaciones donde las estructuras de costes les permitían ganar dinero en la red de valor en la cual la tecnología de punta estaba enraizándose, y donde el poder de los clientes y las intenciones de los managers se hallaban alineadas. Tuvieron éxito con el cambio abrupto de tecnología aunando sus fuerzas a las de la dependencia de recursos. El CEO de Kresge, Cunningham, logró este alineamiento de manera diferente, recortando la base de clientes que históricamente habían provisto los recursos de la compañía, y en consecuencia identificando la dependencia de Kresge de la nueva fuente de recursos en la venta con descuento[19].

En otras instancias conocidas de las industrias descritas en este capítulo, los managers de las empresas que debieron enfrentar los cambios producidos por las tecnologías de punta también probaron lo correcto de las aseveraciones de los teóricos de la relación de dependencia: simplemente carecieron del poder necesario para cambiar el curso de sus operaciones cuando sus propias capacidades fueron minadas por los sistemas racionales de asignación de recursos que existían en sus empresas, basados en satisfacer las necesidades concretas de los clientes existentes y encaminarse hacia la obtención de beneficios[20].

Y finalmente, con el fin de que los lectores no interpreten literalmente estas observaciones como una recomendación directa de crear "talleres de zorrino" aislados, como el hecho clave necesario para lograr éxito en cada proyecto, este capítulo propuso un encuadre que describe la equidistancia o la relación que debería ser generada, o no, entre el equipo que se hará cargo de la innovación y el poder y los procesos que gobiernan la organización principal.

## Notas

1. La teoría de la dependencia de recursos ha sido defendida de manera más integral por Jeffrey Pfeffer y Gerald R. Salancik en *The External Control of Organizations: A Resource Dependence Perspective*, Nueva York, Harper & Row, 1978.

2. Esto significa que, al conducir negocios tanto bajo condiciones normales como de irrupción de una nueva tecnología, la elección de qué clientes atenderá la empresa tiene enormes consecuencias estratégicas.

3. Joseph L. Bower, en *Managing the Resource Allocation Process*, Homewood, IL: Richard D. Irwin, 1972, presenta una imagen elegante y persuasiva del proceso de asignación de recursos.

4. Chester Barnard, *The Functions of the Executive*, Cambridge, MA, Harvard University Press, 1938, 190-191.

5. La formación de una subsidiaria por parte de Quantum para el proyecto Hardcard y su posterior reorientación estratégica es un ejemplo de los procesos de cambio estratégicos descritos por Robert Burgelman en "Intraorganizational Ecology of Strategy-Making and Organizational Adaptation: Theory and Field Research", *Organization Science* (2), 1991, 239-262, esencialmente como un proceso de selección natural a través del cual las iniciativas cuya estrategia no sea todo lo buena que sería de desear, perderán frente a las óptimas en la competencia interna por la obtención de los recursos corporativos.

6. El fracaso de Micropolis en mantener compromisos competitivos simultáneos con la tecnología ya establecida y con la nueva tecnología de las unidades de disco de 5,25 pulgadas es coherente con las historias tecnológicas comentadas por James Utterback en *Mastering the Dynamics of Innovation*, Boston, Harvard Business School Press, 1994. Utterback halló que las empresas que se propusieron desarrollar tecnologías totalmente radicales casi siempre trataron de mantener compromisos simultáneos con la tecnología anterior y casi siempre fracasaron en su intento.

7. Un conjunto de industrias en las cuales se considera que las tecnologías de punta han desempeñado un papel importante en hacer trastabillar a las firmas líderes es presentado por Richard S. Rosenbloom y Clayton M. Christensen en "Technological Discontinuities, Organizational Capabilities and Strategic Commitments", *Industrial and Corporate Change* (3), 1994, 665-685.

8. En la década de los '90, DEC finalmente estableció una División de Ordenadores Personales en su intento de edificar un negocio de cierta significación con esos productos. No fue todo lo autónoma que hubiera sido de desear, sin embargo; las subsidiarias de Control Data y Quantum sí lo fueron. Aunque DEC estableció parámetros de desempeño específicos para la división PC, esta siguió sujeta, *de facto*, a los estándares corporativos en lo que respecta a márgenes brutos y crecimiento de los ingresos.

9. "Harvard Study on Discount Shoppers", *Discount Merchandiser*, Septiembre 1963, 71.

10. Cuando este libro estaba siendo escrito, Kmart era una compañía minusválida, que había sido derrotada en un juego de estrategia y excelencia operativa por WalMart. No obstante, durante las dos décadas anteriores, Kmart había sido un vendedor sumamente exitoso, que creó extraordinarios dividendos para los accionistas de Kresge. Las luchas competitivas actuales de Kmart no tienen puntos de contacto con la estrategia de Kresge en enfrentar la amenaza original que representó la tecnología de punta de las ventas con descuento.

11. Un contraste detallado entre los enfoques adoptados por Woolworth y Kresge sobre la venta con descuento puede ser encontrado en el caso de estudio de la Harvard Business School, "The Discount Retailing Revolution in America", Nº 695-081

12. Ver Robert Drew-Bear, "S. S. Kresge's Kmarts", *Mass Merchandising: Revolution and Evolution*, New York, Fairchild Publications, 1970, 218.

13. Informe anual de F. W. Woolworth Company.

14. "Woolco Gets Lion's Share of New Space", *Chain Store Age*, Noviembre, 1972, E27. Esta constituyó una argumentación extraordinariamente elegante y racional en favor de la consolidación, realizada por un gran cerebro pensante de Woolworth. ¡No tomar en cuenta que ningún local de Woolworth se aproximaba a los 10.000 metros cuadrados de tamaño!

15. Ver, por ejemplo, "The Desktop Printer Industry in 1990", Harvard Business School, Caso Nº 9-390-173.

16. El historiador de negocios Richard Tedlow observó que el mismo dilema han debido enfrentar los ejecutivos de A&P cuando deliberaban acerca de adoptar el formato de ventas de punta correspondiente a los supermercados:

> Los emprendedores de los supermercados compitieron contra A&P, no por hacer mejor aquello en lo que A&P era la empresa más destacada del mundo, sino en hacer algo que A&P no quisiera hacer en absoluto. El mayor fracaso de este tipo en esta historia es Kroger. Esta compañía era la segunda del mercado, y uno de sus propios empleados (que la dejó para fundar el primer supermercado del mundo) sabía cómo llegar a convertirla en la primera empresa de su sector. Los ejecutivos de Kroger no lo escucharon. Tal vez haya sido por falta de imaginación o, como en

el caso de los ejecutivos de A&P, los de Kroger también tenían demasiado dinero invertido en la manera regular de hacer negocios. Si los ejecutivos de A&P se hubiesen adherido a la revolución de los supermercados, hubieran arruinado su propio sistema de distribución. Esta es la razón por la que permanecieron paralizados, incapaces de actuar hasta que fue casi demasiado tarde. Por otra parte, A&P no tenía muchas opciones viables. La compañía podía arruinar ella misma su propio sistema, o ver cómo lo hacían los demás.

Ver Richard Tedlow, *New and Improved: The Story of Mass Marketing in America*, Boston Harvard Business School Press, 1996.

17. Ver, por ejemplo, James M. Utterback y William J. Abernathy, "A Dynamic Model of Process and Product Innovation", *Omega* (33:6), 1975, 639-656; y Clayton M. Christensen, Fernando F. Suárez y James M. Utterback, "Strategies for Survival in Fast-Changing Industries", Harvard Business School, documento de trabajo, 1996.

18. La noción de equipos de proyectos de poco y de mucho peso fue introducida originalmente por Robert H. Hayes, Steven C. Wheelwright y Kim B. Clark, "Managing Product and Process Development projects", Capítulo 11 de *Dynamic manufacturing: Creating the Learning Organization*, Nueva York, The Free Press, 1988. El concepto fue luego elaborado por Steven C. Wheelwright y Kim B. Clark, en el Capítulo 8 de *Revolutionizing Product Development*, Nueva York, The Free Press, 1992, y en Kim B. Clark y Steven C. Whellwright, "Organizing and Leading 'Heavyweight' Development Teams", *California Management Review* (34), Primavera, 1992, 9-28. Estos autores observan que, en general, los proyectos revolucionarios y de tipo plataforma requieren un management de proyecto de gran peso, mientras que los proyectos derivados o complementarios pueden ser manejados por equipos sin demasiado peso. Sin embargo, "Hospital Equipment Corporation", Harvard Business School, Caso N° 697-086, ilustra un principio aún más fundamental: que los gerentes sin demasiado peso pueden manejar con eficiencia proyectos, incluso tecnológicamente complejos, siempre y cuando los individuos y grupos dentro de la organización sepan cómo trabajar en equipo, porque los nuevos módulos pueden ser adosados y probados en el sistema ya establecido. También demuestra que aun los proyectos tecnológicamente simples pueden necesitar equipos de gran peso cuando hace falta que tanto los individuos como los grupos dentro de la organización trabajen de modos distintos, sobre problemas diferentes y en momentos diversos, en un proyecto que hasta entonces había sido normal.

19. Al abogar por el establecimiento de una unidad de negocios subsidiaria que sea organizativamente independiente para que se concentre en la comercialización de una tecnología de punta, no quiero de ninguna manera presentar esto como una solución gerencial simple a un problema dificultoso. El desafío de un "emprendimiento corporativo" es en sí mismo

un campo que ha originado importante cantidad de estudios. Ver, por ejemplo, Robert Burgelman y Leonard Sayles, *Inside Corporate Innovation*, Nueva York, The Free Press, 1986; y Zenas Block e Ian MacMillan, *Corporate Venturing*, Boston, Harvard Business School Press, 1993.

20. La idea de que una de las tareas más críticas de un manager consiste en definir y crear el contexto adecuado dentro del cual los procesos de una organización puedan funcionar efectivamente ha sido articulada por Robert Burgelman en "A Model of the Interaction of Strategoc Behavior, Corporate Context, and the Concept of Strategy", *Academy of Management Review* (3), 1983, 61-69; y en Edward H. Wrapp, "Good Managers Don't Make Policy Decisions", *Harvard Business Review*, Septiembre-Octubre, 1967.

# CAPÍTULO 6

## HACER CORRESPONDER EL TAMAÑO
## DE LAS ORGANIZACIONES
## CON EL TAMAÑO DEL MERCADO

Los managers que se confrontan con una tecnología de punta deben ser líderes, no seguidores, en comercializar tal tecnología. Eso requiere implantar los proyectos que van a desarrollar dichas tecnologías en organizaciones cuyo tamaño se adapte al mercado al cual están dirigidas. Estas aseveraciones están basadas en dos hallazgos clave de este estudio: que el liderazgo es más crucial cuando se trata de enfrentarse con tecnologías de punta que con tecnologías de sostenimiento, y que los mercados pequeños y emergentes no pueden satisfacer las necesidades de corto plazo de crecimiento y rentabilidad de las compañías grandes.

La evidencia obtenida de la industria de las unidades de disco muestra que crear nuevos mercados es significativamente *menos riesgoso* y *más gratificante* que ingresar en mercados ya establecidos a luchar contra la competencia consolidada. Pero a medida que las compañías se hacen más grandes y más exitosas, se torna aún más difícil ingresar a mercados nuevos con la velocidad suficiente. Debido a que las empresas en desarrollo necesitan obtener ingresos cada vez más grandes cada año, solo para mantener su tasa deseada de crecimiento, se hace menos y menos posible que los pequeños mercados sean viables como vehículos a través de los cuales encontrar esos ingresos. Como veremos, la manera más directa de superar esta dificultad es implantar proyectos encaminados a comercializar las tecnologías de punta en organizaciones lo suficientemente pequeñas como para que se entusiasmen en torno a oportunidades de mercado pequeñas, y que lo hagan regularmente aun cuando la compañía principal se esté ampliando.

## ¿Son los pioneros realmente los que llevan la flecha en su espalda?

Una decisión estratégica crucial en el management de la innovación es si es importante ser un líder o es aceptable ser un seguidor. Se han escrito numerosos volúmenes sobre las ventajas del que pega primero, y otra cantidad notable sobre la sabiduría de aguardar hasta que los mayores riesgos de la innovación hayan sido resueltos por las firmas pioneras. "Uno siempre puede decir quiénes han sido los pioneros", dice un viejo adagio del management. "Son los que en sus espaldas llevan flechas que indican el camino a seguir." Como sucede con la mayor parte de las teorías del management, ninguna posición es totalmente correcta. En lugar de ello, algunos hallazgos del estudio de la industria de las unidades de disco dan cierta idea acerca de cuándo resulta crítico ir a la vanguiardia y cuándo es mejor ser el seguidor.

### Con las tecnologías de sostenimiento, puede no ser esencial estar al frente

Una de las tecnologías que determinaron un antes y un después en lo que se refiere al ritmo con el cual los fabricantes de unidades de disco han incrementado la densidad de grabación de sus equipos fue el cabezal de lectura/escritura de película delgada. Hemos visto en el Capítulo 1 que, a pesar del carácter radicalmente diferente y destructor de la competencia que posee esta tecnología, los $100 millones y los cinco a quince años de gastos en desarrollarla, las empresas líderes en esta tecnología fueron precisamente los principales fabricantes ya establecidos en la industria.

Debido al riesgo involucrado en el desarrollo de esta innovación y su potencial importancia, la prensa comercial comenzó a especular a fines de la década de los '70 acerca de cuál de los competidores lideraría los cabezales de película delgada. ¿Hasta dónde podía ser llevada la tecnología convencional de cabezales de ferrita? ¿Quedarían algunos fabricantes de unidades de disco fuera de carrera por haber hecho una apuesta tardía o incorrecta sobre el sistema de cabezal? Sin embargo, resultó ser que el que una firma encabezara o fuese seguidora *no* representó una diferencia sustancial en su posición competitiva, como se ilustra en las figuras 6.1 y 6.2.

La Figura 6.1 muestra cuándo cada una de las firmas líderes introdujo su primer modelo de película delgada. El eje vertical mide la densidad de grabación de la unidad de disco respectivo. La parte inferior de la línea para cada empresa muestra la máxima densidad de grabación que había alcanzado antes de lanzarse al cambio. La parte de arriba de cada línea indica la densidad del primer modelo innovador de cada compañía. Obsérvese la gran disparidad de los puntos en los cuales las firmas consideraron importante aplicar la nueva tecnología. IBM lideró la industria, lanzando su nuevo cabezal cuando había alcanzado de los 3 megabits (Mb) por pulgada cuadrada. Memorex y Storage Technology adoptaron también una postura de avanzada. En el otro extremo, Fujitsu e Hitachi siguieron mejorando el desempeño de los cabezales convencionales de ferrita hasta cerca de diez veces

**Figura 6.1 Puntos en los cuales la tecnología de película delgada fue adoptada por los fabricantes líderes, en relación con las capacidades de la tecnología de ferrita-óxido en el momento de efectuar el cambio**

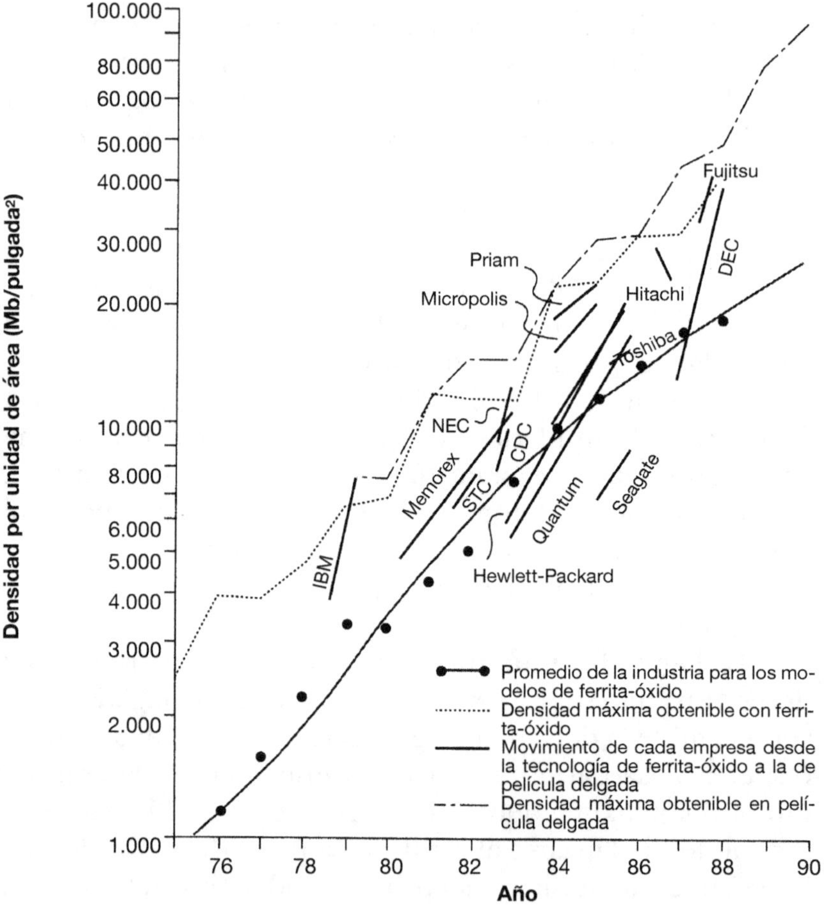


*Fuente:* Los datos han sido extraídos de diversas ediciones de *Disk/Trend Report.*

más allá del momento en el cual IBM había aceptado el cambio, eligiendo ser seguidores, en lugar de líderes, en la tecnología de película delgada.

¿Qué beneficio, si es que hubo alguno, dio el lugar de vanguardia a los pioneros? No existen evidencias de que los líderes hayan obtenido alguna ventaja competitiva de significación sobre los seguidores; ninguna de las firmas que encabezaron la tecnología de película delgada ganó suficiente participación en el mercado por ese solo hecho. Además, parecen no haber desarrollado ningún tipo de ventaja de conocimiento que les permitiera sacar ventaja de su liderazgo inicial para lograr niveles más altos de densidad que los que obtuvieron los seguidores. Esto se evidencia en la Figura 6.2. El eje horizontal de la misma muestra el orden en el cual las firmas adoptaron los cabezales de película delgada. En consecuencia, IBM fue la primera, Memorex la segunda y Fujitsu la decimoquinta. El eje vertical presenta la clasificación por rango de la densidad de grabación del modelo más avanzado comercializado por cada firma en 1989. Si los primeros en adoptar la innovación hubieran disfrutado de algún tipo de ventaja competitiva sobre los más tardíos, la línea que une los puntos del gráfico debería tener una inclinación predominante desde arriba y a la izquierda hacia abajo y la derecha. El gráfico muestra, en cambio, que no existe una relación definida entre líderes y seguidores en estos cabezales de película delgada y en cualquier tecnología subsiguiente que la misma hubiese generado[1].

Puede hacerse un gráfico similar con cada una de las otras tecnologías de sostenimiento en la historia de esta industria. No existen evidencias de que algunos de los líderes en desarrollar y adoptar tecnologías de sostenimiento obtuvieran una ventaja competitiva de significación con respecto a los seguidores[2].

### *El liderazgo en las tecnologías de punta crea enorme valor*

En contraste con la evidencia de que el liderazgo con las tecnologías de sostenimiento ha conferido históricamente poca ventaja a las firmas pioneras de la industria de las uni-

**Figura 6.2  Relación entre orden de adopción de tecnología de película delgada y densidad por unidad de superficie de los modelos de mejor desempeño en 1989.**

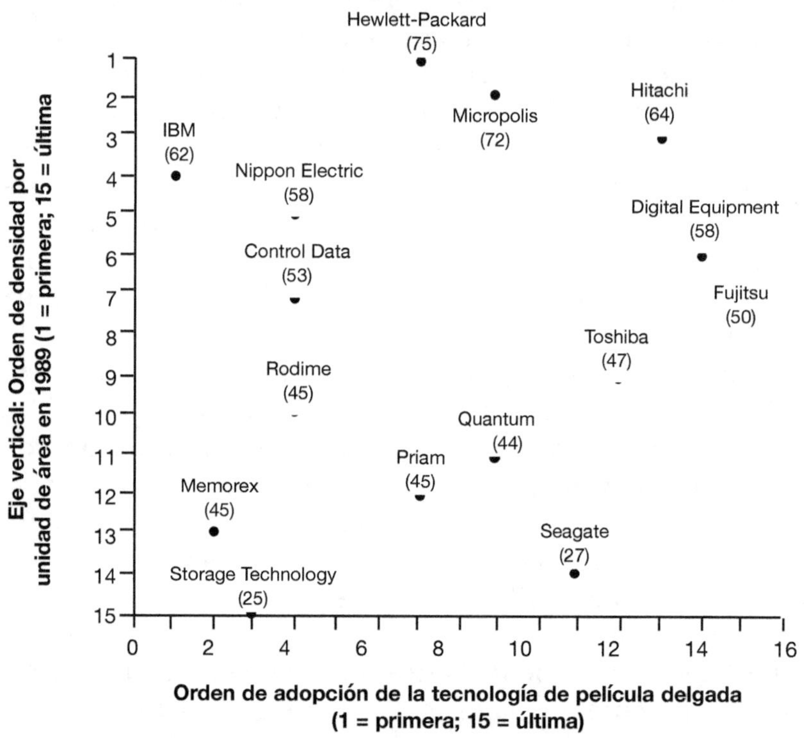


*Fuente:* Clayton M. Christensen, "Exploring the Limits of the Technology S-Curve. Part I: Component Technologies", en *Production and Operations Management* 1, N° 4 (Otoño 1992). Reproducido con autorización.

dades de disco, puede demostrarse que la avanzada en las tecnologías de punta ha sido *muy* importante. Las compañías que ingresaron a nuevos universos de valor habilitados por las generaciones con tecnologías de punta de unidades de disco dentro de los primeros dos años contados a partir de su aparición tuvieron seis veces más posibilidades de éxito que las que ingresaron más tarde.

Ochenta y tres compañías se introdujeron en la industria de las unidades de disco en los Estados Unidos entre 1976 y 1993. Treinta y cinco de ellas eran diversificadas, como Memorex, Ampex, 3M y Xerox, que fabricaban otros equipos periféricos de ordenadores u otros productos de grabación magnética. Cuarenta y ocho eran independientes recién iniciadas, muchas de ellas financiadas por capital de riesgo y dirigidas por gente que había trabajado anteriormente para otras firmas de la misma industria. Estas cifras representan el censo completo de todas las firmas que han alguna vez incorporado y/o se sabe que hayan anunciado el diseño de una unidad de disco rígido, hubiesen o no vendido alguna. No es un muestreo estadístico, que podría estar polarizado en favor o en contra de algún tipo de empresa.

Las estrategias de ingreso empleadas por cada una de estas firmas pueden ser caracterizadas a lo largo de los dos ejes de la Tabla 6. 1. El eje vertical describe las estrategias tecnológicas: las firmas ubicadas en la parte inferior empleaban para sus productos iniciales solamente tecnologías probadas, mientras que las situadas en la parte superior de la tabla utilizaban una o más tecnologías nuevas de componentes[3]. El eje horizontal indica estrategias de *mercado*: las firmas situadas a la izquierda ingresaron a universos de valor ya establecidos, y las de la derecha, a universos de valor emergentes[4]. Otra manera de utilizar esta matriz es observar que las compañías que fueron agresivas inicialmente en desarrollar y adoptar innovaciones de sostenimiento aparecen en los dos cuadros de la parte superior, izquierda y derecha, mientras que las compañías que lideraron la creación de nuevos universos de valor aparecen en los dos cuadros de la derecha, arriba y abajo. Estas incluyen a *todas* las empresas que intentaron crear nuevos universos de valor, aun aquellos universos que no se materializaron en mercados sustanciales (como por ejemplo, los discos rígidos removibles).

*Tabla 6.1* **Empresas fabricantes de unidades de disco que alcanzaron u$s 100 millones de ingresos anuales en por lo menos un año entre 1976 y 1994**

**Estrategia de mercado al ingreso**

**Nueva tecnología**

**Estrategia tecnológica al ingreso**

Mercado establecido

| Tipo de firma Empresas nuevas en | E | F | N | T | % de éxitos | Ventas (en mill. de u$s) |
|---|---|---|---|---|---|---|
| el mercado | 0 | 7 | 3 | 10 | 0 | 235,3 |
| Tecnología relacionada | 0 | 1 | 0 | 1 | 0 | 0,0 |
| Mercado relacionado | 0 | 3 | 0 | 3 | 0 | 1,4 |
| Integradores hacia delante | 0 | 1 | 0 | 1 | 0 | 0,0 |
| Total | 0 | 12 | 3 | 15 | 0 | 236,7 |

Mercado emergente

| Tipo de firma Empresas nuevas en | E | F | N | T | % de éxito | Ventas (en mill. de u$s) |
|---|---|---|---|---|---|---|
| el mercado | 3 | 4 | 1 | 8 | 37 | 16.379,3 |
| Tecnología relacionada | 0 | 0 | 0 | 0 | — | — |
| Mercado relacionado | 0 | 0 | 0 | 0 | — | — |
| Integradores hacia delante | 0 | 0 | 0 | 0 | — | — |
| Total | 3 | 4 | 1 | 8 | 37 | 16.379,3 |

**Tecnología ya comprobada**

Mercado establecido

| Tipo de firma Empresas nuevas en | E | F | N | T | % de éxito | Ventas (en mill. de u$s) |
|---|---|---|---|---|---|---|
| el mercado | 3 | 11 | 4 | 17 | 18 | 2.485,7 |
| Tecnología relacionada | 0 | 4 | 0 | 4 | 0 | 191,6 |
| Mercado relacionado | 0 | 12 | 0 | 12 | 0 | 361,2 |
| Integradores hacia delante | 0 | 3 | 0 | 3 | 0 | 17,7 |
| Total | 3 | 30 | 4 | 36 | 8 | 3.056,2 |

Mercado emergente

| Tipo de firma Empresas nuevas en | E | F | N | T | % de éxito | Ventas (en mill. de u$s) |
|---|---|---|---|---|---|---|
| el mercado | 4 | 7 | 2 | 13 | 31 | 32.043,7 |
| Tecnología relacionada | 4 | 2 | 0 | 6 | 67 | 11.461,0 |
| Mercado relacionado | 1 | 4 | 0 | 5 | 20 | 2.239,0 |
| Integradores hacia delante | 0 | 0 | 0 | 0 | — | — |
| Total | 9 | 13 | 2 | 24 | 36 | 45.743,7 |

**Estadísticas para todas las empresas, independientemente de su estrategia tecnológica:**

| Empresas nuevas en | E | F | N | T | % de éxito | Ventas (en mill. de u$s) |
|---|---|---|---|---|---|---|
| el mercado | 3 | 18 | 7 | 27 | 11 | 2.721,0 |
| Tecnología relacionada | 0 | 5 | 0 | 5 | 0 | 191,6 |
| Mercado relacionado | 0 | 15 | 0 | 15 | 0 | 362,6 |
| Integradores hacia delante | 0 | 4 | 0 | 4 | 0 | 17,7 |
| Total | 3 | 42 | 7 | 51 | 6 | 3.292,9 |

| Empresas nuevas en | E | F | N | T | % de éxito | Ventas (en mill. de u$s) |
|---|---|---|---|---|---|---|
| el mercado | 7 | 11 | 3 | 21 | 33 | 48.423,0 |
| Tecnología relacionada | 4 | 2 | 0 | 6 | 67 | 11.461,0 |
| Mercado relacionado | 1 | 4 | 0 | 5 | 20 | 2.239,0 |
| Integradores hacia delante | 0 | 0 | 0 | 0 | — | — |
| Total | 12 | 17 | 3 | 32 | 37 | 62.123,0 |

*Fuente:* Los datos han sido extraídos de diversas ediciones de *Disk/Trend Report*.
*Nota:* E indica éxito, F indica fracaso, N indica "no", T indica total.

Cada cuadrante exhibe el número de compañías que ingresaron en el mercado utilizando la estrategia representada. Debajo de E (por "exito") está el número de firmas que generaron con éxito esos u$s 100 millones o más en ingresos en por lo menos un año, aun si más adelante fracasaron; F (por "fracaso") muestra el número de firmas que fracasaron en alcanzar alguna vez el umbral de ingresos de u$s 100 millones y que luego se retiraron de la industria; N indica el número de empresas para las cuales no existe un veredicto porque, aunque seguían operando en 1994, no habían aún alcanzado los u$s 100 millones en ventas; y T lista el número total de empresas que ingresaron en cada categoría[5]. La columna rotulada "% Éxito" indica el porcentaje del total del número de empresas que alcanzó los u$s 100 millones en ventas. Finalmente, debajo de la matriz se hallan las sumas de los datos de los dos cuadrantes ya mencionados.

Los números ubicados debajo de la matriz muestran que solo tres de las cincuenta y una firmas (el 6 por ciento) que ingresaron a mercados establecidos pudo alcanzar los u$s 100 millones de ingresos adoptados como nivel de referencia. En contraste, el 37 por ciento de las firmas que lideraron la innovación tecnológica de punta –aquellas que ingresaron a mercados que eran de menos de dos años de antigüedad– sobrepasaron el nivel de u$s 100 millones, como se muestra en la columna derecha de la Tabla 6.1. El hecho de que una firma fuera un emprendimiento nuevo o una empresa diversificada tenía poco impacto en su índice de éxito. Lo que importaba parece no haber sido su estructura organizativa, sino si fue líder en introducir productos de punta y en crear los mercados en los cuales estos eran vendidos[6].

Solamente el 13 por ciento de las empresas que ingresaron tratando de liderar con las tecnologías de sostenimiento de componentes (la mitad superior de la matriz) tuvieron éxito, mientras que el 20 por ciento de las firmas que las siguieron resultaron exitosas. Claramente, el cuadrante inferior derecho ofrecía el terreno más fértil para el éxito.

Las cifras acumulativas de ventas en las columnas a la derecha de cada cuadrante muestran los ingresos totales registrados por todas aquellas firmas que perseguían cada una de las estrategias: estos se resumen debajo de la matriz. El resultado es bastante sorprendente. Las empresas líderes en el lanzamiento de productos de punta, en conjunto registraron un total acumulativo de u$s 62 mil millones en ingresos entre 1976 y 1994[7]. Aquellas que siguieron a las anteriores, luego que los mercados se hubiesen convertido en establecidos, registraron solamente u$s 3.300 millones en ingresos totales. Esto es, de hecho, un dilema del innovador. Las firmas que buscaron crecimiento ingresando en mercados pequeños y emergentes registraron *veinte veces* los ingresos de las que buscaron el crecimiento en mercados más grandes. Las diferencias por firma son aún más impactantes: las seguidoras que ingresaron con retraso en los mercados habilitados por tecnologías de punta, ubicadas en la mitad inferior de la matriz, generaron un total acumulativo promedio de u$s 64,5 millones cada una. La compañía *promedio* que lideró en una tecnología de punta generó u$s 1.900 millones. Las firmas del lado izquierdo de la matriz parecen haber hecho un pésimo negocio. Cambiaron un *riesgo de mercado*, el riesgo de que no se desarrollase finalmente un mercado emergente para una tecnología de punta, por un *riesgo competitivo*, el riesgo de ingresar a un mercado teniendo que enfrentarse con competidores ya consolidados[8].

## Tamaño de la compañía y liderazgo con las tecnologías de punta

A pesar de las evidencias de que el liderazgo en la innovación de tipo abrupto paga tan inmensos dividendos, las firmas establecidas, como se muestra en los cuatro primeros capítulos de este libro, a menudo fracasan en tomar la delantera. Sus clientes pueden retenerlas cautivas de procesos de asignación de recursos racionales que funcionan sumamente bien, evitando que comercialicen tecnologías de punta. Otro factor *adicional* cruelmente paralizante que aflige a las firmas establecidas es que mientras trabajan para mantener su tasa de crecimiento y cuanto mayores y más exitosas se hacen, más difícil les resulta reunir la fundamentación que les justifique ingresar a un mercado emergente en sus etapas tempranas, cuando la evidencia presentada anteriormente muestra que cada ingreso es tan crucial.

Los buenos managers están motivados para mantener a sus organizaciones creciendo por muchas razones. Una de ellas es que las tasas de crecimiento tienen un fuerte efecto sobre los precios en que se cotizan las acciones de la empresa. Sus fluctuaciones están gobernadas por los cambios que se produzcan en la *tasa de crecimiento* proyectada para las ganancias[9]. En otras palabras, si el precio corriente de la acción de una compañía está basado en pronósticos consensuados de aumento del 20 por ciento, y la realidad del mercado presenta una tasa del 15 por ciento, dicho precio *caerá* consecuentemente, aun si los ingresos y ganancias siguen aumentando a una tasa saludable. Un precio fuerte y creciente de las acciones, por supuesto, le da a la compañía acceso a capital; los inversores felices son un gran activo.

Cuando el precio de las acciones sube, la oportunidad de adquirirlas es una manera de proveer incentivo y de recompensar a los empleados valiosos. Cuando los precios de las acciones se estancan o caen, las opciones pierden su valor. Además, el crecimiento de la compañía crea lugar en los niveles superiores para los empleados de alto desempeño a fin de que expandan el alcance de sus responsabilidades. Cuando las compañías dejan de crecer, comienzan a perder muchos de sus futuros líderes más promisorios, que ven menos oportunidades para el avance.

Finalmente, existen sustanciales evidencias de que las compañías que crecen encuentran mucho más sencillo justificar las inversiones en nuevas tecnologías de producto o de proceso que las compañías cuyo crecimiento se ha detenido[10].

Desafortunadamente, las empresas que se hacen grandes y exitosas encuentran que mantener el crecimiento se hace progresivamente más difícil. Los números son simples: una compañía de u$s 40 millones que necesita crecer rentablemente al 20 por ciento para sostener el precio de sus acciones y su vitalidad organizativa requiere ingresos adicionales de u$s 8 millones el primer año, de u$s 9,6 millones el segundo, y así siguiendo; con la misma tasa, una compañía de u$s 400 millones necesita un nuevo negocio por valor de u$s 80 millones el primer año, de u$s 96 el siguiente, etcétera; y a una de u$s 4 mil millones, le harán falta u$s 800 millones, u$s 960 millones, y así siguiendo, para cada año sucesivo.

Este problema resulta particularmente molesto para empresas grandes que se ven confrontadas con tecnologías de punta. Las tecnologías de punta facilitan la emergencia de nuevos mercados, y no existen mercados emergentes de u$s 800 millones. Pero es precisamente cuando los mercados emergentes son pequeños –cuando resultan *menos* atractivos a las grandes compañías que buscan grandes beneficios– que el ingreso a ellos se hace tan crítico.

¿Cómo puede un manager de una compañía grande y exitosa manejarse con estas realidades de tamaño y crecimiento cuando se enfrenta con cambios radicales? He observado tres aproximaciones en mi estudio de este problema:

1. tratar de incidir en la tasa de crecimiento del mercado emergente, para que se haga lo suficiente-

mente grande en un tiempo suficientemente corto, de modo que provoque un viraje significativo
en la trayectoria de rentabilidad e ingresos;

2. esperar hasta que el mercado haya finalmente
emergido y esté mejor definido, e ingresar cuando
"se haya hecho lo bastante grande como para resultar interesante";

3. asignar la responsabilidad de comercializar las tecnologías de punta a organizaciones tan pequeñas
como para que los escasos beneficios de los primeros años les resulten interesantes.

Como los siguientes casos de estudio lo demuestran,
las primeras dos aproximaciones están cargadas de problemas. La tercera tiene también su cuota de inconvenientes,
pero es más factible.

## Caso de estudio: impulsar la tasa de crecimiento en un mercado emergente

La historia de la entrada de Apple Computer al mercado
del ordenador portátil, llamado también asistente digital
personal (PDA, de acuerdo con su nombre en inglés), ayuda a clarificar las dificultades que deben confrontar la
grandes compañías en los pequeños mercados.

Apple Computer introdujo su Apple I en 1976. Era a
lo sumo un producto preliminar, con funcionalidad limitada, y la compañía vendió un total de 200 a u$s 666 cada
uno, antes de retirarlo del mercado. Pero no fue un desas-
tre financiero. Apple había invertido modestamente en su
desarrollo, y tanto la firma como sus clientes aprendieron
mucho sobre cómo deberían ser empleados los ordenadores personales. La compañía incorporó este aprendizaje a
su modelo Apple II, introducido en 1977, que fue suma-

mente exitoso: vendió 43.000 aparatos en los primeros dos años[11], y el éxito del producto posicionó a la compañía como el líder de la industria de los ordenadores personales. Sobre la base de este éxito, Apple comenzó a cotizar sus acciones en la Bolsa en 1980.

Una década después, Apple Computer había crecido hasta convertirse en una empresa de u\$s 5 mil millones, lo que la obligó a incorporar grandes ingresos adicionales cada año para preservar el valor de la cotización de sus acciones y su vitalidad como organización. A principios de la década de los '90, el mercado emergente para los PDA portátiles se presentaba como un vehículo potencial para alcanzar el crecimiento necesario. En muchos aspectos, esta oportunidad fue un gran acontecimiento para Apple. Su pericia para el diseño daba como resultado productos amigables con el usuario, y la buena disposición hacia el usuario y la conveniencia de uso habían sido la base para el concepto del PDA.

¿Cómo encaró Apple esta oportunidad? Agresivamente. Invirtió montones de millones de dólares para desarrollar su producto, denominado "Newton". Las prestaciones del Newton fueron definidas a través de uno de los esfuerzos de marketing más integralmente ejecutados en la historia de las corporaciones; se utilizaron grupos específicos y encuestas de todo tipo para determinar cuáles eran las prestaciones que necesitarían los clientes. El PDA tenía muchas de las características de una tecnología de punta en materia de ordenadores. El CEO de Apple John Sculley, reconoció los problemas potenciales y tomó el desarrollo del Newton como una prioridad personal, promoviendo el producto ampliamente y asegurándose de que el emprendimiento obtuviera los recursos técnicos y financieros que se necesitaban.

Apple vendió 140.000 Newtons entre 1993 y 1994, sus primeros dos años en el mercado. La mayoría de los observadores, por supuesto, lo consideraron como un gran fracaso. Técnicamente, su capacidad de reconocimiento de la escritura manual resultaba decepcionantes, y su tecnología de comunicaciones inalámbricas lo habían encarecido. Pero lo que resultaba más molesto era que mientras que Sculley había posicionado públicamente el Newton como un producto clave para sostener el crecimiento de la empresa, las ventas en su primer año equivalieron a alrededor del 1 por ciento de los ingresos de Apple. A pesar de todo el esfuerzo, el Newton apenas hizo efecto en la necesidad de Apple de obtener nuevo crecimiento.

¿Pero fue realmente un fracaso? El momento escogido para el ingreso del Newton al mercado de los ordenadores portátiles fue semejante al seleccionado para el de la Apple II al sector de los ordenadores de escritorio. Era un producto de punta, creador de mercados, dirigido a un conjunto indefinible de usuarios cuyas necesidades eran desconocidas tanto para ellos mismos como para Apple. Sobre esa base, las ventas del Newton deberían haber sido una agradable sorpresa para los ejecutivos: superaron las ventas del Apple II en los primeros dos años por un factor de más de tres a uno. Pero mientras que vender 43.000 unidades fue considerado por la Apple más pequeña de 1979 como un triunfo que le permitiría cotizar en la Bolsa, vender 140.000 Newtons en 1994 se veía como un fracaso de la para entonces gigantesca empresa.

Como mostrará el Capítulo 7, las tecnologías de punta a menudo permiten hacer algo que antes había sido absolutamente imposible. Debido a esto, cuando surge una, ni los fabricantes ni los clientes saben cómo o para qué va a ser utilizado el producto, y por lo tanto qué prestaciones específicas serán finalmente valorizadas. Construir tales mercados representa un proceso de descubrimiento mutuo entre los clientes y los fabricantes, y eso simplemente lleva tiempo. En el desarrollo por parte de Apple del ordenador de escritorio, por ejemplo, el Apple I fracasó, el primer Apple II pasó inadvertido y el Apple II+ tuvo éxito. El Apple III fue un fracaso de mercado debido a problemas de calidad, y Lisa fue un fracaso. Las dos primeras generaciones del ordenador Macintosh también trastabillaron. No fue sino hasta la tercera instancia de Macintosh cuando Apple y sus clientes finalmente lo descubrieron: resultó el parámetro para una informática conveniente y amigable con el usuario, a la cual el resto de la industria finalmente tuvo que adherir[12].

Al lanzar el Newton, sin embargo, Apple se hallaba desesperada por apurar este lento proceso necesario para definir el producto y el mercado finales. Supuso que sus clientes sabían lo que querían y gastó dinero muy agresivamente para encontrar qué era eso. (Como lo mostrará el próximo capítulo, eso es imposible). Luego, para darles a los clientes lo que la empresa suponía que deseaban, Apple debió asumir el precario papel de líder de una tecnología de sostenimiento en una industria emergente. Gastó enormes sumas de dinero para impulsar las comunicaciones móviles de datos y la tecnología de reconocimiento de escritura manual más allá de lo que se conocía. Y, finalmente, hizo otro enorme desembolso para convencer a la gente de que comprase lo que había diseñado.

Debido a que los mercados nuevos son pequeños por definición, las organizaciones que compiten en ellos deben ser capaces de convertirse en rentables operando en pequeña escala. Esto resulta crucial, porque los proyectos considerados rentables y exitosos pueden continuar atrayendo recursos humanos y financieros tanto de sus padres corporativos como de los inversores. Las iniciativas que se perciben como fracasos van a pasar un mal rato en este sentido. Desafortunadamente, la escala de las inversiones que Apple hizo en su Newton, con el fin de acelerar el surgimiento del mercado del PDA, hizo muy difícil obtener un retorno atractivo. Por lo tanto, el Newton comenzó a ser ampliamente considerado como un fracaso.

Como sucede con muchas desilusiones en los negocios, la observación en retrospectiva revela los errores en que incurrió el proyecto del Newton. Pero yo creo que la causa principal de los contratiempos de Apple *no* fue su management inadecuado. Las acciones de los ejecutivos fueron un síntoma de un problema más profundo: los mercados pequeños no pueden satisfacer la necesidad de crecimiento a corto plazo de las grandes organizaciones.

## Caso de estudio: esperar hasta que el mercado sea lo suficientemente grande como para resultar interesante

Una segunda manera en la cual muchas grandes empresas han respondido a la trampa de la tecnología de punta es aguardar hasta que los mercados emergentes se "hagan lo suficientemente grandes como para resultar interesantes" antes de incorporarse a ellos. Algunas veces esto funciona, como lo demostró el muy sincronizado ingreso de IBM en 1981 al mercado de los ordenadores de escritorio. Pero esta es una lógica seductora que puede resultar contraproducente, porque las firmas que crean nuevos mercados a menudo forjan capacidades que se hallan en sintonía con los requerimientos de esos mercados y que los ingresantes posteriores encuentran difíciles de reproducir. Dos ejemplos tomados de la industria de las unidades disco ilustran este problema.

Priam Corporation, que ascendió al liderazgo del mercado de las unidades de disco de 8 pulgadas vendidas a los fabricantes de miniordenadores luego de su ingreso en 1978, había edificado la capacidad en ese mercado de aceptar sus unidades de disco a un ritmo de una generación nueva cada dos años, en consonancia con la periodicidad con la que sus clientes, los fabricantes de miniordenadores, introducían en el mercado sus propios nuevos productos.

La primera unidad de disco de 5,25 pulgadas de Seagate, de 1980, era sumamente lenta comparada con el desempeño de las de Priam. Pero hacia 1983, Seagate y las demás firmas que lideraron la instrumentación de la tecnología de punta de las unidades de 5,25 pulgadas habían desarrollado un ritmo de introducción de producto de *un año* para su mercado. Debido a que Seagate y Priam lograron porcentajes similares de mejoras en la velocidad de sus productos con cada nueva generación, Seagate, al introducir nuevas generaciones cada año, rápidamente comenzó a converger sobre las ventajas de desempeño de los productos de Priam.

Priam lanzó su primera unidad de disco de 5,25 pulgadas en 1982. Pero los modelos siguientes salieron cada dos años: eso estaba bien para el mercado de los miniordenadores, pero no para competir en el sector de los ordenadores de escritorio. Como consecuencia, nunca logró asegurarse *una sola* orden importante de un fabricante: simplemente no podía ponerse a tono con los requerimientos de diseño de estos con sus nuevos productos. Seagate, al avanzar más rápido, fue capaz de cerrar la brecha de desempeño entre ellos. Priam cerró sus puertas en 1990.

El segundo ejemplo ocurrió en la siguiente innovación radical. Seagate fue la segunda empresa de la industria en desarrollar las unidades de disco de 3,5 pulgadas en 1984. Los analistas en cierto momento habían especulado que Seagate podría salir al mercado con unidades de disco de 3,5 pulgadas en una fecha tan temprana como 1985, y de hecho Seagate exhibió un modelo de 10 MB en la exposición Comdex correspondiente al otoño de 1985. Cuando Seagate aún no había conseguido despachar una sola de sus unidades disco a fines de 1986, su CEO Al Shugart explicó: "Hasta ahora, no hay un mercado lo suficientemente grande para ella"[13]. En 1987, cuando el mercado de las unidades de disco de 3,5 pulgadas, para esa altura de u$s 1.600 millones, había llegado a "ser lo suficientemente grande como para resultar interesante", Seagate finalmente lanzó su oferta. Hacia 1991, sin embargo, aun cuando el propio Seagate había construido un volumen sustancial de unidades de disco de 3,5 pulgadas, no había tenido éxito en vender una sola a un fabricante de ordenadores portátiles: sus modelos eran todos vendidos en el mercado de los ordenadores de escritorio, lo que canibalizó sus ventas de unidades de disco de 5,25 pulgadas. ¿Por qué sucedió eso?

Una razón probable para este fenómeno es que Conner Peripherals, que fue pionero y mantuvo el liderazgo en la venta de unidades de disco de 3,5 pulgadas a los fabricantes de ordenadores portátiles, varió fundamentalmente la manera en que los fabricantes de unidades de disco debían incursionar en el sector. Como fue descrito por un ejecutivo de Conner:

> Desde el comienzo de la industria de las unidades de disco para los OEM, el desarrollo de producto había seguido tres pasos secuenciales. Primero se diseñaba la unidad; luego se la fabricaba; y finalmente se la vendía. Nosotros modificamos eso. Primero *vendemos* las unidades; después las diseñamos; y después las construimos[14].

En otras palabras, Conner estableció un patrón por el cual las unidades de disco para el mercado de los ordenadores personales portátiles estaban diseñadas, para sus clientes principales, a medida. Y refinó un conjunto de capacidades de su procesos de marketing, ingeniería y manufactura que fueron adaptados a ese patrón[15]. Otro ejecutivo de Conner afirmó: "Seagate nunca pudo determinar de qué manera vender unidades de disco al mercado de los ordenadores portátiles. Nunca lo pudieron hacer"[16].

## Caso de estudio: brindar pequeñas oportunidades a pequeñas organizaciones

Toda innovación es difícil. El grado de dificultad no puede ser medido, sin embargo, cuando un proyecto está integrado en una organización en la cual la mayoría de la gente se está continuamente preguntando por qué existe. Los proyectos tienen sentido solo si satisfacen las necesidades de clientes importantes, si impactan positivamente en las necesidades de la organización para obtener rentabilidad y crecimiento, y si mejora las oportunidades de carrera de los empleados talentosos. Cuando un proyecto no tiene estas características, su manager gasta mucho tiempo y energía justificando por qué el mismo merece recursos y no puede administrarlo de manera tan efectiva. Con frecuencia, la mejor gente de la empresa no quiere ser asociada con tales proyectos que, por otra parte, son los primeros en cancelarse o posponerse.

Por lo tanto, los ejecutivos pueden dar un enorme impulso a la probabilidad de éxito de un proyecto, cuando se aseguran de que el mismo sea ejecutado en un ambiente en el cual todos los involucrados lo consideren crucial para el futuro crecimiento y rentabilidad de la organización. En esas condiciones, cuando ocurran los inevitables desacuerdos, problemas no previstos y retrasos respecto del plan original, la organización se hallará más dispuesta a encontrar maneras de reunir los medios para solucionar el problema.

Como hemos visto, un proyecto para comercializar una tecnología de punta en un mercado pequeño y nuevo tiene muy pocas probabilidades de ser considerado esencial para el éxito de una compañía grande; los pequeños mercados no resuelven los problemas de crecimiento de las grandes compañías. En vez de trabajar continuamente para convencer y recordarle a cada uno que la pequeña tecnología de punta puede *algún día* ser significativa o que por lo menos resulta estratégicamente importante, las compañías grandes deberían tratar de integrar el proyecto a una organización lo suficientemente pequeña como para resultar motivada por la oportunidad ofrecida por la innovación en sus años iniciales. Puede lograrse creando una organización independiente, o adquiriendo una, en ambos casos del tamaño adecuado. Esperar que empleados de una gran organización solo motivados por sus logros dediquen una cantidad crítica de sus recursos, atención y energía a un proyecto de punta dirigido hacia un mercado pequeño y escasamente definido equivale a agitar los brazos para volar. Va contra una tendencia importante en la manera en que funcionan las organizaciones[17].

Existen muchas historias sobre éxitos que dan respaldo a este enfoque. Control Data, por ejemplo, que había esencialmente pasado por alto el advenimiento de las unidades de disco de 8 pulgadas, envió un grupo a la ciudad de Oklahoma con el fin de comercializar allí su producto de 5,25 pulgadas. Además de la necesidad de Control Data de escapar del poder de sus clientes principales, la firma deseaba explícitamente crear una organización cuyo tamaño se adaptase al del mercado emergente. "Necesitamos una organización", dijo uno de los managers, "que pueda estar complacida con una orden de alrededor de u$s 50.000. En Minneapolis (de donde se derivaban cerca de u$s 1.000 millones por la venta de unidades de disco de 14 pulgadas al mercado de los ordenadores mainframes) uno necesita una orden de un millón de dólares solo para que alguien dé vuelta la cabeza y lo mire". El emprendimiento de CD en Oklahoma obtuvo un éxito significativo.

Otra manera de adaptar el tamaño de una organización al de la oportunidad, es adquirir una pequeña compañía dentro de la cual incubar la tecnología de punta. Esta fue la manera en que Allen Bradley encaró su muy exitosa transición desde los controles de motor mecánicos a los electrónicos.

Durante décadas la Allen Bradley Company (AB) de Milwaukee había sido el líder indiscutido de la industria; fabricaba sofisticados conmutadores que ponían en marcha y detenían grandes motores eléctricos y los protegían de sobrecargas y picos de corriente. Los clientes de AB eran fabricantes de máquinas herramientas y grúas, como así también contratistas que instalaban ventiladores y bombas para los sistemas de calefacción industrial y comercial, ventilación y aire acondicionado (HVAC). Los controles eran dispositivos electromecánicos que operaban sobre el mismo principio que los interruptores de corriente de las residencias domésticas, aunque en mayor escala. En las máquinas herramientas complejas y en sistemas HVAC, los motores eléctricos y sus controles se hallaban a menudo vinculados, a través de sistemas de relés electromecánicos, para arrancar y detenerse en secuencias particulares y bajo condiciones determinadas. Debido al valor de los equipos que controlaban y al alto coste que representaba detenerlos para repararlos, los controles debían ser resistentes, capaces de accionar millones de veces y de soportar las vibraciones y el polvo que caracterizaban los ambientes en los cuales eran utilizados.

En 1968, una empresa recién fundada, Modicon, comenzó a vender controles electrónicos programables, una tecnología de punta desde el punto de vista de sus usuarios principales. Texas Instruments (TI) ingresó al ruedo poco después con su propio controlador electrónico. Debido a que los primeros carecían de la potencia requerida, Modicon y TI no pudieron vender sus productos a los fabricantes de los mercados principales de máquinas herramientas y de contratistas HVAC. Cuando se medía su desempeño, los productos electrónicos no alcanzaban a igualar a los convencionales, y pocos de los clientes necesitaban la flexibilidad de programación ofrecida por los primeros. Como consecuencia, Modicon y TI se vieron forzados a cultivar un mercado emergente: el de la automatización fabril. No eran fabricantes de equipo, sino *usuarios*, tales como Ford y General Motors, que apenas estaban comenzando sus intentos de integrar partes de equipos de fabricación automáticos.

De los cinco productores líderes de controles electromecánicos para motores –Allen Bradley, Square D, Cutler Hammer, General Electric y Westinghouse– solo Allen Bradley retuvo una fuerte posición cuando mejoró la resistencia de sus productos. Había ingresado al mercado solo dos años después que Modicon, y logró muy pronto edificar una posición de liderazgo en la innovación, manteniendo al mismo tiempo su fortaleza con sus productos tradicionales. Luego se transformó en un proveedor principal de controles electrónicos para automatización fabril. Las otras cuatro compañías, por contraste, introdujeron controles electrónicos mucho después, y posteriormente, o bien abandonaron el negocio de los controladores, o quedaron reducidas a posiciones débiles. Desde el punto de vista de la capacidad esto constituye un hecho sorprendente, porque tanto General Electric como Westinghouse tenían en esa época mucho mayor conocimiento de las tecnologías microelectrónicas que Allen Bradley.

¿Por qué Allen Bradley tuvo mejor suerte? En 1969, solo un año después que Modicon ingresara al mercado, los ejecutivos de Allen Bradley adquirieron el 25% del capital de Information Instruments, Inc., un fabricante de controles programables recién iniciado, establecido en Ann Arbor, Michigan. Al año siguiente adquirió en su totalidad una división naciente de Bunker Ramo, que se hallaba concentrada en los controles electrónicos programables y sus mercados emergentes. AB combinó estas dos adquisiciones en una unidad y la mantuvo como negocio separado de sus operaciones de productos electromecánicos principales en Milwaukee. A través del tiempo, los controles electrónicos fueron absorbiendo significativamente el mercado de los electromecánicos, a medida que una división de AB atacaba a la otra[18]. En cambio, cada una de las otras cuatro compañías trató de administrar los negocios de los controladores electrónicos desde sus propias divisiones electromecánicas principales, cuyos clientes no necesitaban o no querían inicialmente la innovación. Todas fracasaron en desarrollar una posición viable con la nueva tecnología.

Johnson & Johnson siguió con gran éxito una estrategia similar a la de Allen Bradley al enfrentarse con tecnologías de punta tales como los equipos de cirugía endoscópica y las lentes de contacto descartables. A través de ingresos totales de más de u$s 20.000 millones, J&J comprende actualmente 160 empresas que operan de manera autónoma, desde sus inmensas compañías farmacéuticas MacNeil y Janssen hasta pequeñas empresas con ingresos anuales de menos de u$s 20 millones. La estrategia de Johnson & Johnson es lanzar sus nuevos productos a través de compañías muy pequeñas adquiridas a tal fin.

## Resumen

No resulta crucial para los managers que buscan el crecimiento y las ventajas competitivas ser líderes en cada uno de los elementos de su negocio. Con las tecnologías de sostenimiento, de hecho, las evidencias sugieren con fuerza que las compañías que se concentran en extender el desempeño de las tecnologías convencionales, y eligen ser seguidoras al adoptar otras nuevas, pueden permanecer fuertes y competitivas. Este no es el caso, sin embargo, con las innovaciones radicales. Existen enormes retornos y significativas ventajas competitivas para el que pega primero, asociadas con la entrada a tiempo en los mercados emergentes en los cuales las tecnologías de punta son inicialmente utilizadas. Los fabricantes de unidades de disco que lideraron la comercialización de las tecnologías de punta crecieron a tasas mucho mayores que las compañías que fueron seguidoras.

A pesar de la evidencia de que la vanguardia en la comercialización de tecnologías de punta es decisiva, los innovadores grandes y exitosos se encuentran con un dilema al tratar de lograr dicho liderazgo. Además de tener que manejarse con el poder de los clientes corrientes, como se mencionó en el último capítulo, las empresas grandes y orientadas al crecimiento enfrentan el problema de que los mercados pequeños no solucionan las necesidades de crecimiento a corto plazo de las compañías grandes. Los mercados cuya emergencia queda habilitada por las tecnologías de punta comienzan todos siendo pequeños. Las primeras órdenes que los pioneros reciben en estos mercados son pequeñas. Las empresas que cultivaron estos mercados tuvieron que desarrollar estructuras de costes que les permitieran ser rentables en pequeña escala. Cada uno de estos factores argumenta en favor de la política de implantar los proyectos de comercialización de innovaciones radicales en pequeñas organizaciones que consideren estos proyectos necesarios en su camino crítico hacia el crecimiento y el éxito, en lugar de ser meras distracciones del negocio principal.

Esta recomendación no es nueva, por supuesto; una multitud de otros estudiosos del management han argumentado también que la pequeñez e independencia confieren ciertas ventajas en la innovación. Es mi esperanza que los capítulos 5 y 6 provean una perspectiva más profunda acerca de por qué y en qué circunstancias esta estrategia resulta apropiada.

## Notas

1.  Los beneficios de buscar persistentemente mejoras incrementales en lugar de dar grandes saltos estratégicos han sido idóneamente argumentados por Robert Hayes en "Strategic Planning: Forward in Reverse?" *Harvard Business Review*, noviembre-diciembre, 1985, 190-197.

    Yo creo que existen algunas situaciones específicas en las cuales el liderazgo en las tecnologías de sostenimiento resulta decisivo, sin embargo. En una conversación privada, el profesor Kim Clark caracterizó esas situaciones como aquellas que afectan los negocios *de cornisa*, es decir, negocios en los cuales la base de la competencia es simple y unidimensional y existe poco margen para el error. Un ejemplo de tal industria en la cornisa es la de los alineadores fotolitográficos (PLA, por su nombre en inglés), estudiada por Rebecca M. Henderson y Kim B. Clark en "Architectural Innovation: The Reconfiguration of Existing Systems and the Failure of Established Firms", *Administrative Science Quarterly* (35), marzo 1990, 9-30. En ese caso, los fabricantes de alineadores fracasaban cuando se retrasaban tecnológicamente respecto de los cambios de arquitectura de sostenimiento. Esto sucedía porque la base de la competencia en la industria de los PLA era muy directa, aunque los productos en sí mismos fuesen muy complicados: o bien hacían la línea más fina en las obleas de silicio que cualquier otra en la industria, o nadie los adquiría. Esto es así porque los clientes de PLA, todos fabricantes de circuitos integrados, tenían que contar con el equipo de alineación fotolitográfica más rápido y eficiente del mercado o no podrían competir. La cornisa existía porque la funcionalidad del producto era la única base de la competencia: de manera maniquea, los fabricantes de PLA caían de un lado y obtenían un rápido éxito, o del otro lado y fracasaban. Claramente, tales situaciones de estilo cornisa hacen que el liderazgo en las tecnologías de sostenimiento resulte muy importante.

    En la mayoría de las demás situaciones de sostenimiento, sin embargo, el liderazgo *no* resulta crucial. Esta situación mucho más habitual constituye el tema del estudio de Richard S. Rosenbloom sobre la transición por parte de National Cash Register desde la tecnología electromecánica hacia la electrónica. (Ver Richard S. Rosenbloom, "De engranajes a circuitos integrados: la transformación de NCR y Harris en la era digital", documento de trabajo, Harvard Business School, Business History Seminar,

1988.) En ese caso, NCR se retrasó mucho respecto del resto de la industria en desarrollar y lanzar una línea de cajas registradoras electrónicas. Tanto, que las ventas de sus nuevos modelos mecánicos cayeron prácticamente a cero durante todo un año a principios de la década de los '80. No obstante, la empresa tenía tal capacidad de servicio en el terreno, que sobrevivió realizando las reparaciones de su base instalada durante el año que le llevó desarrollar y lanzar sus cajas registradoras electrónicas. NCR volvió luego a incrementar la fuerza de su marca y de su presencia en la reparación de cajas registradoras a fin de recapturar rápidamente su participación en el mercado.

Aun cuando una caja registradora es una máquina mucho más simple que un alineador fotolitográfico, yo caracterizaría su mercado como complejo, en el sentido de que existen múltiples bases de competencia, y por lo tanto múltiples maneras de sobrevivir. Como regla general, cuanto más complejo es el mercado, menos importante resulta el liderazgo con las innovaciones tecnológicas de sostenimiento. Es en mercados de tipo cornisa o de tecnologías de punta cuando el liderazgo parece ser crucial. Quedo reconocido a los profesores Kim B. Clark y Robert Hayes por sus aportes a mis reflexiones sobre este tema.

2. Esto no quiere decir que las firmas cuyos productos mantuvieran el rendimiento y el coste continuamente retrasados respecto de sus competidores, fueran capaces de prosperar. Afirmo que no existen evidencias de que el liderazgo con una innovación tecnológica de sostenimiento confiera una ventaja competitiva discernible y duradera sobre las empresas que han adoptado una estrategia de seguidores porque existen numerosas maneras de realizar mejoras en un producto complejo como lo es una unidad de disco. El desarrollo y la adopción de nuevas tecnologías de componentes, tales como los cabezales de película delgada y los magneto-resistivos, es una de las maneras de mejorar el desempeño, pero existen muchísimas otras para extender el alcance de las tecnologías habituales mientras se espera que los nuevos enfoques se comprendan mejor y se vuelvan más confiables. Esta argumentación es presentada más en detalle en Clayton M. Christensen, "Exploring the Limits of the Technology S-Curve", *Production and Operations Management* (1), 1992, 334-336.

3. Para el propósito de este análisis, una tecnología fue clasificada como "nueva o no probada" si habían transcurrido menos de dos años desde el momento en que apareció en un producto fabricado y vendido por una compañía de algún lugar del mundo o si, aunque hubiera estado en el mercado por más de dos años, menos del 20 por ciento de los fabricantes la habían empleado.

4. En este análisis, universos de valor o *mercados emergentes* eran aquellos en los cuales habían transcurrido menos de dos años desde que con ese tipo de ordenadores se hubiera utilizado la primera unidad de disco rígido;

universos de valor o *mercados establecidos* eran aquellos en los que habían transcurrido más de dos años desde que se hubiera empleado la primera unidad de disco.

5. Ingreso por medio de adquisición fue una ruta de acceso poco frecuente en la industria de las unidades de disco. Xerox siguió esta estrategia, adquiriendo a Diablo, Century Data y Shugart Associates. El desempeño de estas compañías luego de la adquisición fue tan pobre que pocas otras empresas siguieron el ejemplo de Xerox. El único otro ejemplo de ingreso por medio de adquisición fue la compra de Tandon por Western Digital, un fabricante de controladores de disco. En el caso de Xerox y de Western Digital, la estrategia de ingreso de las firmas que se *adquirieron* se registra en la Tabla 6.1. Similarmente, el inicio de Plus Development Corporation, un desprendimiento de Quantum, aparece en la Tabla 6.1 como el de una compañía independiente.

6. La evidencia resumida en esta matriz puede ser de alguna utilidad a los inversores de capital de riesgo, como una manera general de encuadrar el grado de riesgo de las inversiones propuestas. Sugiere que los lanzamientos que proponen la comercialización de una tecnología revolucionaria esencialmente de sostenimiento, tienen mucho menor probabilidad de éxito que los lanzamientos donde la idea es utilizar tecnología probada para innovar abruptamente una industria establecida con algo que sea más simple, más confiable y más conveniente. Las firmas establecidas en una industria tienen todos los incentivos para ponerse a tono con una innovación tecnológica revolucionaria de sostenimiento, mientras que tienen fuertes elementos disuasorios para lanzarse a aplicar iniciativas radicales.

7. No todos los pequeños mercados emergentes terminan finalmente convirtiéndose en grandes mercados. El mercado de los módulos de disco removibles, por ejemplo, permaneció pequeño durante más de una década, y solo comenzó a crecer hasta alcanzar una dimensión razonable a mediados de la década de los '90. La conclusión acerca de que los mercados emergentes ofrecen una probabilidad más alta de éxito refleja el promedio de los casos, y no debe ser considerada un resultado permanente.

8. La noción de que uno no debería aceptar los riesgos de la innovación simultáneamente en las dimensiones de tecnología y mercado es objeto habitual de discusión entre los capitalistas de riesgo. Es también el tema del Capítulo 5 en Lowell W. Steele, *Managing Technology* (Nueva York: McGraw Hill, 1989). El estudio informado aquí de las probabilidades de éxito posterior para diferentes estrategias de innovación ha sido construido sobre los conceptos de Steele y de Lyle Ochs (a quien cita Steele). Resulté también estimulado por las ideas presentadas en Alan N. Afuah y Nik Bahram, "The Hypercube of Innovation", *Research Policy* (21), 1992.

9. La ecuación más simple empleada por los analistas financieros para deter-

minar el precio de una acción es $P = D/(C\text{-}G)$, donde $P$ = precio de la acción, $D$ = dividendos por acción, $C$ = el coste de capital de la compañía, y $G$ = tasa proyectada de crecimiento a largo plazo.

10. Esta evidencia está resumida por Clayton M. Christensen en "Is Growth an *Enabler* of Good Management, or the *Result* of It?", documento de trabajo de la Harvard Business School, 1996.

11. Scott Lewis, "Apple computer, Inc.", en Adele Hast, ed. *International Directory of Company Histories* (Chicago: St. James Press, 1991), 115-116.

12. Una historia en perspectiva del surgimiento de la industria de la informática personal aparece en Paul Frieberger y Michael Swain, *Fire in the Valley: The Making of the Personal Computer* (Berkeley, CA: Osborne-McGraw Hill, 1984).

13. "Can 3.5" Drives Displace 5,25s in Personal computing?" *Electronic Business*, agosto 1, 1986, 81-84.

14. Entrevista personal con William Schroeder, vicepresidente, Conner Peripherals Corporation, noviembre 19, 1991.

15. Un estudio en perspectiva sobre el vínculo entre la experiencia histórica de una empresa, sus capacidades y lo que en consecuencia puede y no puede hacer, aparece en Dorothy Leonard-Barton, "Core Capabilities and Core Rigidities: A Paradox in Managing New Product Development", *Strategic Management Journal* (13), 1992, 111-125.

16. Entrevista personal con John Squires, cofundador y vicepresidente ejecutivo, Conner Peripherals Corporation, Abril 27, 1992.

17. Ver, por ejemplo, George Gilder, "The Revitalization of Everything: The Law of the Microcosm", *Harvard Business Review*, Marzo-Abril, 1988, 49-62.

18. Gran parte de esta información sobre Allen Bradley ha sido tomada de John Gurda, *The Bradley Legacy* (Milwaukee: The Lynde and Harry Bradley Foundation, 1992).

# CAPÍTULO 7

# EL DESCUBRIMIENTO DE MERCADOS NUEVOS Y EMERGENTES

Los mercados que no existen no puede ser analizados: los proveedores y clientes los deben descubrir juntos. Las aplicaciones de mercado para las tecnologías de punta en la época de su desarrollo no solamente son *desconocidas,* sino también *imposibles de conocer.* Las estrategias y planes que los managers formulan para confrontar los cambios tecnológicos abruptos, en consecuencia, deberían tender al aprendizaje y la invención, en lugar de la ejecución. Es importante entenderlo así, porque los managers que se sientan seguros del futuro de un mercado planificarán e invertirán de manera muy diferente de aquellos que admitan sus incertidumbres.

Mucho de lo que se supone acerca de una innovación se basa en la experiencia de las *tecnologías de sostenimiento,* porque la mayoría de las tecnologías desarrolladas por las compañías ya establecidas pertenecen precisamente a esa categoría. Por definición, están dirigidas a mercados conocidos en los cuales las necesidades de los clientes son debidamente comprendidas. Para obtener éxito en este entorno, no solamente es posible, sino hasta fundamental, aplicar criteros inéditos de planificación y comprobación para evaluar, desarrollar y comercializar los productos innovadores.

Lo que esto significa, concretamente, es que buena parte de lo que los mejores ejecutivos han aprendido acerca del manejo de las innovaciones no resulta relevante cuando estas son radicales. La mayoría de los especialistas en marketing, por ejemplo, han sido adiestrados expresamente, tanto en la universidad como en el trabajo, en el importante arte de escuchar a los clientes, pero pocos de ellos tienen algún entrenamiento teórico operativo respecto de cómo explorar mercados que aún no existen. El problema con esta base de experiencia asimétrica es que, cuando los mismos procesos analíticos de toma de decisión aprendidos en las aulas respecto de las innovaciones de sostenimiento son aplicados a tecnologías de punta o generadoras de nuevos mercados, el efecto sobre la compañía puede resultar paralizante. Estos procesos requieren información nítidamente cuantificada cuando en la realidad aún no existe ninguna, estimaciones exactas de los retornos financieros cuando todavía no se pueden conocer los costes ni los ingresos, y planes y presupuestos detallados que en la práctica no pueden ser formulados. La aplicación de un marketing, una inversión y un proceso de management inadecuados puede hacer que buenas compañías resulten incapaces de crear los nuevos mercados en los cuales se emplearán inicialmente las tecnologías de punta.

En este capítulo veremos cómo los expertos de la industria de las unidades de disco fueron capaces de pronosticar los mercados para las tecnologías de sostenimiento con asombrosa precisión, pero tuvieron en cambio grandes dificultades para detectar el advenimiento y en predecir el tamaño de los nuevos mercados que crearían las innovaciones radicales. Historias adicionales de casos de las industrias de la motocicleta y del microprocesador demostrarán más aún la incertidumbre que puede existir acerca de las aplicaciones en los mercados emergentes para las tecnologías de punta o habilitantes, incluso aquellas que, en retrospectiva, parecen obvias.

## Predicción de mercados para tecnologías de sostenimiento en comparación con tecnologías de punta

Siempre hubo disponible una enorme cantidad de información de mercado acerca de la industria de las unidades de disco, razón importante por la cual el estudio de la misma ha producido tan excelentes resultados. La fuente principal de datos, *Disk/Trend Report*, publicada anualmente por Disk/Trend, Inc., de Mountain View, California, posee una lista de todos los modelos de unidad de disco que hayan sido alguna vez ofrecidos a la venta por cualquier compañía del mundo, desde 1975 hasta el presente. Registra el mes y el año en el cual cada modelo fue inicialmente vendido, las especificaciones de desempeño y las tecnologías de componentes utilizadas. Además, cada fabricante del mundo comparte con *Disk/Trend* la información sobre sus ventas por tipo de producto y de clientes que los han adquirido. Los editores de *Disk/Trend* consolidan luego estos datos para obtener así el tamaño de cada segmento específicamente definido del mercado y publica un listado de los datos obtenidos de los principales participantes del mismo, resguardando la privacidad de toda la información obtenida. Los fabricantes del sector encuentran tan valioso este material, que todos ellos continúan compartiendo su información confidencial con *Disk/Trend*.

En cada edición, *Disk/Trend* publica los volúmenes unitarios reales y las ventas en dólares para cada segmento de mercado para el año recién transcurrido y formula sus pronósticos para cada uno de los cuatro años siguientes en cada categoría. Dado su inigualado acceso a los datos de la

**Figura 7.1  Los cuatro años subsiguientes a la primera producción a escala comercial: tecnologías de sostenimiento comparadas con las de punta**

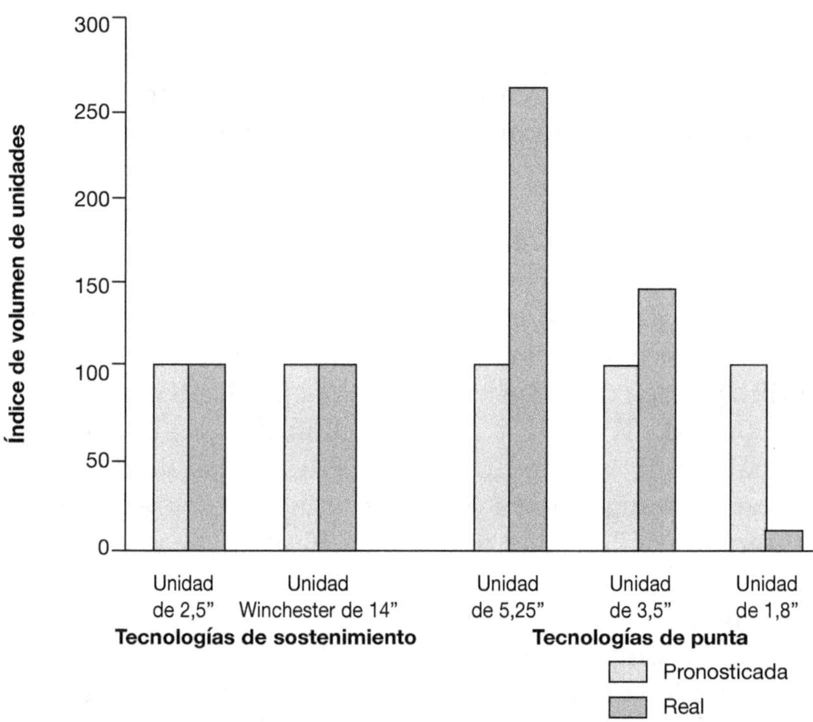


*Fuente:* Los datos han sido extraídos de varias ediciones de *Disk/Trend Report.*

industria, que abarca ya más de dos décadas, esta publicación ofrece una oportunidad poco habitual de probar a través de la historia del mercado la exactitud de las predicciones anteriores. Sobre todo, posee un notable registro de aciertos en el pronóstico del futuro de los mercados establecidos, pero se ha esforzado además por estimar con precisión el tamaño de los nuevos mercados para las unidades de disco que fueron generados por las tecnologías de punta.

Las evidencias se resumen en la Figura 7.1, que compara los volúmenes unitarios totales que *Disk/Trend Report* ha pronosticado que serían producidos en los cuatro primeros años después de que la producción comercial de cada nueva unidad de disco comenzara, contra los volúmenes totales que fueron efectivamente producidos en dicho período. Para facilitar la comparación, las alturas de las barras que miden las producciones pronosticadas han sido normalizadas a un valor de 100, y los volúmenes realmente producidos se presentan como porcentajes del valor pronosticado. De las cinco nuevas arquitecturas para las cuales los pronósticos de *Disk/Trend* se encontraban disponibles, las unidades de 14 pulgadas Winchester y las de 2,5 pulgadas fueron innovaciones de sostenimiento, que fueron vendidas en los mismos universos de valor que la generación de unidades de disco anterior a ellas. Los otros tres casos, los de las unidades de 5,25, de 3,5 y de 1,8 pulgadas, fueron innovaciones de carácter abrupto que facilitaron el surgimiento de nuevos universos de valor. (*Disk/Trend* no publicó pronósticos especiales para las unidades de disco de 8 pulgadas.)

Nótese que las predicciones de *Disk/Trend,* para las unidades de tecnología de sostenimiento de 2,5 y 14 pulgadas Winchester, estuvieron dentro del 8 por ciento y el 7 por ciento, respectivamente, de lo que la industria en realidad produjo. Pero sus estimaciones difirieron en un 265 por ciento para las unidades de 5,25 pulgadas, 35 por ciento para las de 3,5 (valor en realidad bastante cercano para un mercado que todavía no existía) y 550 por ciento para las de 1,8. Este último caso, en que la conjetura estuvo tan lejos de los hechos, constituyó la primera generación de unidades de disco con un mercado principalmente no constituido por ordenadores.

El personal de *Disk/Trend* utilizó los mismos métodos para vaticinar tanto en el área de sostenimiento como en la de punta: entrevistas a clientes importantes y a expertos de la industria, análisis de tendencias, modelos económicos y métodos afines. Las técnicas, que funcionaron extraordinariamente bien cuando fueron destinadas a tecnologías de sostenimiento, sin embargo fracasaron estrepitosamente cuando fueron utilizadas en mercados o aplicaciones que todavía no existían.

## Identificación del mercado para la unidad de disco HP Kittihawk de 1,3 pulgadas

La diferencia en los aciertos referidos a las tecnologías de sostenimiento en comparación con las de punta afectó profundamente los esfuerzos de Hewlett Packard por forjar un mercado para su revolucionaria unidad de disco de tecnología de punta Kittihawk de 1,3 pulgadas[1]. En 1991, la División Memoria de Disco de Hewlett Packard, de Boise, Idaho, generó alrededor de u$s 600 millones en ingresos por unidades de disco para su compañía madre de u$s 20 mil millones. Ese año un grupo de empleados de DMD ideó una minúscula unidad de disco de 1,3 pulgada y 20 MB de capacidad, que denominaron Kittihawk. Este fue, de hecho, un programa drástico para HP. La unidad de disco más pequeña producida anteriormente por DMD había sido de 3,5 pulgadas, y DMD había sido justamente uno de los últimos en desarrollarla. La Kittihawk representó un salto significativo para la compañía y, cosa más notable aún, fue el primer intento de HP de encabezar una innovación.

Para que el proyecto tuviera sentido en una organización grande con planes ambiciosos de crecimiento, los ejecutivos de HP dispusieron que los ingresos por la Kittihawk deberían trepar a los u$s 150 millones en los tres años posteriores. Afortunadamente para los proponentes de la Kittihawk, sin embargo, apareció un mercado significativo para esta diminuta unidad de disco en el horizonte:

los ordenadores portátiles de tipo palm-top, o asistentes personales digitales (PDA). Los auspiciantes de la Kittihawk, luego de estudiar las proyecciones para este mercado, decidieron que podrían estar en condiciones de escalar la rampa de ingresos que les había sido establecida. Consultaron con una firma de investigación de mercado, que confirmó la creencia de HP de que el mercado para la Kittihawk sería de verdad sustancioso.

La gente de marketing de HP desarrolló relaciones profundas con ejecutivos de alto nivel en las empresas principales de la industria del ordenador, por ejemplo Motorola, ATT, IBM, Apple, Microsoft, Intel, NCR y la propia Hewlett Packard, además de una multitud de firmas recién iniciadas y poco conocidas. Todas ellas pusieron gran interés en el desarrollo de productos para el mercado del PDA. Muchos de sus productos fueron diseñados teniendo en cuenta las prestaciones que ofrecía la Kittihawk, y el diseño de la misma a su vez reflejaba las necesidades bien investigadas de estos clientes.

El equipo de la Kittihawk llegó a la conclusión de que desarrollar una unidad de disco que satisficiese estos requerimientos de los clientes sería una tarea tecnológica exigente pero factible, y lanzaron una agresiva campaña de doce meses para desarrollar la diminuta unidad. El resultado, mostrado en la Figura 7.2, fue espectacular. La primera versión almacenaba 20 MB, y un segundo modelo, introducido un año después, almacenaba 40 MB. Para satisfacer el grado de resistencia requerido por el mercado de los PDA y los notebooks electrónicos, la Kittihawk fue equipada con un sensor de impacto similar a los utilizados en los *airbags* de los automóviles, y podía soportar una caída desde un metro sobre concreto sin perder información. Fue diseñada para ser vendida inicialmente a u$s 250 por unidad.

Aunque el desarrollo técnico de la Kittihawk funcionó de acuerdo con lo planificado, no sucedió lo mismo con

**Figura 7.2 La unidad de disco Kittihawk de Hewlett Packard**

*Fuente:* Hewlett Packard Company. Reproducido con autorización.

sus aplicaciones. El mercado de las PDA no se materializó de manera apreciable, ya que las ventas del Newton de Apple y otros dispositivos competitivos no alcanzaron a cubrir las expectativas. Esto sorprendió a muchos de los expertos, sobre cuyas opiniones la gente de marketing de HP había trabajado tan afanosamente. Durante sus dos primeros años en el mercado, la Kittihawk alcanzó solo una fracción de las ventas que le habían sido pronosticadas. Las cifras alcanzadas podrían haber satisfecho inicialmente a las compañías nuevas y a los capitalistas de riesgo, pero para el management de HP, los volúmenes se hallaban muy por debajo de lo esperado y eran demasiado pequeños para satisfacer las necesidades de crecimiento y de participación general en el mercado. Más sorprendente aún, las aplicaciones que contribuyeron más significativamente a las ventas de la Kittihawk no provinieron en absoluto del mercado de los ordenadores. Se trató en cambio de procesadores de palabras portátiles para idioma japonés, cajas registradoras en miniatura, cámaras electrónicas y escáners industriales, ninguno de los cuales había figurado en los planes de marketing originales para la Kittihawk.

De manera aún más frustrante, cuando se aproximaba el segundo aniversario del lanzamiento de la Kittihawk, comenzaron a arribar al departamento de marketing de HP las consultas de compañías que fabricaban sistemas de videojuegos para el mercado masivo, interesadas en comprar volúmenes muy grandes de la Kittihawk, aunque solo en caso de que HP pudiese realizar una versión más barata. Estas compañías estuvieron al tanto de la existencia de la Kittihawk durante dos años, pero informaron que se habían tomado algún tiempo para ver qué se podía hacer con un dispositivo de almacenamiento tan pequeño.

HP había diseñado la Kittihawk como tecnología de sostenimiento para la los computadores portátiles. Entre varios de los parámetros que eran valorados en esa aplicación –tamaño pequeño, peso y consumo bajos, y resistencia– la Kittihawk constituyó una mejora de sostenimiento pero simultáneamente fue abrupta respecto a las unidades de disco de 2,5 y de 1,8 pulgadas. Sólo su capacidad (la cual HP había llevado hasta donde le resultó posible) era deficiente. La gran cantidad de consultas y de órdenes que finalmente comenzaron a arribar, sin embargo eran para un producto *realmente* de punta: algo cuyo nivel de precio fuera de u$s 50 por unidad y exhibiera una funcionalidad limitada. Para esta aplicación, una capacidad de 10 MB hubiese resultado perfectamente adecuada.

Por desgracia, como HP había diseñado su unidad de disco con las prestaciones sofisticadas que se requerían para el mercado del PDA en vez de como un producto genuinamente de punta, simplemente no podía llegar al precio requerido por los fabricantes de videojuegos domésticos. Después de invertir agresivamente para alcanzar los mercados originalmente definidos, el management tuvo poca paciencia y menos dinero para rediseñar una unidad de 1,3 pulgada más simple y con menos prestaciones que lograra adaptarse al empleo que finalmente había aparecido para ella. HP retiró la Kittihawk del mercado a fines de 1994.

Los managers de proyecto de HP admiten en retrospectiva que su error más serio al administrar la iniciativa de la Kittihawk fue actuar como si sus pronósticos sobre el mercado fueran correctos, en lugar de hacerlo como si pudiesen estar equivocados. Invirtieron mucho en capacidad de fabricación para producir los volúmenes predichos para el mercado de la Kittihawk y le incorporaron prestaciones sofisticadas de diseño, tales como el sensor de impactos, cruciales para su aceptación en el segmento del PDA que habían investigado tan cuidadosamente. Dicha planificación e inversión es decisiva para obtener éxito con una tecnología de sostenimiento pero, reflexionaron los managers, no resultaba adecuada para un producto de punta como era el caso. Si hubiesen tenido la oportunidad de lanzar la Kittihawk de nuevo, hubieran partido de que ni ellos ni ningún otro podía dar por seguro qué tipos de clientes la requerirían y/o en qué cantidades. Esto los hubiese conducido hacia un enfoque mucho más exploratorio y flexible en el diseño y la inversión en capacidad de manufactura para el producto; tantearían, si se les diese otra oportunidad, la manera de introducirlo al mercado dejando libres los suficientes recursos como para redirigir el programa, de ser necesario, y edificar sus estrategias sobre la base de lo que hubiesen ido aprendiendo por el camino.

Los fabricantes de unidades de disco de Hewlett Packard no son los únicos, por supuesto, que se comportaron como si supiesen cuál sería el mercado para su tecnología de punta. Los mismos se hallan en realidad bien acompañados, como lo demostrarán las siguientes historias de casos.

## La invasión por parte de Honda de la industria norteamericana de la motocicleta

El éxito de Honda en atacar y dominar los mercados de la motocicleta norteamericano y europeo ha sido citado como un soberbio ejemplo de claro pensamiento estratégico unido a una ejecución intensa y coherente. De acuerdo con estas versiones, Honda empleó una estrategia premeditada de manufactura, basada en una curva de experiencia en la cual recortó los precios, aumentó los volúmenes, redujo contundentemente los costes y los siguió recortando, y construyó una posición invulnerable en el mercado de las motocicletas fundada en la producción de gran cantidad de unidades con bajos costes de manufactura. Honda luego utilizó esa base para desplazarse mercado arriba y finalmente barrer con el resto de los fabricantes, excepto Harley-Davidson y BMW, que sobrevivieron a duras penas[2]. Honda combinó este triunfo industrial con un inteligente diseño de producto, una publicidad atractiva y una red de distribuidores y revendedores amplia y hecha a medida para los motociclistas informales que constituían el núcleo de su clientela. Relatada de esta manera, la historia de Honda es un ejemplo de brillo estratégico y excelencia operativa que cualquier manager sueña que se cuente algún día sobre él. La realidad del logro de Honda, según la opinión de los empleados de la empresa que estuvieron a cargo del negocio en esa época, sin embargo, es muy diferente[3].

Durante los años de reconstrucción y de pobreza de Japón que siguieron a la Segunda Guerra Mundial, Honda había emergido como proveedor de pequeñas y sólidas motocicletas para los distribuidores y vendedores que operaban en zonas urbanas congestionadas. Honda desarrolló una considerable pericia en el diseño de motores pequeños y eficientes para sus motocicletas. Sus ventas en Japón crecieron desde un volumen inicial de alrededor de 1.200 unidades en 1949 a 285.000 en 1959.

Los ejecutivos de Honda estaban ávidos por explotar los bajos costes laborales de la empresa para exportar sus productos a los Estados Unidos, pero no había un mercado equivalente allí para su popular producto Supercub. La investigación de Honda mostró que los americanos utilizaban las motocicletas principalmente para desplazarse a través de largas distancias, para lo cual el tamaño, la potencia y la velocidad eran los atributos de producto más altamente valorados. De acuerdo con ello, Honda diseñó una moto rápida y potente específicamente dirigida al mercado norteamericano, y en 1959 envió a tres de sus empleados a Los Ángeles para comenzar a realizar tareas de marketing. Para ahorrar en gastos de vivienda, los tres compartían un apartamento, y cada uno de ellos llevó consigo una Supercub con el fin de disponer de transporte barato para desplazarse por la ciudad.

El emprendimiento fue una experiencia frustrante desde el principio. Los productos de Honda no ofrecían ninguna ventaja a los clientes potenciales, excepto el precio, y la mayoría de los revendedores de motos rehusaron aceptar una línea que todavía no había sido probada. Cuando el equipo finalmente encontró algunos revendedores y colocó un par de cientos de unidades, los resultados fueron desastrosos. El concepto de Honda sobre el diseño del motor resultó no ser transferible a las demandas de las autopistas, en las cuales las motocicletas se conducían a altas velocidades durante períodos largos: sus motores desparramaban aceite por el asfalto y los embragues se desgastaban. Los gastos de Honda de despacho por vía aérea de las motocicletas de reemplazo entre Japón y Los Ángeles casi arruinan a la compañía.

Entretanto, un sábado, Kihachiro Kawashima, el ejecutivo a cargo del emprendimiento norteamericano, decidió disipar sus frustraciones llevando su Supercub hacia las colinas al este de Los Ángeles. Eso le ayudó: se sintió mejor luego de dar algunas vueltas en el ripio.

Un par de semanas después volvió a hacerlo. Más tarde invitó a sus dos colegas a unírsele. Los vecinos y otra gente que los veía circular por la zona comenzaron a preguntarles dónde podían adquirir esas primorosas motocicletas pequeñas, y el trío retribuyó su curiosidad ordenando para ellos modelos de Supercub a precios especiales desde Japón. Este uso privado de lo que luego se volvió conocido como motocicleta para empleo fuera de las carreteras continuó por un par de años. En cierto momento un comprador de Sears trató de adquirir Supercubs para la empresa, pero Honda dejó pasar por alto la oportunidad, y prefirió persistir en su primitiva misión de vender motocicletas grandes y potentes para carretera, estrategia que continuó sin tener éxito.

Finalmente, cuando más y más gente clamaba por su propia ágil Supercub de paseo, los representantes en Estados Unidos comprendieron el potencial existente en un mercado muy distinto para el cual –totalmente por casualidad– el pequeño vehículo Supercub de 50 cc resultaba muy adecuado. Aunque requirió muchas discusiones llegar a torcerles el brazo a los directivos, el equipo de Los Ángeles finalmente convenció al management de la corporación en Japón de que, si bien las motocicletas grandes estaban destinadas al fracaso, había otra oportunidad que valía la pena.

Una vez que fue adoptada formalmente la estrategia de la motocicleta pequeña, el equipo encontró que obtener revendedores para la Supercub representaba un desafío todavía más difícil que el que habían enfrentado para las motocicletas grandes. Simplemente, no había ningún revendedor que se ocupara de esta clase de productos. Por fin, persuadieron a un par de negocios de artículos deportivos a que incorporaran la línea, y cuando estos comenzaron a promoverla con éxito, nació la innovadora estrategia de distribución de Honda.

La empresa no disponía del dinero necesario para una campaña de publicidad sofisticada. Pero un estudiante de la UCLA (University of California enLos Angeles), que conocía el producto, propuso el eslogan: "Uno encuentra la mejor gente subida a una Honda", en un trabajo que escribió para su curso de publicidad. Alentado por su profesor, vendió la idea a una agencia, que luego convenció a Honda de utilizarla en lo que se convirtiría en una campaña varias veces premiada. Estos acontecimientos estrambóticos fueron, por supuesto, seguidos por un diseño de ingeniería y una ejecución de la producción de nivel verdaderamente internacional, que le permitieron a Honda bajar reiteradamente sus precios a medida que mejoraba la calidad de su producto y aumentaba los volúmenes de producción.

La motocicleta de 50 cc de Honda fue una tecnología de punta para el mercado norteamericano. El orden en que sus usuarios clasificaban sus atributos al comprarla, definió para Honda un universo de valor muy diferente del ya establecido, en el cual habían competido Harley-Davidson, BMW y otros fabricantes tradicionales.

Desde su base de fabricación a bajo coste de motocicletas confiables, y utilizando una estrategia que hacía recordar a las invasiones de mercado descritas anteriormente en las industrias de las unidades de disco, el acero, las excavadoras y las ventas minoristas, Honda dirigió su vista mercado arriba, e introdujo entre 1970 y 1988 una serie de motocicletas con motores cada vez más poderosos.

Durante un tiempo, a fines de la década de los '60 y principios de los '70, Harley-Davidson intentó competir cabeza a cabeza con Honda y capitalizar el auge del mercado en expansión de las motos económicas. Produjo entonces una línea de vehículos con motores pequeños (150 a 300 cc), adquiridos al fabricante italiano Aeromecchania. Harley intentó vender estas motocicletas a través de su red de revendedores norteamericanos. Aunque la capacidad de producción de Honda se hallaba claramente en desventaja frente a la de Harley, una de las razones principales del fracaso de Harley en establecer una presencia fuerte en este universo de valor fue la oposición de su red de revendedores. Los márgenes de rentabilidad de estos últimos eran mucho mayores con las motocicletas caras, y muchos de ellos sintieron que la pequeñas máquinas afectaban la imagen positiva de Harley-Davidson con sus clientes principales.

En el Capítulo 2 se mencionó el hecho de que, dentro de su universo específico de valor, las compañías productoras de unidades de disco y sus clientes –los fabricantes de ordenadores– habían desarrollado modelos económicos o estructuras de costes muy similares, las cuales determinaban los tipos de negocios que les resultaban rentables. Vemos el mismo fenómeno en este caso. Dentro de su propio universo de valor, el punto de vista económico de los revendedores de Harley los indujo a preferir la misma clase de negocios que tradicionalmente Harley había favorecido. Su coexistencia dentro del mismo universo de valor hizo difícil tanto para Harley como para sus revendedores salirse de ese universo por su parte inferior. A finales de la década de los '70, Harley cedió en su propósito y se volvió a posicionar en el punto más alto del mercado de las motocicletas, estrategia que hacía recordar al reposicionamiento de Seagate en el mercado de las unidades de disco, y a las retiradas mercado arriba de las compañías de excavadoras operadas a cable y de los laminadores de acero integrados.

Como hecho interesante, Honda resultó ser tan poco precisa en estimar *cuán grande* sería el potencial del mercado norteamericano de motocicletas como había sido en comprender *en qué* consistiría. Sus aspiraciones iniciales al ingresar en el mercado en 1959 habían sido capturar el 10 por ciento de un mercado estimado en 550.000 unidades por año y con una tasa de crecimiento anual del 5 por ciento. Hacia 1975 el mercado había crecido a un ritmo del 16 por ciento anual hasta llegar a 5.000.000 de unidades por año, en gran parte debidas a una aplicación que Honda no había previsto[4].

## El descubrimiento por parte de Intel del mercado de los microprocesadores

Intel, lanzada en 1969 sobre la base de su desarrollo pionero de la tecnología de metal sobre silicio (MOS, de acuerdo con su nombre en inglés) para producir los primeros circuitos integrados de memoria dinámica de acceso aleatorio (DRAM) del planeta, se había vuelto hacia 1995 una de las empresas grandes más rentables del mundo. La historia de su éxito es aún más notable porque, cuando su liderazgo inicial en el mercado de las DRAM comenzó a tambalear entre 1978 y 1986 ante la acometida de los fabricantes japoneses de semiconductores, Intel pasó de ser una empresa de segundo orden en el mercado de las memorias DRAM a ocupar el primer lugar del mundo en la producción de microprocesadores. ¿Cómo pudo lograr semejante cosa?

Intel desarrolló el microprocesador original en virtud de un contrato con un fabricante japonés de calculadoras. Cuando el proyecto concluyó, el equipo de ingeniería de

Intel logró persuadir a los ejecutivos de la compañía a que adquiriesen la patente del microprocesador. Intel no tenía ninguna estrategia explícita con el fin de construir un mercado para su nuevo microprocesador; simplemente vendía la plaqueta a todo aquel que pareciera estar interesado en utilizarla.

Así como parecen tan comunes hoy en día, los microprocesadores constituyeron una tecnología de punta cuando surgieron. Sólo podían proveer una funcionalidad relativamente limitada, en comparación con los complejos circuitos lógicos que constituían las unidades centrales de procesamiento de los grandes ordenadores de los años '60. Pero eran en cambio pequeños y simples, y permitían utilizar la lógica y la informática en aplicaciones donde antes no había resultado posible.

Durante la década de los '70, cuando la competencia en el mercado de las memorias DRAM se intensificó, los márgenes por dichos elementos en los ingresos de Intel comenzaron a decaer, en tanto que los márgenes de su línea de microprocesadores, donde había menor competencia, permanecieron inalterables. El sistema que utilizaba Intel para asignar la capacidad de producción de sus distintos productos operaba automáticamente de acuerdo con una fórmula donde la capacidad de producción se asignaba en proporción a los márgenes brutos que obtenía cada línea de producto. El sistema, por lo tanto, comenzó a desviar imperceptiblemente los recursos de capital y de fabricación desde el negocio de las memorias DRAM hacia el de los microprocesadores, sin que hubiera una decisión explícita del management para hacer tal cosa[5]. De hecho, el senior management de Intel continuó concentrando la mayor parte de su atención y energía en las memorias DRAM, aun cuando los procesos de asignación de recursos de la empresa estaban instrumentando la salida gradual de ese negocio.

Esta estrategia *de facto* de alejamiento, comandada por el proceso automático de asignación de recursos de Intel, fue fortuita. Debido a que en esa época se conocía tan poco sobre el mercado de los microprocesadores, un análisis explícito hubiera provisto poca justificación para un desplazamiento atrevido en dirección de la fabricación de estos últimos. Gordon Moore, cofundador y presidente de Intel, por ejemplo, recordó que la elección por parte de IBM del microprocesador Intel 8088 como "cerebro" de su nuevo ordenador personal fue considerada dentro de Intel como un "logro modesto"[6]. Aun después del asombroso éxito de IBM con sus ordenadores personales, los pronósticos internos de Intel para las aplicaciones de la siguiente generación de sus microprocesadores 286 no incluía los ordenadores personales en la lista de las cincuenta aplicaciones de mayor volumen[7].

En retrospectiva, la aplicación de los microprocesadores a los ordenadores personales resulta obvia. Pero en el fragor de la batalla, de las muchas aplicaciones en que podrían ser utilizados los microprocesadores, incluso un equipo de management tan capaz como el de Intel no podía apreciar cuál sería el que emergería como el mercado más importante ni los volúmenes y beneficios que le llegaría a rendir.

## Impredictibilidad e inmovilidad hacia abajo en las empresas ya establecidas

La reacción de algunos managers a la dificultad para preparar correctamente los mercados para las tecnologías de punta es trabajar más duramente y planificar de manera más inteligente. Aunque este enfoque funciona bien con las tecnologías de sostenimiento, rechaza las evidencias acerca de la naturaleza de las innovaciones radicales. Entre toda la incertidumbre que las rodea, se puede contar con una referencia sólida: *los pronósticos de los expertos estarán siempre equivocados.* Resulta simplemente imposible predecir con cualquier grado útil de precisión cómo serán utilizados los productos de punta o cuán grandes llegarán a ser sus mercados. Un importante corolario de esto es que, debido a que los mercados para las tecnologías son imprevisibles, las estrategias iniciales de las empresas para ingresar a ellos generalmente serán erróneas.

¿Cómo encaja esta afirmación con los hallazgos presentados en la Tabla 6.1, que mostraba una sorprendente diferencia en las probabilidades posteriores de éxito entre firmas que ingresaban a universos de valor nuevos, emergentes (37 por ciento) y aquellas que lo hacían a universos de valor ya existentes (6 por ciento)? Si los mercados no pueden ser previstos con anticipación, ¿cómo pueden las empresas que los abordan ser más exitosas? De hecho, cuando he exhibido la matriz de la Tabla 6.1 ante audiencias de nivel gerencial, los presentes se asombraban sobremanera de las diferencias en las magnitudes y probabilidades de éxito. Pero resulta claro que los managers no creen que los resultados puedan ser generalizados a sus propias situaciones... Los hallazgos violan su sensación intuitiva de que crear nuevos mercados es una cuestión genuinamente riesgosa[8].

### Ideas fallidas versus negocios fallidos

Los casos de estudio examinados en este capítulo sugieren una solución a este enigma. Existe una gran diferencia entre el fracaso de una *idea* y el fracaso de una *empresa.* Muchas de las ideas que prevalecieron en Intel acerca de dónde podría ser utilizado su microprocesador proveniente de una tecnología de punta resultaron erróneas; afortunadamente, Intel no había gastado todos sus recursos en instrumentar planes de marketing equivocados cuando todavía no se conocía la dirección en que se encontraba el mercado correcto. Como empresa, Intel sobrevivió a muchas falsas partidas en su búsqueda de un mercado importante para sus microprocesadores. De manera similar, la idea de Honda acerca de cómo ingresar al mercado norteamericano de la motocicleta estaba equivocada, pero la empresa no gastó todos sus recursos siguiendo la estrategia de la motocicleta grande y pudo por lo tanto invertir agresivamente en la estrategia ganadora cuando por fin esta emergió. El equipo de la Kittihawk de Hewlett Packard no fue tan afortunado. Como creían que habían identificado la estrategia ganadora, sus managers invirtieron todo su presupuesto en un único diseño de producto y una capacidad de producción pensada para una aplicación que nunca se materializó. Cuando finalmente comenzaron a aparecer las aplicaciones para esta diminuta unidad de disco, el equipo de la Kittihawk ya no contaba con los medios necesarios para seguir adelante.

La investigación ha demostrado, de hecho, que la gran mayoría de los nuevos emprendimientos comerciales exitosos abandonaron sus estrategias de negocios originales cuando comenzaron a llevar a cabo sus planes iniciales y se dieron cuenta de qué funcionaría en el mercado y qué no lo haría[9]. La diferencia principal entre los emprendimientos exitosos y los frustrados, generalmente, no es el grado de astucia de su estrategia original. Acertar con la maniobra correcta en un solo intento no es tan importante para el éxito final, como mantener disponibles los suficientes recursos (o contar con las relaciones adecuadas con las empresas financieras y los inversores) de modo que cada nueva iniciativa de negocio pueda obtener una segunda o tercera oportunidad de encaminarse. Las iniciativas que se quedan sin recursos o credibilidad antes de poder repetir el proceso en busca de una estrategia viable son las que terminan fracasando.

## Ideas fallidas y managers fallidos

En la mayoría de las empresas, sin embargo, los managers no se pueden dar el lujo de sobrevivir a una cadena de pruebas y errores mientras buscan la estrategia que funcione adecuadamente. De manera correcta o equivocada, los managers de la mayoría de las organizaciones suponen que ellos *no pueden permitirse* fracasar. Si hacen campaña por un proyecto que luego se frustra debido a que el plan inicial de marketing era erróneo, ese revés va a constituir de ahí en más un baldón en sus legajos, que bloqueará sus ascensos posteriores en la organización. Debido a que el fracaso es intrínseco al proceso de encontrar nuevos mercados para las tecnologías de punta, la falta de capacidad o de voluntad de los managers individuales para poner sus carreras en riesgo actúa como un poderoso disuasivo al eventual avance de las firmas ya establecidas hacia los universos de valor creados por estas tecnologías de punta. Como lo observó Joseph Bower en su clásico estudio del proceso de asignación de recursos en una empresa química de primera línea, "La presión del mercado reduce tanto la probabilidad como el coste de llegar a equivocarse"[10].

La observación de Bower resulta coherente con los hallazgos que se presentan en este libro acerca de la industria de las unidades de disco. Cuando la demanda para una innovación estaba asegurada, como era siempre el caso con la tecnologías de sostenimiento, los líderes establecidos de la industria fueron capaces de hacer inversiones inmensas, a largo plazo y riesgosas para desarrollar cualquier tecnología que les fuese requerida. Cuando la demanda en cambio no estaba asegurada, como es el caso con las tecnologías de punta, las firmas establecidas no podían siquiera decidirse a efectuar las apuestas tecnológicamente sencillas requeridas para comercializar tales innovaciones. Eso permite comprender por qué el 65 por ciento de las compañías que ingresaron a la industria de las unidades de disco intentaron hacerlo en un mercado ya establecido en lugar de hacerlo en uno emergente. Descubrir mercados para las tecnologías innovadoras lleva inherentemente aparejada la posibilidad de fracasar, y la mayoría de los individuos que toman decisiones encuentran muy difícil arriesgarse a respaldar un proyecto que pueda fracasar porque no encuentra un mercado apropiado.

### *Planes de aprendizaje versus planes de ejecución*

Debido a que el fracaso resulta intrínseco a la búsqueda de aplicaciones de mercado iniciales para las tecnologías de punta, los managers necesitan contar con un enfoque muy diferente del que adoptarían respecto de una tecnología de sostenimiento. En general, para estas últimas, pueden adoptarse planes rígidos de acción, los pronósticos pueden ser precisos y los comentarios que efectúan los clientes pueden considerarse razonablemente confiables. Con este tipo de tecnologías, una planificación cuidadosa, seguida de una ejecución audaz, constituyen la fórmula correcta para obtener el éxito.

Pero en situaciones donde hay presentes tecnologías de punta, las acciones deben ser emprendidas antes de efectuar planes cuidadosos. Debido a que se puede conocer mucho menos respecto de las necesidades de los mercados y de su tamaño final, los planes deben servir a un propósito muy diferente: deben ser planes de *aprendizaje* en vez de planes de instrumentación. Al abordar un negocio de tipo abrupto con la clara noción de que no se puede conocer anticipadamente cuál será el mercado, los managers lograrán identificar cuáles de las informaciones críticas resultan más necesarias y en qué secuencia se necesitarán. Los planes de proyectos y de negocios reflejarán esas prioridades, de modo que se crearán piezas clave de información o se resolverán las incertidumbres importantes, antes de asumir compromisos severos de capital, tiempo y dinero necesarios.

La *planificación basada en el descubrimiento*, que requiere que los managers identifiquen las presunciones sobre las cuales estarán basadas sus aspiraciones de negocios[11], funciona bien en el caso de las tecnologías de punta. Para la unidad de disco Kittihawk de Hewlett Packard, por ejemplo, HP invirtió sumas significativas de dinero con su asociada, la Citizen Watch Company, en construir y proveer de herramientas a una línea de producción sumamente automatizada. El compromiso estaba basado en la suposición de que los volúmenes predichos para esa unidad de disco, edificados a partir de pronósticos realizados por los clientes de HP de lo que serían las ventas de los PDA, eran correctos. Si los managers de HP hubieran supuesto en cambio que nadie se hallaba en condiciones de saber a cuánto ascenderían las ventas de las PDA, podrían haber construido pequeños módulos de fabricación en lugar de una única línea de alto volumen. Hubieran podido mantener así la capacidad de los mismos, o procedido a agregar o reducir el número de módulos cuando los acontecimientos clave hubieran confirmado o negado sus presunciones.

De manera similar, el plan de desarrollo de producto de la Kittihawk estuvo basado en la presunción de que la aplicación principal para la diminuta unidad de disco se hallaba en los PDA, que demandaban una gran robustez. Basado en esta presunción, el equipo de la Kittihawk se limitó a seleccionar componentes y una arquitectura que hacían que el producto resultara demasiado caro para ser vendido en un mercado sensible a los precios como lo era el de los fabricantes de videojuegos, situado en el extremo emergente más bajo del mercado. Una planificación basada en el descubrimiento hubiera forzado al equipo a probar sus suposiciones de mercado *antes* de asumir compromisos que luego fuesen imposibles de revertir; en este caso, tal vez creando un diseño modularizado que pudiera ser fácilmente reconfigurado y al cual se le pudiesen eliminar prestaciones de modo de dirigirlo a diferentes mercados y a diferentes especificaciones de precio, a medida que los acontecimientos confirmaran la validez de sus presunciones.

Filosofías tales como *management por objetivos* y *management por excepción* a menudo impiden el descubrimiento de nuevos mercados debido a los atributos en donde concentran la atención del management. Típicamente, cuando el desempeño no alcanza a satisfacer las expectativas del plan, estos sistemas alientan al management a cerrar la brecha entre lo que se planificó y lo que efectivamente sucedió. O sea, se concentran en errores no anticipados. Pero como lo ilustra la experiencia de Honda, los mercados para tecnologías de punta a menudo emergen de acontecimientos no previstos, que no han suscitado la atención del senior management[12]. Tales descubrimientos a menudo se revelan si directamente se observa cómo son utilizados los productos por la gente, en lugar de prestar oídos a lo que esta dice sobre el particular.

Denomino *marketing descreído* a este enfoque dirigido a descubrir los mercados emergentes para las tecnologías de punta. Con esta expresión quiero reflejar un marketing realizado bajo la suposición explícita de que *nadie* —ni la empresa, ni los clientes de la misma— puede saber con certeza si, cómo o en qué cantidades un producto proveniente de una tecnología de punta podrá o será utilizado, antes que el propio mercado obtenga experiencia utilizándolo. Algunos ejecutivos, confrontados con dicha incertidumbre, prefieren aguardar hasta que otra gente haya definido el mercado posible para un producto nuevo. Dadas las poderosas ventajas de que goza el que ataca primero, sin embargo, los que se vean obligados a confrontarse con tecnologías de punta necesitarán salir de sus laboratorios y grupos de trabajo y obtener sus conocimientos sobre los nuevos clientes y las nuevas aplicaciones directamente a través de incursiones por los mercados posibles, que se encuentren básicamente gobernadas por el afán de descubrimiento.

## Notas


1.  Lo que sigue es un resumen de la historia más completa comentada en "Hewlett Packard: The Flight of the Kittihawk", Harvard Business School, Caso N° 9-697-060, 1996.

2.  Ejemplos de tales historias sobre el éxito de Honda incluyen el caso de estudio de la Harvard Business School, "A Note on the Motorcycle Industry –1975", N° 9-578-210, y un informe publicado por el Boston Consulting Group, "Strategy Alternatives for the British Motorcycle Industry", 1975.

3.  Richard Pascale y f. Tatum Christiansen, "Honda (A)", Harvard Business School Teaching, Case N° 9-384-049, 1984 y "Honda (B)", Harvard Business School, Caso de Estudio N° 9-384-050, 1984.

4.  *Statistical Abstract of the United States.* Washington, D.C.: United States Bureau of the Census, 1980, 648.

5.  La retirada de Intel del negocio de las memorias DRAM y su entrada al de los microprocesadores ha sido relatada por Robert A. Burgelman en "Facing Memories: A Process Theory of Strategic Business Exit in Dynamic Environments", *Administrative Science Quarterly* (39), 1994, 24-56. Vale la pena leer esta exhaustiva investigación del proceso de la evolución de una estrategia.

6.  George W. Cogan and Robert A. Burgelman, "Intel Corporation (A): The DRAM Decision", Stanford Business School, Case P5-BP-256.

7.  Robert A. Burgelman, "Fading Memories: A Process Theory of Strategic Business Exit in Dynamic Environments", *Administrative Science Quarterly* (39) 1994.

8.  Los estudios acerca de cómo los managers definen y perciben el riesgo pueden arrojar significativa luz sobre este enigma. Amos Tversky y Daniel Kahneman, por ejemplo, han mostrado que la gente tiende a considerar las proposiciones que no comprende como más riesgosas, independientemente de su riesgo intrínseco, y a ver las cosas que *sí* entiende como *menos* riesgosas, de nuevo independientemente de su riesgo intrínseco. (Amos Tversky y Daniel Kahneman, "Judgement Under Uncertainty: Heuristics and Biases", *Science* [185], 1974, 1124-1131). Los managers, por lo tanto, pueden considerar la creación de nuevos mercados como proposiciones riesgosas, aunque existan evidencias en contrario, porque no comprenden los mercados no existentes; de manera similar, pueden considerar la inversión en tecnologías de sostenimiento, aun aquellas con un alto riesgo intrínseco, como seguras, debido a que comprenden la necesidad del mercado.

9.  Entre los excelentes estudios en esta tradición se encuentran los de Myra M. Hart, *Founding Resource Choices: Influences and Effects*, tesis DBA, Harvard University Graduate School of Business Administration, 1995; Amar Bhide, "How Entrepreneurs Craft Strategies that Work", *Harvard Business Review*, marzo-abril, 1994, 150-163; Amar Bhide, "Bootstrap Finance: The Art of Start-Ups", *Harvard Business Review*, noviembre-diciembre 1992, 109-118; "Hewlett Packard's Kittyhawk", Harvard Business School, Case N° 9-697-060; y "Vallourec's Venture into Metal Injection Molding", Harvard Business School, Case N° 9-697-001.

10. Joseph Bower, *Managing the Resource Allocation Process*. Homewood, IL: Richard D. Irwin, 1970, 254.

11  Rita G. McGrath e Ian C. MacMillan, "Discovery Driven Planning", *Harvard Business Review*, julio-agosto, 1995, 4-12

12. Este punto resulta persuasivamente argumentado en Peter F. Drucker, *Innovation and Entrepreneurship*. Nueva York: Harper & Row, 1985. Más adelante, en el Capítulo 8, comento cómo el fabricante de software Intuit descubrió que mucha de la gente que compraba su software de management financiero personal denominado *Quicken*, lo utilizaba, de hecho, para mantener los libros de sus pequeños negocios. Intuit no había previsto esta aplicación, pero procedió a adaptar el producto a las necesidades de los pequeños negocios y lanzó *Quickbooks*, que obtuvo más del 70 por ciento del mercado del software de contabilidad para pequeñas empresas en los siguientes dos años.

# CAPÍTULO 8

# DESEMPEÑO OFRECIDO, DEMANDA DEL MERCADO Y EL CICLO DE VIDA DEL PRODUCTO

Los gráficos de este libro en los que se presenta la intersección de las trayectorias de la tecnología y del mercado, han demostrado ser útiles para explicar por qué las firmas líderes pueden trastabillar desde posiciones de liderazgo en su respectivo sector de la industria. En cada uno de los diversos rubros explorados, los técnicos fueron capaces de proveer tasas de mejoras de desempeño que excedían las que el mercado necesitaba o podía absorber. Históricamente, cuando tiene lugar esta *sobreoferta de desempeño*, se crea una oportunidad para que aparezca una tecnología de punta y que posteriormente esta invada los mercados ya establecidos desde abajo.

Cuando la sobreoferta de desempeño genera esta amenaza para las industrias ya establecidas, y al mismo tiempo una oportunidad para la aparición de una tecnología de punta, también activa un cambio fundamental en la base de la competencia: la clasificación de los criterios por los cuales los clientes eligen un producto o servicio sobre otro se modificará, lo que señala la transición desde una fase (definida de varias maneras por los teóricos del management) a la siguiente en el ciclo de vida del producto. En otras palabras, las trayectorias intersectantes de desempeño ofrecido y de desempeño demandado constituyen disparadores fundamentales de las fases del ciclo de vida del producto. Debido a ello, las curvas como las que han sido utilizadas en este libro caracterizan de manera útil cómo la dinámica competitiva de la industria y su base de competencia se encuentran propensas a cambiar con el transcurso del tiempo.

Como se hizo en los capítulos anteriores, esta consideración comienza con un análisis tomado de la industria de las unidades de disco. Luego de observar el mismo fenómeno repetirse en los mercados del software para contabilidad y de los productos para el control de la diabetes, resultará clara la relación entre este patrón y las fases del ciclo de vida de un producto.

## Sobreoferta de desempeño y modificación de las bases de la competencia

El fenómeno de la sobreoferta de desempeño se grafica en la Figura 8.1, que es un resumen de la Figura 1.7. Aquí se muestra que hacia 1988, la capacidad de la unidad de disco promedio de 3,5 pulgadas se había incrementado finalmente hasta igualar a la capacidad requerida en el mercado principal de los ordenadores personales de escritorio, y que la capacidad de la unidad de disco promedio de 5,25 pulgadas para ese época había sobrepasado las demandas de su mercado principal en casi un 300 por ciento. En ese punto, por primera vez desde que emergió el mercado de la informática, los fabricantes de ordenadores tuvieron la posibilidad de elegir la unidad de disco que iban a comprar, porque *ambas* les brindaban una capacidad perfectamente adecuada a sus necesidades.

¿Cuál fue el resultado? Los fabricantes de ordenadores personales de escritorio comenzaron a agruparse en

**Figura 8.1 Trayectorias intersectantes de capacidad demandada
*versus* capacidad provista por las unidades de disco rígido**

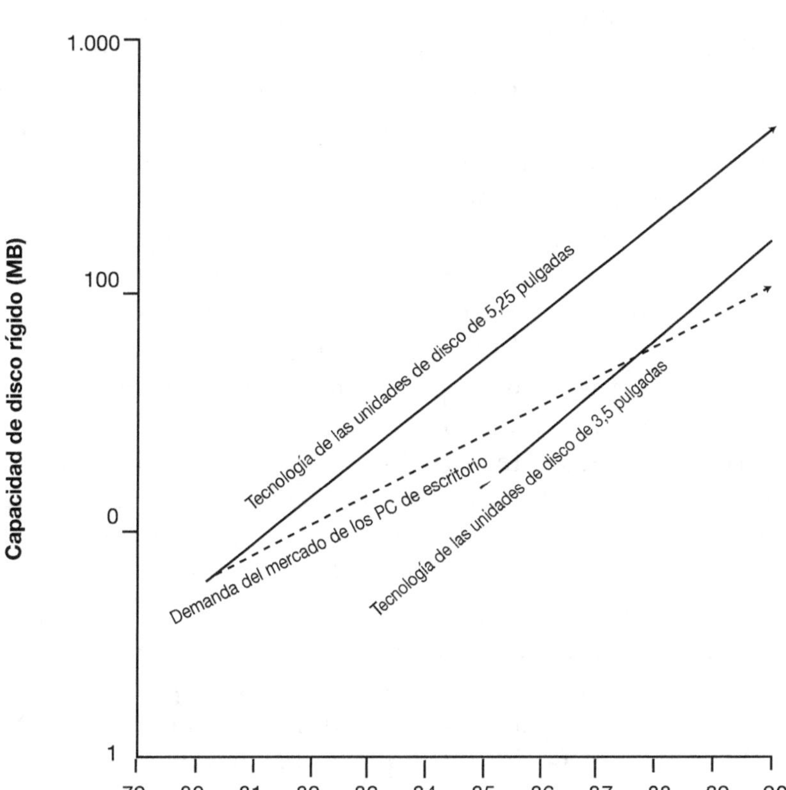


*Fuente:* Los datos han sido extraídos de varias ediciones de *Disk/Trend Report*.

torno de las unidades de 3,5 pulgadas. La Figura 8.2 ilustra el fenómeno mediante un formato de curva diferente, en el cual el eje vertical mide la relación entre la cantidad de unidades vendidas de la nueva y de la vieja tecnologías. En 1985 esta relación era de 0,007, lo que significa que menos del 1 por ciento (0,0069) del mercado de los ordenadores de escritorio había pasado a utilizar el formato de

3,5 pulgadas. Hacia 1987, este índice había avanzado hasta 0,20 por ciento, lo que significaba que el 16,7 por ciento de las unidades vendidas ese año eran de 3,5 pulgadas. En 1989, el índice ya era de 1,5, o sea, solo cuatro años después que los productos de 3,5 pulgadas hubiesen aparecido como un débil punto luminoso en la pantalla del radar de dicho mercado, ya eran responsables del 60% de las ventas de unidades de disco.

¿Por qué esta innovación conquistó de manera tan decisiva el mercado de los PC de escritorio? Una hipótesis económica normal podría ser que era más efectivo en cuanto a coste: si no hubiera ninguna diferencia significativa entre los dos tipos de producto (ambos tuvieran la capacidad adecuada para el mercado), la competencia de precios habría prevalecido. Este no fue el caso aquí, sin embargo. En realidad, los fabricantes de ordenadores tuvieron que pagar, en promedio, un 20 por ciento más por megabyte al utilizar las unidades de disco de 3,5 pulgadas, y sin embargo *aun así* las prefirieron. Además, optaron por la unidad de disco más costosa cuando al mismo tiempo debían enfrentar una feroz competencia de precios en el mercado de su propio producto. ¿Por qué ocurrió eso?

La sobreoferta de desempeño disparó un cambio en la base de la competencia. Una vez que la demanda de capacidad quedó satisfecha, otros atributos, cuyos desempeños no habían aún equiparado las demandas del mercado, comenzaron a ser más valorados y a constituir las nuevas dimensiones a través de las cuales los fabricantes de unidades de disco buscaban diferenciar sus productos. Conceptualmente, esto significó que el atributo más importante medido en el eje vertical de figuras tales como la 8.1 varió, y que se fueron originando nuevas trayectorias de desempeño de producto que comenzaron a ser las que se comparaban con las demandas del mercado.

Específicamente, en el mercado de los ordenadores

**Figura 8.2 Sustitución de las unidades de disco de 8, 5,25 y 3,5 pulgadas entre los 30 y los 100 MB**

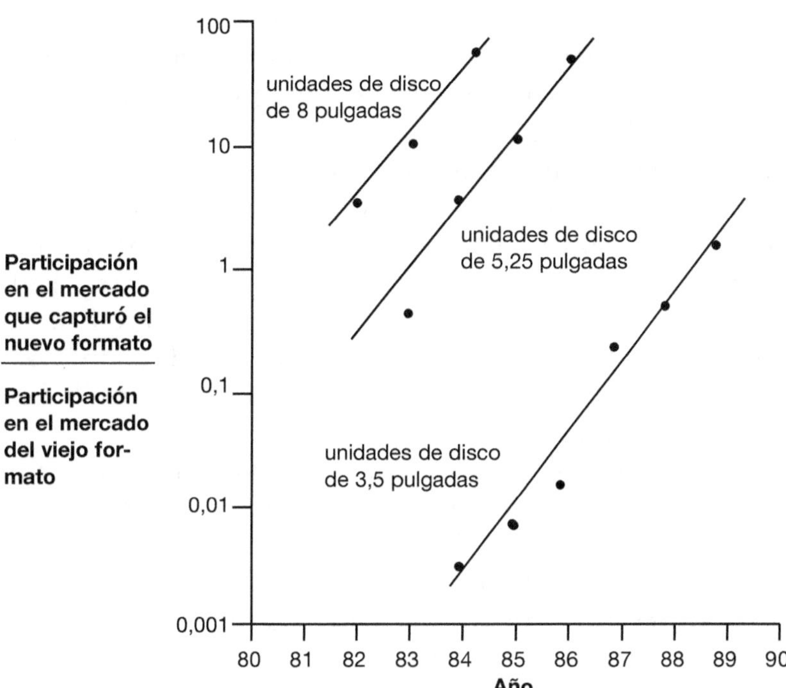


*Fuente:* Los datos han sido extraídos de diversas ediciones de *Disk/Trend Report*

personales de escritorio, entre 1986 y 1988, el tamaño de las unidades de disco comenzó a resultar más importante que otras características. La más pequeña, la de 3,5 pulgadas, permitía a los fabricantes de ordenadores reducir la planta de los mismos, o sea la superficie que ocupaba cada ordenador sobre un escritorio. En IBM, por ejemplo, el amplio gabinete de la XT/AT daba lugar a las máquinas mucho más pequeñas de la generación PS1/PS2.

Durante cierto tiempo, cuando la disponibilidad de unidades de disco pequeñas no satisfacía aún los requerimientos del mercado, los fabricantes de ordenadores de escritorio continuaron otorgando una considerable predilección a las de 3,5 pulgadas. De hecho, utilizando el análisis de regresión hedónica descrito en el Capítulo 4, el precio vestigial de 1986 para una reducción de diez centímetros cúbicos en el volumen de una unidad de disco era de u$s 2,88. Pero una vez que los fabricantes de ordenadores comenzaron a configurar su nuevas generaciones de máquinas de escritorio para que utilizaran las unidades de disco más pequeñas, sus requerimientos de menor tamaño fueron finalmente satisfechos. Como resultado, el precio vestigial de 1989, o sea la diferencia de precio que se les acordaba a las unidades de disco más pequeñas, disminuyó a u$s 0,037 para una reducción de diez centímetros cúbicos.

Generalmente, una vez que se lograba el nivel de desempeño requerido para un atributo en particular, los clientes emitían señales de no querer pagar un precio extra por una mejora incremental de ese atributo. Por lo tanto, la sobreoferta de desempeño produce un desplazamiento en la base de la competencia, y los criterios de selección utilizados por los clientes se trasladan hacia cualidades todavía no proporcionadas.

La Figura 8.3 resume lo que parece haber sucedido en el mercado de los PC de escritorio. El atributo medido sobre el eje vertical fue modificándose de manera reiterada. La sobreoferta en la capacidad disparó la primera redefinición del eje vertical, de capacidad a tamaño físico. Cuando el desempeño en esta nueva dimensión satisfizo las necesidades del mercado, la definición de desempeño sobre el eje vertical varió una vez más, para reflejar esta vez la demanda de confiabilidad. Durante un tiempo, los productos que ofrecían resistencia al impacto y tiempo medio entre desperfectos (MTBF, de acuerdo con su nombre en inglés) competitivamente superiores fueron recompensados con un incremento de precio significativo, comparado con el que se pagaba por otras ofertas. Pero cuando los valores del MTBF se aproximaron a un millón de horas[1], el precio vestigial acordado a un incremento de cien horas del MTBF se aproximó a cero, lo que sugiere la aparición de sobreoferta en esa dimensión del desempeño del producto. La fase siguiente, que es la actual, es una intensa competencia basada en los precios, con márgenes brutos que bajan más allá del 12 por ciento en algunos casos.

## ¿Cuándo se convierte un producto en una mercancía corriente?

El proceso de conversión en mercancía corriente de las unidades de disco fue definido por la interacción entre las trayectorias de lo que requería el mercado y lo que suministraba la tecnología. La unidad de disco de 5,25 pulgadas se convirtió en una mercancía corriente gobernada por el precio de mercado de los ordenadores de escritorio alrededor de 1988, cuando la unidad de disco de 3,5 pulgadas se hallaba todavía en una etapa de precio diferencial. La unidad de 5,25 pulgadas, además, aun cuando fuese ofrecida como una mercancía corriente en las aplicaciones de escritorio, lograba al mismo tiempo sustanciales diferencias de precios en los mercados más altos, con relación a las unidades de disco de 8 pulgadas. Como se describió en el Capítulo 4, esto explica los agresivos movimientos mercado arriba realizados por las compañías ya establecidas.

Un producto se convierte en una mercancía corriente dentro de un segmento específico cuando los reiterados cambios en la base de la competencia, como se describe más arriba, dejan de tener efecto, o sea, cuando las necesidades del mercado para cada atributo o dimensión de desempeño han sido plenamente satisfechas por más de un

Figura 8.3  Cambios en la base de competencia en la industria de las unidades de disco

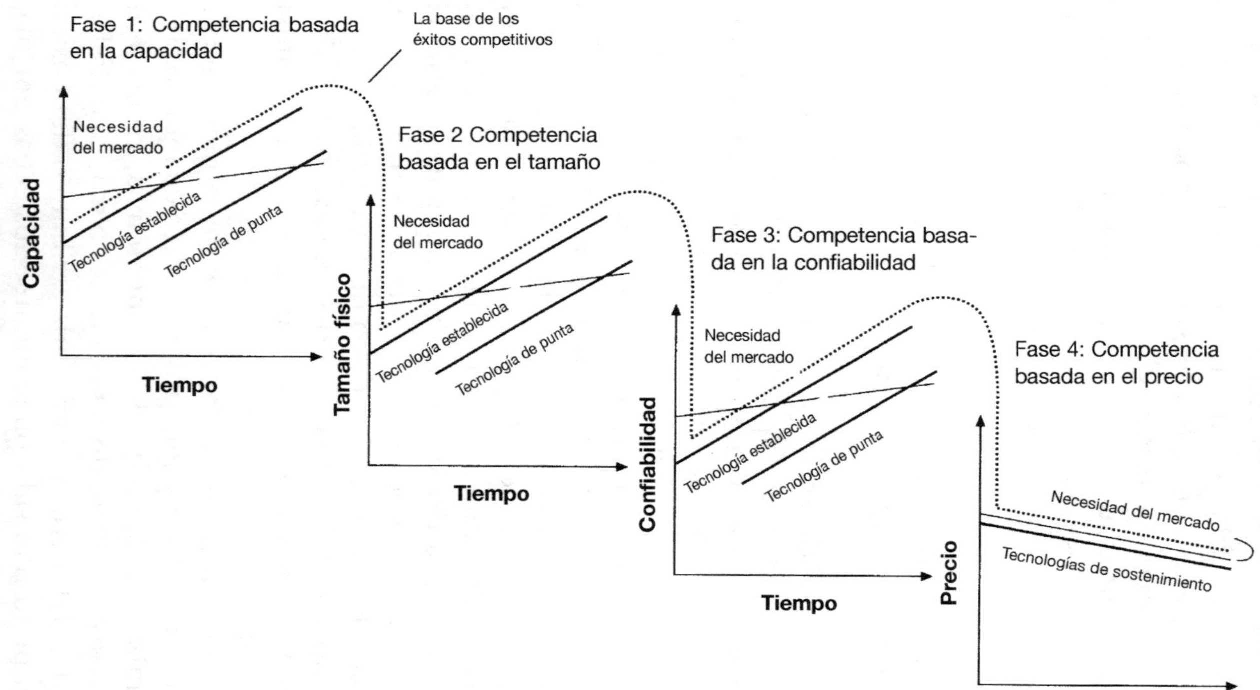

producto disponible. El encuadre de la sobreoferta de desempeño puede ayudar a los consultores, managers e investigadores a comprender los comentarios frustrados que se escuchan regularmente por parte de la gente de ventas que es derrotada en las negociaciones de precios por los clientes: "Estos tontos están tratando nuestro producto como si fuese una mercancía corriente. ¿No se dan cuenta que es mucho mejor?" Podría, en efecto, darse el caso de que las ofertas de productos de diferentes competidores de un mismo mercado continuasen siendo diferenciadas unas de otras. Pero la diferenciación pierde su significado cuando las prestaciones y la funcionalidad han excedido las demandas del mercado.

## Sobreoferta de desempeño y la evolución de la competencia de productos

La bibliografía sobre marketing ofrece numerosas descripciones del ciclo de vida de un producto y de las maneras en las cuales las características de los productos comprendidos en determinadas categorías evolucionan a través del tiempo[2]. Los hallazgos de este libro sugieren que, para varios de estos modelos, la sobreoferta constituye un factor importante que gobierna la transición de una fase del ciclo a la siguiente.

Consideremos, por ejemplo, el modelo de evolución de producto denominado por sus creadores, Windermere Associates de San Francisco, California, la *jerarquía de compra*, que describe como típicas las cuatro etapas siguientes: funcionalidad, confiabilidad, conveniencia y precio. Inicialmente, cuando ningún producto disponible satisface los requerimientos de funcionalidad del mercado, la base de la competencia, o sea los criterios que rigen la elección de producto, tiende a ser la *funcionalidad* del mismo.

(Algunas veces, como en el caso de las unidades de disco, un mercado puede ir variando cíclicamente entre diversas dimensiones de funcionalidad). Una vez que dos o más productos satisfacen de manera confiable la demanda del mercado respecto de la funcionalidad, sin embargo, los clientes ya no pueden seguir basando su elección en ella, sino que tienden a elegir un producto y un proveedor por su *confiabilidad.* Y cuanto más confiables sean asimismo los proveedores de los productos más confiables, se harán acreedores de un sobreprecio por ello.

Pero cuando dos o más proveedores mejoran hasta el punto en que satisfacen con exceso la confiabilidad requerida por el mercado, la base de la competencia se desplazará hacia la *conveniencia.* Los clientes preferirán aquellos productos y proveedores más convenientes. Nuevamente, en tanto que las necesidades del mercado respecto de la conveniencia excedan lo que los proveedores sean capaces de ofrecer, los clientes seleccionarán los productos sobre esta base y recompensarán a sus proveedores pagándoles sobreprecios por la conveniencia que los mismos les ofrecen. Finalmente, cuando varios proveedores ofrezcan un paquete de productos y servicios convenientes que satisfagan totalmente los requerimientos del mercado, la base de la competencia se desplazará hacia el *precio.* El factor que gobierna la transición de una fase de la jerarquía de compras a la siguiente es siempre la sobreoferta de desempeño.

Otra concepción de la evolución de la industria, formulada por Geoffrey Moore en su libro *Crossing the Chasm*[3], posee una lógica interna similar, pero articula las etapas en términos del usuario en vez de hacerlo respecto del producto. Moore sugiere que los productos son inicialmente utilizados por los innovadores y los *adoptantes tempranos* de una industria; y estos clientes basan su elección solamente en la funcionalidad. Durante esta fase los productos que mejor se desempeñan obtienen sobreprecios significativos. Moore observa que los mercados se expanden luego notablemente tan pronto ha sido alcanzada la demanda de funcionalidad del mercado principal, y los proveedores comienzan entonces a encarar las necesidades de confiabilidad de los que Moore denomina clientes de *madurez temprana*. La tercera oleada de crecimiento ocurre cuando las cuestiones de confiabilidad del producto y del proveedor ya han sido resueltas, y la base de la innovación y la competencia se desplaza hacia la conveniencia, cuando se atrae a los clientes de la *madurez tardía*. Subyacente en el modelo de Moore se halla la noción de que la tecnología puede mejorar solamente hasta el punto en que la demanda del mercado por una dimensión determinada de desempeño pueda ser satisfecha.

Este patrón evolutivo en la base de la competencia –desde la funcionalidad a la confiabilidad y conveniencia, y finalmente al precio– ha sido visto en muchos de los mercados mencionados en este texto. De hecho, una característica clave de una tecnología de punta es que preanuncia un cambio en la base la competencia.

## Otras características permanentes de las tecnologías de punta

Dos cualidades adicionales importantes de las tecnologías de punta que afectan permanentemente los ciclos de vida de los productos y la dinámica competitiva son: primero, los mismos atributos que hacen que los productos nuevos carezcan de valor en la mercados principales, constituyen sus puntos fuertes para ser vendidos en los mercados emergentes; y segundo, esta clase de productos tienden a ser más simples, más baratos y más confiables y convenientes que los establecidos. Los managers deben comprender estas características para encarar de manera efectiva sus propias estrategias para el diseño, la fabricación y la venta de productos de punta. Aunque las aplicaciones específicas de mercado para las tecnologías innovadoras no pueden ser conocidas con anticipación, los ejecutivos pueden siempre estar seguros de la existencia de estos dos rasgos, cuyo concepto se amplía a continuación.

### 1. Las debilidades de las tecnologías de punta constituyen precisamente sus fortalezas

La relación entre las tecnologías de punta y la base de la competencia en una industria es compleja. En la interrelación entre sobreoferta de desempeño, ciclo de vida del producto y surgimiento de las innovaciones radicales, los mismos atributos que hacen que las tecnologías de punta sean inútiles en los mercados principales son a menudo los que hacen que sean atractivos para los mercados emergentes.

En general, las compañías que han tenido éxito con la innovaciones abruptas inicialmente dieron por sentadas las características y capacidades de la tecnología y buscaron encontrar o crear un nuevo mercado que pudiese valorarlas o aceptar esos atributos. Así, Conner Peripherals creó, para sus pequeñas unidades de disco, un mercado de ordenadores portátiles donde el grado de pequeñez era valorado; J. C. Bamford y J. I. Case construyeron un mercado para sus excavadoras entre los contratistas residenciales, para quienes las palas pequeñas y la movilidad del tractor de hecho creaban valor; y Nucor fundó un mercado que no se preocupaba por las imperfecciones superficiales de sus planchas de acero fabricadas con tecnología de fundición continua de tableta delgada.

Las empresas que fueron aniquiladas por estas tecnologías de punta, en contraste, consideraron las necesidades de los mercados *ya establecidos* como las únicas existentes, y no intentaron comercializar la novedad hasta que determinaron que esta ya era lo suficientemente buena como para ser valorada en ese mercado principal. Por lo tanto, la gente de marketing de Seagate llevó las primeras unidades de disco de 3,5 pulgadas de la empresa a IBM para que las evaluase, en vez de preguntarse: "¿Cuál será el mercado que valorará una unidad de disco más pequeña y de menor capacidad?" Cuando Bucyrus Erie lanzó su línea de excavadoras Hydrohoe en 1951, sus managers aparentemente no se preguntaron: "¿Dónde estará el mercado que realmente *desee* una máquina que pueda cavar solo zanjas angostas?" Dieron por sentado, en cambio, que el mercado necesitaba el mayor tamaño de pala y el alcance más largo posibles; atiborraron el Hydrohoe con cables, poleas, embragues y cabrestantes, y trataron de vendérselo a los contratistas de excavaciones generales. Cuando U. S. Steel se hallaba evaluando la fundición por tableta delgada, sus ejecutivos no se preguntaron: "¿Dónde estará el mercado al que le interese una plancha de acero de bajo coste con apariencia superficial no demasiado buena?" En lugar de ello, dieron por sentado que el mercado necesitaba la calidad de acabado más alta posible e invirtieron más capital en un laminador convencional. Aplicaron a una innovación de punta una manera de pensar que resultaba adecuada para una tecnología de sostenimiento.

En las instancias estudiadas en este libro, las firmas establecidas que se vieron confrontadas con una tecnología de punta, por lo general visualizaron su principal desafío de desarrollo como *tecnológico*: mejorar la tecnología de punta lo suficiente de modo que se acomodase a los mercados conocidos. En contraste, las firmas más exitosas en la comercialización de una tecnología de punta fueron aquellas que encuadraron su desafío de desarrollo principal como uno de *marketing*: construir o encontrar un mercado donde la competencia ocurriese en dimensiones que favorecieran los atributos de punta del producto[4].

Resulta decisivo que los que se vean confrontados con tecnologías de punta tengan en cuenta este principio. Si la historia puede servir de guía, las compañías que mantienen las tecnologías de punta confinadas a sus laboratorios, y trabajan para mejorarlas hasta que se adapten a los mercados principales, no serán ni con mucho tan exitosas como las que encuentran mercados que adopten los atributos tal como están dados inicialmente. Estas últimas, al crear una base comercial y solo entonces desplazarse mercado arriba, se dirigirán finalmente al mercado principal de manera mucho más efectiva de la que lo harán las empresas que han encuadrado la tecnología de punta como un desafío tecnológico en lugar de considerarlo como un desafío de marketing.

## 2. *Las tecnologías de punta son más simples, baratas, confiables y convenientes que las establecidas*

Cuando ha tenido lugar una sobreoferta de desempeño y una tecnología de punta comienza a atacar el bajo vientre de un mercado establecido, a menudo tiene éxito tanto porque satisface las necesidades del mercado debido a su funcionalidad, en términos de la jerarquía de compras, como porque es más simple, más barata, más confiable y más conveniente que la de los productos del mercado principal. Recordemos, por ejemplo, el ataque de la tecnología de excavación hidráulica a los importantes mercados del alcantarillado y de la excavación general comentados en el Capítulo 3. Una vez que las excavadoras accionados hidráulicamente alcanzaron la potencia necesaria como para manipular las palas de 1,5 a 3 metros cúbicos de capacidad (lo que sobrepasaba el rendimiento requerido por los mercados principales), los contratistas se pasaron rápidamente a estos productos aun cuando las máquinas operadas por cable eran capaces de mover todavía más tierra por palada. Debido a que ambas tecnologías proveían una capacidad de pala adecuada a sus necesidades, los usuarios optaron por la tecnología en la que confiaban más: la hidráulica.

Debido a que las compañías establecidas son tan propensas a concentrarse en los productos y mercados de alto desempeño y rentabilidad, encuentran muy difícil no sobrecargar sus primeros productos de punta con prestaciones y funcionalidad. La experiencia de Hewlett Packard con su unidad de disco de 1,3 pulgada Kittihawk enseña justamente esa lección. Incapaces de diseñar un producto realmente sencillo y económico, los paladines de la Kittihawk llevaron su capacidad hasta los límites de la tecnología y le suministraron niveles de resistencia al impacto y consumo de potencia que la hubieran hecho competitiva dentro de una tecnología de sostenimiento. Cuando comenzaron a aparecer aplicaciones de muy alto volumen que requerían una unidad de disco barata, simple, que realizase una sola función y proveyera 10 MB de capacidad, sucedió que el producto de HP no era lo suficientemente de punta como para aprovechar ese nuevo mercado. Y Apple cometió un error similar al extender la funcionalidad de su Newton, en lugar de buscar un producto simple y confiable.

## Sobreoferta de desempeño en el mercado del software de contabilidad

Intuit, el fabricante de programas de management financiero, es conocido principalmente por su muy exitoso paquete de software financiero personal, *Quicken*. Este software domina su mercado porque es sencillo y conveniente.

Su fabricante se enorgullece del hecho de que la vasta mayoría de sus usuarios compran el programa, lo instalan en sus ordenadores y comienzan a utilizarlo sin tener siquiera que leer el manual de instrucciones. Sus desarrolladores lo hicieron así, y continúan simplificándolo, porque observaron cómo *utilizan* el producto los clientes, y no escuchando los que estos, o los "expertos", les *dicen* que necesitan. Guiados por pequeñas señales que indican dónde puede ser difícil o confuso de utilizar su producto, los desarrolladores dirigen sus energías hacia un software que se vaya haciendo paulatinamente más simple y conveniente y que provea la funcionalidad más adecuada, no la mejor, posible[5].

Menos conocido es el hecho de que Intuit posee el 70 por ciento del mercado norteamericano de la contabilidad para pequeñas empresas[6]. Intuit capturó esa participación a pesar de haber ingresado tardíamente cuando lanzó *Quickbooks,* un producto basado principalmente en tres observaciones elementales. Primero, los paquetes de software de contabilidad para pequeños negocios que existían hasta ese momento habían sido creados bajo la guía cercana de contadores públicos matriculados y requería que los usuarios tuvieran un conocimiento básico de contabilidad (débitos y créditos, activos y pasivos, etcétera) y de hacer cada entrada a los libros dos veces (proveyendo así una cola de auditoría para cada transacción). Segundo, la mayoría de los paquetes existentes ofrecía un conjunto de informes y análisis completo y sofisticado, que crecía y se volvía aún más complicado y especializado con cada nueva versión, ya que los desarrolladores buscaban diferenciar sus productos ofreciendo mayor funcionalidad. Y tercero, el 85 por ciento de todas la empresas de los Estados Unidos eran demasiado pequeñas como para emplear un contador: sus libros eran llevados por los mismos propietarios o por miembros de la familia, que no tenían necesidad de comprender la mayoría de las entradas e informes disponibles del software de contabilidad que se les ofrecía. Los usuarios no sabían lo que era una cola de auditoría, ni siquiera tenían necesidad de hacerla.

Scott Cook, el fundador de Intuit, conjeturó que la mayoría de estas pequeñas compañías eran operadas por sus propietarios, que confiaban más en su intuición y conocimiento directo del negocio que en la información contenida en los reseñas de contabilidad. En otras palabras, Cook llegó a la conclusión de que los fabricantes de software de contabilidad para pequeños negocios habían excedido la funcionalidad requerida para ese mercado, y creado por lo tanto una oportunidad para una tecnología de punta que proveyera funcionalidad adecuada, y no superior, y fuera por lo tanto simple y más conveniente de utilizar. Los innovadores *Quickbooks* de Intuit desplazaron la base de competencia del producto desde la funcionalidad hacia la conveniencia, y capturaron el 70 por ciento de su mercado en los dos años que siguieron a su introducción[7]. De hecho, hacia 1995, representaban una porción más grande que *Quicken* en los ingresos de Intuit.

La respuesta a la invasión de Intuit de los fabricantes establecidos, como era de prever, fue moverse mercado arriba, continuando el lanzamiento de paquetes cargados de mayor funcionalidad; estos fabricantes se concentraron en subsegmentos específicos del mercado, dirigidos a usuarios sofisticados de sistemas de información ubicados en peldaños más altos del mismo. De los tres proveedores líderes (cada uno de los cuales tenía alrededor del 30 por ciento del mercado en 1992), uno ha desaparecido y otro está languideciendo. El tercero ha introducido un producto simplificado para contrarrestar el éxito de *Quickbooks*, pero ha capturado solo una minúscula porción del mercado.

## Sobreoferta de desempeño en el ciclo de vida de la insulina

Otro caso de sobreoferta de desempeño y de aparición de una tecnología de punta, que precipitó un cambio en la base de la competencia y amenazó con un cambio en el liderazgo de la industria, se encuentra en el negocio mundial de la insulina. En 1922, cuatro investigadores de Toronto extrajeron por primera vez insulina del páncreas de animales y lo inyectaron, con resultados casi milagrosos, en seres humanos que padecían diabetes. Debido a que la insulina era extraída de los páncreas molidos de vacas y de cerdos, mejorar su grado de pureza (medida en partes por millón, o ppm) constituía una trayectoria crítica de mejora de desempeño. Las impurezas fueron bajando desde 50.000 ppm en 1925 a 10.000 ppm en 1950 y a 10 ppm en 1980, principalmente como resultado de la persistente inversión y esfuerzo del líder mundial de la fabricación de insulina, Eli Lilly and Company.

A pesar de esta mejora, las insulinas animales, que son levemente diferentes de la humana, ocasionaron que una pequeña fracción porcentual de pacientes diabéticos desarrollaran resistencia a dicho producto en sus sistemas de inmunidad. Así, en 1978, Eli Lilly hizo un contrato con la firma Genentech para crear bacterias genéticamente alteradas que pudiesen producir proteínas de insulina equivalentes a las de la insulina humana y fuesen además 100 por ciento puras. El proyecto, técnicamente, tuvo éxito, y a principios de la década de los '80, luego de una inversión cercana a los u$s 1.000 millones, Lilly introdujo en el mercado su marca Humulin, a un precio 25 por ciento mayor que la insulina de origen animal.

Debido a su equivalencia a la insulina humana y a su pureza, Humulin fue el primer producto para consumo humano a escala comercial que emergió de la industria de la biotecnología.

La respuesta del mercado a este milagro tecnológico, sin embargo, fue tibia. Lilly encontró muy difícil mantener su precio diferencial respecto de la insulina animal, y el aumento de los volúmenes de venta de Humulin resultaba decepcionantemente bajo. "Viéndolo en retrospectiva", observó un investigador de Lilly, "el mercado no estaba en realidad terriblemente insatisfecho con la insulina proveniente de los cerdos. De hecho, estaba bastante contento con ella"[8]. Lilly había invertido un enorme capital y una enorme energía de organización, y había excedido, sin proponérselo, los requerimientos del público respecto de la pureza. Una vez más, este era un producto diferenciado para el cual el mercado no estaba dispuesto a pagar una diferencia de precio, debido a que su desempeño superaba la demanda.

Entretanto Novo, un fabricante dinamarqués de insulina de mucho menor envergadura, se encontraba desarrollando una línea de *bolígrafos* de insulina, una manera más cómoda de administrarla. Habitualmente la gente con diabetes portaba consigo una jeringa, insertaba una aguja hipodérmica en un frasco de vidrio que contenía la droga, tiraba del émbolo de la jeringa hacia afuera para extraer con la misma una cantidad levemente mayor de insulina que la requerida, disponía la aguja hacia arriba y sacudía la jeringa varias veces con el fin de desalojar cualquier burbuja de aire que hubiese quedado adherida a las paredes del cilindro. Luego, generalmente debían repetir este proceso con un segundo tipo de insulina, de acción más lenta. Sólo después de oprimir levemente el émbolo para forzar hacia afuera las burbujas remanentes –e, inevitablemente, expulsar también durante el proceso cierta cantidad de líquido– se podían inyectar a sí mismos. El proceso tomaba uno o dos minutos.

El bolígrafo de Novo, en contraste, constaba de un cartucho que contenía la insulina necesaria para un par de semanas de aplicación, generalmente una mezcla de la de efecto rápido y la de liberación lenta. La gente que utilizaba el invento de Novo simplemente tenía que girar un pequeño dial para especificar de esta manera la cantidad de droga que necesitaba inyectarse, insertar la punta del artefacto debajo de la piel y oprimir un botón. El procedimiento tomaba menos de diez segundos. A diferencia del esfuerzo que tuvo que realizar Lilly para obtener un precio diferencial para su Humulin, los convenientes dosificadores de Novo sostuvieron fácilmente un precio 30 por ciento superior por unidad de insulina. A lo largo de la década de los '80, gracias sobre todo al éxito de su línea de bolígrafos y cartuchos premezclados, Novo aumentó su participación en el mercado mundial de manera sustancial y rentable. Las experiencias de Lilly y de Novo ofrecen pruebas adicionales de que un producto cuyo desempeño exceda la demanda del mercado será aceptado solo a un precio equivalente a una mercancía corriente, en tanto que un producto de punta que redefina la base de la competencia obtendrá un sobreprecio.

Una de las experiencias profesionales más interesantes de mi carrera ha sido enseñar ese caso de estudio de la Harvard Business School a ejecutivos y estudiantes de la maestría de dicha universidad, que mostraba cómo Lilly excedió los requerimientos del mercado respecto de la pureza de la insulina. En cada clase, la mayoría de los estudiantes se ensañaba rápidamente con Lilly por haber errado en algo tan obvio –que fuese solo una fracción porcentual de la gente con diabetes la que desarrollara resistencia a la insulina– y que la diferencia de calidad entre la insulina de cerdo altamente purificada a 10 ppm y el Humulin perfectamente puro no resultaba significativa. Seguramente, aseveraban, con haber encuestado a algunos grupos de pacientes y médicos al respecto, Lilly hubiese obtenido la información adecuada.

En cada discusión, sin embargo, los estudiantes más reflexivos pronto comenzaban opinar que (como lo hemos observado tantas veces) lo que resulta obvio en retrospectiva puede no serlo en absoluto en medio del fragor de la batalla. De todos los médicos a los cuales la gente de marketing de Lilly hubiera entrevistado, por ejemplo, ¿cuáles tenderían a ser los más respetados? Los endocrinólogos cuya práctica se especializaba en el cuidado de la diabetes, que venían a ser los clientes principales de este negocio. ¿Qué clase de pacientes son más propensos a concentrar los intereses profesionales de estos especialistas? Aquellos que se encuentren aquejados de los problemas más avanzados e intratables, entre los cuales la resistencia a la insulina era uno de los más destacados. ¿Qué se podía suponer, por lo tanto, que estos clientes le iban a decir a la gente de marketing de Lilly cuando se les preguntase qué se debería hacer para mejorar la próxima generación de productos de insulina? De hecho, el poder y la influencia de los clientes principales es una de las razones más importantes por las que las trayectorias de desarrollo de los productos de la compañías exceden las demandas.

Además, algunos estudiantes observaban que ni siquiera se les debería haber ocurrido a la mayoría de los gerentes de marketing plantearse la cuestión de si una insulina 100 por ciento humana podría tal vez exceder las necesidades del mercado. Durante más de cincuenta años de éxito, lo que había definido al mejor producto era la mayor pureza. Salir al mercado con insulina más pura había sido *siempre* la fórmula para mantenerse a distancia de la competencia. Había sido *siempre* una historia atrayente que la fuerza de ventas podía utilizar para atraer el tiempo y la atención de los médicos atareados. ¿Qué hecho en la historia de la compañía hubiera ocasionado que las suposiciones basadas en su cultura variasen súbitamente y sus ejecutivos comenzaran a formularse preguntas que nunca antes habían tenido que ser respondidas?[9]

## Control de la evolución de la competencia de producto

La resume el modelo de sobreoferta de desempeño, graficando un mercado multinivel en el cual la trayectoria de las mejoras requeridas es más plana que la trayectoria de las mejoras provistas. En consecuencia, cada capa de dicho mercado progresa hacia un ciclo evolutivo marcado por un desplazamiento del criterio de elección de los productos. Aunque otros términos para los ciclos de vida del producto hubieran arrojado resultados similares, este diagrama emplea la jerarquía de compras desarrollada por Windermere Associates, en la cual la competencia se centra primero en la funcionalidad, luego en la confiabilidad, después en la conveniencia y, finalmente, en el precio. En cada uno de los casos examinados en este capítulo, los productos que preanunciaron un cambio en la base de la competencia y su progresión hacia la fase siguiente del ciclo de vida del producto fueron resultado de tecnologías de punta.

La figura muestra las alternativas estratégicas disponibles para las compañías que se encuentran con sobreofertas de desempeño y la consiguiente probabilidad de que los enfoques abruptos modifiquen la naturaleza de la competencia en su sector de la industria. La primera opción general, rotulada como estrategia 1, que es también la más comúnmente empleada por las industrias examinadas en este libro, es ascender la trayectoria de las tecnologías de sostenimiento hacia capas aún más altas del mercado, abandonando finalmente a los clientes de abajo cuando surgen las alternativas radicales más simples, más convenientes o menos costosas.

Una segunda posibilidad, denominada estrategia 2, es desplazarse en sincronía con la necesidad de los clientes de una determinada capa del mercado, aprovechando

**Figura 8.4  Administración de los cambios en la base de la competencia**

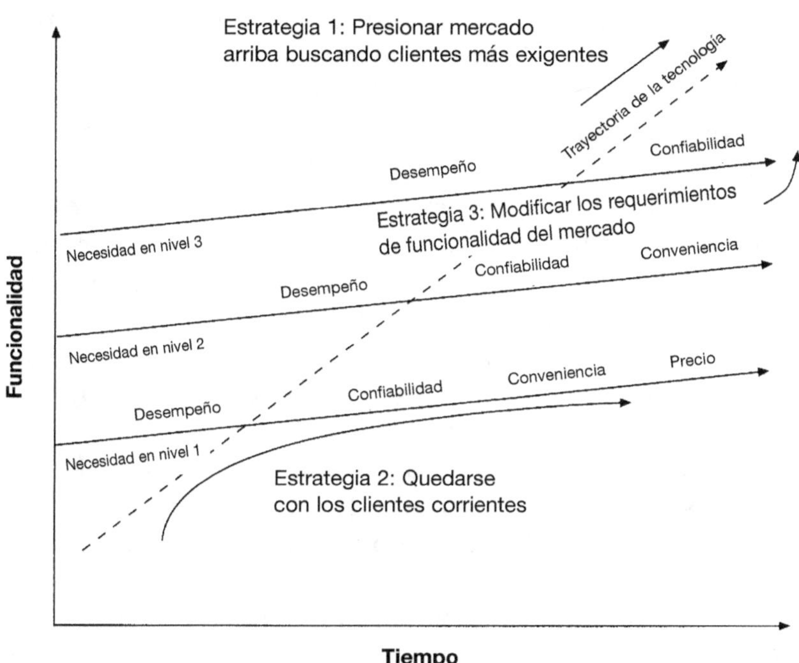



las sucesivas olas de cambio de la base de la competencia. Históricamente, esto parece haber sido difícil de ejecutar, por todas las razones descritas en los capítulos anteriores. En la industria de los ordenadores personales, por ejemplo, cuando la funcionalidad de las máquinas de escritorio terminó por saciar los requerimientos de los niveles inferiores del mercado, los nuevos ingresantes, tales como Dell y Gateway 2000, arribaron con proposiciones de valor centradas en la conveniencia de compra y utilización. A la vista de ello, Compaq respondió buscando activamente este segundo enfoque y peleando agresivamente cualquier movimiento mercado arriba mediante la producción de una línea de ordenadores de bajo precio y modesta funcionalidad dirigida a cubrir las necesidades de las capas más bajas.

La tercera opción estratégica al tratar con estas dinámicas es utilizar iniciativas de marketing que hagan más empinadas las pendientes de las trayectorias de mercado, de modo que los propios clientes sean quienes demanden las mejoras. Como una de las condiciones necesarias para que se produzca esta situación es que la pendiente de la trayectoria tecnológica sea más empinada que la trayectoria de los requerimientos del mercado, cuando se logra que las dos resulten paralelas, la sobreoferta de desempeño –y por lo tanto la progresión desde una etapa del ciclo de vida del producto a la siguiente– no tiene lugar, o por lo menos resulta apreciablemente demorada.

Algunos observadores de la industria de los ordenadores consideran que Microsoft, Intel y las compañías productoras de unidades de disco han seguido esta última estrategia de manera muy efectiva. Microsoft ha utilizado su dominio en la industria para crear y comercializar exitosamente paquetes de software que consumen enormes cantidades de espacio de disco y que para ser ejecutados requieren de microprocesadores cada vez más rápidos. Esencialmente, ha incrementado la pendiente de las curvas de mejoras de la funcionalidad requerida por sus clientes para equiparar la pendiente de las trayectorias de mejoras provistas por sus técnicos. El efecto de esta estrategia se describe en la Figura 8.5, que grafica los acontecimientos recientes de la industria de las unidades de disco. (Este gráfico actualiza hasta 1996 la trayectorias de las unidades de disco mencionadas en la Figura 1.7). Obsérvese de qué manera las trayectorias de capacidades requeridas en los segmentos correspondientes a los ordenadores de rango medio, escritorio y notebooks se desviaron hacia arriba en la década de los '90, siguiendo una dirección que esencialmente equiparaba la curva de capacidad recorrida por los

**Figura 8.5  Modificación de las trayectorias de demanda de desempeño y diferimiento correspondiente del impacto de las tecnologías de punta**

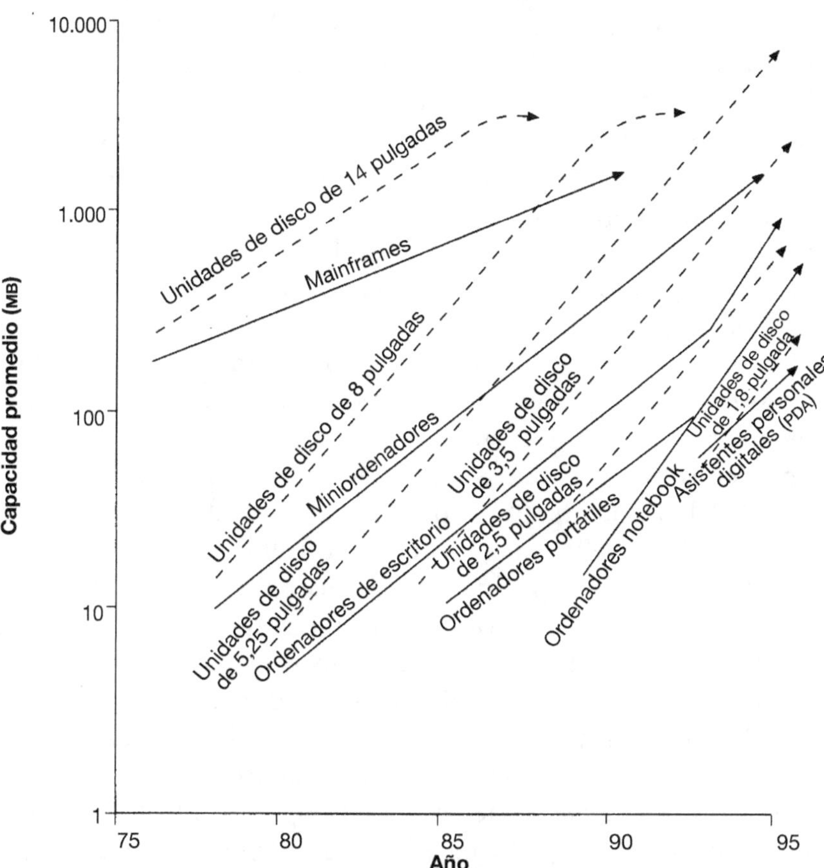


*Fuente:* Una versión anterior de esta figura fue publicada en Clayton M. Christensen, "The Rigid Disk Drive Industry: A History of Comercial and Technological Turbulence", *Business History Review* 67 Nº 4, Invierno 1993, 559.

fabricantes de las unidades de disco de 3,5 y de 2,5 pulgadas. Debido a ello, estos mercados no han venido experimentando sobreoferta de desempeño durante los últimos años. La unidad de disco de 2,5 pulgadas permanece atada a los mercados del ordenador notebook debido a que la capacidad requerida en los ordenadores de escritorio está aumentando a un paso muy rápido. La unidad de disco de 3,5 pulgadas permanece sólidamente atrincherada en el mercado de los ordenadores de escritorio, y la de 1,8 ha penetrado solo en unos pocos ordenadores notebook por las mismas razones. En esta situación, las compañías cuyos productos se hayan posicionado más cerca de la parte superior del mercado, tales como los de Seagate e IBM, han sido las más rentables, debido a que, en ausencia de sobreoferta tecnológica, se han mantenido a resguardo de cualquier eventual desplazamiento en las etapas del ciclo de vida de un producto de la parte superior del mercado.

No resulta claro por cuánto tiempo el personal de marketing de Microsoft, Intel y Seagate podrá tener éxito en crear demandas para cualquier tipo de funcionalidad que sus técnicos puedan seguir suministrando. El software de planilla de cálculo *Excel* de Microsoft, por ejemplo, requería en su versión 1.2, lanzada en 1987, una capacidad de almacenamiento en disco de 1,2 MB. Su versión 5.0, de 1995, requería en cambio de 32 MB de capacidad de almacenamiento en el disco. Algunos observadores consideran que si un equipo de desarrolladores se dedicara a observar a sus usuarios típicos, encontraría que la funcionalidad ha pasado sustancialmente de largo las demandas efectivas de los mercados principales; si esto fuese cierto, dicha situación podría crear una oportunidad para la aparición de una tecnología de punta –pequeños programas (*applets*) bajados desde Internet y utilizados en aplicaciones simples de Internet en lugar de en ordenadores demasiado llenos de prestaciones, por ejemplo– que invadiese este mercado desde abajo.


## Estrategias correctas e incorrectas

¿Cuál de las estrategias ilustradas en la Figura 8.4 es la mejor? Este estudio encuentra claras evidencias de que no hay una estrategia superior a otra. Cualquiera de las tres, aplicada correctamente, puede ser exitosa. La utilización de la primera estrategia por parte de Hewlett Packard en su negocio de la impresora láser ha sido enormemente rentable. En esta instancia, ha sido también una estrategia segura, porque es la misma HP la que está atacando su propia posición con la tecnología de punta de la impresora de chorro de tinta. Compaq Computer y el terceto compuesto por Intel, Microsoft y los fabricantes de unidades de disco han llevado a cabo con éxito –al menos hasta ahora– la segunda y la tercera estrategias, respectivamente.

Estas empresas exitosas tienen en común su aparente comprensión –ya sea explícita o intuitiva– tanto de las trayectorias de necesidad de sus clientes como de las trayectorias de oferta de sus propios técnicos. Pero la mayoría de las empresas bien administradas migran inconscientemente hacia el nordeste de las curvas de trayectoria, arriesgándose a ser vencidas por un cambio en la base de la competencia y/o por un ataque desde abajo de parte de una tecnología de punta.

## Notas

1. En la terminología utilizada en la industria de las unidades de disco, un tiempo medio entre desperfectos de un millón de horas significa que si un millón de unidades de disco se activaran y operaran simultáneamente durante una hora, una de esas unidades fallaría dentro de ese intervalo.

2. Tres de los primeros y más influyentes documentos que propusieron la existencia de ciclos de vida de los productos fueron Jay W. Forrester, "Industrial Dynamics", *Harvard Business Review,* julio-agosto 1958, 9-14; Arch Patton, "Stretch Your Products' Earning Years - Top Management's Stake in the Product Life Cycle", *Management Review* (38), junio 1959, 67-79; y William E. Cox, "Product Life Cycles as Marketing Models", *Journal of Business* (40), octubre 1967, 375. Algunos de los documentos que resumen los problemas conceptuales y empíricos que rodean la noción de ciclo de vida de un producto incluyen Nariman K. Dahlla y Sonia Yuspeh, "Forget the Product Life Cycle Concept!", *Harvard Business Review,* enero-febrero 1976, 102-112; David R. Rink y John E. Swan, "Product Life Cycle Re-

search: A Literature Review", *Journal of Business Research*, 1979, 219; y George S. Day, "The Product Life Cycle: Análisis and Applications Issues", *Journal of Marketing* (45), otoño 1981, 60-67. Un documento de Gerard J. Tellis y C. Merle Crawford, "An Evolutionary Approach to Product Growth Theory", *Journal of Marketing* (45), otoño 1981, 125-132, contiene una crítica convincente sobre el concepto de ciclo de vida de un producto, y ofrece una teoría de la evolución de los productos que preanuncia varias de las ideas presentadas en esta sección.

3. Geoffrey A. Moore, *Crossing the Chasm*. New York, Harper Business, 1991.

4. La misma conducta caracterizó el surgimiento de las radios portátiles. A comienzos de la década de los '50, Akio Morita, el presidente de Sony, se alojó en un hotel económico de la ciudad de Nueva York con el fin de negociar una licencia de la tecnología del transistor patentada por AT&T, cuyos científicos habían inventado en 1947. Morita encontró que AT&T resultó un interlocutor con poca voluntad negociadora y tuvo que visitar la empresa repetidamente, insistiendo para obtener la licencia. Finalmente AT&T cedió. Luego que finalizó la reunión en la cual se firmó la correspondiente documentación, un ejecutivo de AT&T le preguntó a Morita qué pensaba hacer Sony con la licencia. "Construiremos radios pequeñas-"replicó Morita. "¿Para qué querría alguien una radio pequeña?", insistió el ejecutivo. "Lo veremos", fue la respuesta de Morita. Varios meses después Sony introdujo en el mercado norteamericano la primera radio portátil a transistores. De acuerdo con los parámetros dominantes sobre el desempeño de los receptores de radio en el mercado establecido, estos primeros aparatos eran realmente malos, ya que ofrecían menor fidelidad y sufrían de mucho más ruido por interferencia de aparatos eléctricos que los receptores de mesa basados en válvulas de vacío que constituían el diseño dominante de esa época. Pero en vez de trabajar en sus laboratorios hasta que las radios a transistores fueran competitivas en el mercado principal (que fue lo que la mayoría de las empresas electrónicas hicieron con la tecnología del transistor) Morita encontró en cambio un mercado que valoraba los atributos de la nueva tecnología tal como eran en ese momento: la radio portátil personal. No debe sorprender, pues, que ninguno de los fabricantes líderes de receptores de radio de mesa se convirtiese en un productor líder de radios portátiles, y todos ellos resultaron posteriormente expulsados del mercado. (Esta historia me fue contada por el Dr. Sheldon Weinig, vicepresidente retirado de tecnología y manufactura de Sony Corporation).

5. John Case, "Customer Service: The Last Word", *Inc. Magazine*, abril 1991, 1-5.

6. La información presentada en esta sección fue suministrada al autor por Scott Cook, fundador y presidente de Intuit Corporation, y por Jay O'Connor, manager de marketing de *Quickbooks*.

7. Cook relata que durante el proceso de diseño de un software de contabi-

lidad que fuese simple y fácil de utilizar, Intuit arribó a un hecho muy peculiar. El sistema de doble entrada desarrollado originalmente por los comerciantes venecianos para poder ubicar cualquier error aritmético continuó siendo usado en todo paquete de software de contabilidad disponible, aun cuando los ordenadores no suelen cometer errores con las sumas y las restas. Intuit pudo ser capaz de simplificar notablemente su producto al eliminar esta dimensión innecesaria.

8. Ver "Elli Lilly & Co.: Innovation in Diabetes Care", Harvard Business School, Case N° 9.696-077. Este caso permite observar que aunque Lilly no pudo lograr un sobreprecio por su insulina Humulin, se benefició no obstante de la inversión efectuada. Humulin protegió a Lilly contra una posible escasez en el suministro del páncreas, amenaza presentada por el consumo declinante de carnes rojas, y suministró a Lilly una experiencia y una base de activos sumamente valiosos para la fabricación en gran escala de drogas ideadas a partir de adelantos en la bioingeniería.

9. Una vez que tales opiniones minoritarias aparecieron en medio del debate, muchos estudiantes comenzaron a ver que las instituciones habitualmente consideradas entre las mejor conducidas y de más éxito del mundo pueden llegar a errar en lo que sus mercados habituales requieren de sus productos. Intel, por ejemplo, siempre había medido la velocidad de sus microprocesadores sobre el eje vertical de los gráficos de desempeño. Siempre había supuesto que el mercado requería microprocesadores cada vez más rápidos, y la evidencia indiscutible de los miles de millones de dólares en beneficios confirmaba de hecho esa creencia. Es cierto que algunos clientes especializados necesitan de microprocesadores que procesen instrucciones a velocidades de 200, 400 y 800 MHz. Pero, ¿qué ocurría en el mercado más general? ¿Sería posible que alguna vez en el futuro inmediato la velocidad y coste de los nuevos microprocesadores de Intel pudieran exceder las demandas de dicho mercado? Y, si es cierto que existe la sobreoferta de tecnología, ¿cómo harán los miles de empleados de Intel para reconocer cuándo esto comience a ocurrir, y aceptar el cambio con la suficiente convicción como para modificar totalmente la trayectoria de sus esfuerzos de desarrollo? La detección de la sobreoferta de tecnología es una cosa difícil. Más difícil aún es hacer algo al respecto.

# CAPÍTULO 9

## ADMINISTRACIÓN DEL CAMBIO TECNOLÓGICO RADICAL: UN CASO PARA ESTUDIO

Al aproximarnos al final de este libro, deberíamos comprender mejor por qué las grandes compañías pueden tambalearse. La incompetencia, la burocracia, la arrogancia, el aburguesamiento de los ejecutivos, la mala planificación y los horizontes de inversión de plazo muy corto obviamente han jugado papeles importantes en la caída de muchas compañías. Pero aquí hemos aprendido que aun los mejores managers están sujetos a ciertas leyes que hacen que la innovación de tipo abrupto les resulte difícil. Cuando no han comprendido o han intentado combatir estas fuerzas, sus compañías han peligrado.

Este capítulo utiliza las fuerzas y principios descritos en los capítulos anteriores a fin de ilustrar de qué manera los managers pueden tener éxito al verse enfrentados a cambios tecnológicos de punta. Para hacerlo, emplearé un formato de caso de estudio, discutiendo el mismo en primera persona, para sugerir cómo yo, hipotético empleado de un importante fabricante de automóviles, podría administrar un programa para desarrollar y comercializar una de las innovaciones más molestas de nuestros días: el vehículo eléctrico. Mi propósito aquí *no* es ofrecer explícitamente algunas de las llamadas respuestas correctas a este desafío en particular, ni predecir si, o cómo, los coches eléctricos podrán hacerse comercialmente exitosos. En lugar de ello, lo haré para sugerir cómo pueden los managers, en un contexto familiar pero desafiante, estructurar su manera de pensar sobre un problema similar proponiendo una secuencia de preguntas y acciones que, si fuesen respondidas y ejecutadas adecuadamente, podrían conducir a un abordaje sólido y útil.

## ¿Cómo podemos saber si una tecnología es efectivamente de punta?

Los vehículos eléctricos han estado en la semiclandestinidad desde el comienzo de este siglo, cuando perdieron la batalla contra los motores de gasolina. La investigación sobre estos coches se aceleró durante la década de los '70, sin embargo, cuando los encargados de dictar las regulaciones los fueron considerando cada vez más como una manera de reducir la polución del aire en las zonas urbanas. La California Air Resources Board (CARB) puso en vigencia una serie sin precedentes de reglamentaciones a principios de la década de los '90 cuando estableció que, a partir de 1998, ningún fabricante de automóviles sería autorizado a vender *ningún tipo* de vehículo en California si los eléctricos no constituyesen por lo menos un 2 por ciento de sus unidades vendidas en ese Estado.[1]

En mi hipotética responsabilidad de administrar un programa para una empresa automotriz, mi primer paso sería formular una serie de preguntas: ¿Cuánto necesitamos preocuparnos acerca de los automóviles eléctricos? O sea, fuera de las leyes de California, ¿plantea la innovación una amenaza legítima a los fabricantes de automóviles de gasolina? ¿Constituye una oportunidad para incrementar los beneficios?

Para responder a estas preguntas, graficaría las trayectorias de mejoras de desempeño requeridas por el mercado versus las mejoras de desempeño provistas por la tecnología; en otras palabras, crearía para los vehículos eléctricos un gráfico de trayectorias similar al de las Figuras 1.7 u 8.5. Dichos gráficos constituyen el mejor método que yo conozco para identificar las tecnologías de punta.

El primer paso para construir el cuadro es definir las necesidades corrientes del mercado principal de coches y compararlas con la capacidad actual de los vehículos eléctricos. Para medir las necesidades del mercado, necesitaré observar con cuidado lo que los clientes *hacen*, no simplemente limitarme a escuchar lo que *dicen*. Observar de qué manera se utiliza realmente un producto provee información mucho más confiable de la que pueda ser obtenida a partir de una entrevista verbal o de un grupo de consulta especializado[2]. Así, las observaciones indican que los usuarios de automóviles de hoy en día requieren un rango de autonomía mínimo (o sea, la distancia que el vehículo puede ser conducido sin tener que volver a cargar combustible) de alrededor de 200 a 240 kilómetros; a su vez, la mayoría de los vehículos eléctricos proveen un rango de autonomía de solamente 80 a 130 kilómetros. Los conductores parecen requerir también que sus coches aceleren de 0 a 100 kilómetros por hora en menos de 10 segundos (de modo de incorporarse de manera segura al tránsito de alta velocidad de una autopista); la mayoría de los vehículos eléctricos requieren para lograrlo alrededor de 20 segundos. Y, finalmente, los compradores de los mercados principales requieren un amplio conjunto de opciones, pero sería imposible para los fabricantes de vehículos eléctricos ofrecer una variedad similar habida cuenta del pequeño número de unidades que caracterizaría inicialmente a este negocio[3]. De acuerdo con casi cualquier definición de funcionalidad utilizada para el eje vertical de nuestro gráfico, el vehículo eléctrico sería deficitario comparado con los vehículos de gasolina.

Esta información no resulta suficiente para caracterizar los vehículos eléctricos como productos de una tecnología de punta, sin embargo. Sólo representarán un cambio abrupto si encontramos que se hallan también sobre una trayectoria de mejoras que pueda algún día hacerlos competitivos en algunos sectores del mercado principal. Para verificar esta posibilidad, necesitamos proyectar las trayectorias que miden las mejoras de desempeño requeridas por el mercado versus las mejoras de desempeño que puedan ser provistas por la tecnología de los vehículos eléctricos. Si estas trayectorias resultasen paralelas, entonces habría pocas probabilidades de que se convirtiesen en factores importantes en el mercado principal; pero si la tecnología progresa más rápido que los requerimientos del público, entonces la amenaza que constituye la tecnología de punta será real.

La Figura 9.1 muestra que las trayectorias de mejoras de desempeño requeridas por el mercado –ya sea medidas en términos de aceleración, rango de autonomía o velocidad máxima– son relativamente planas. Esto se debe a que las leyes del tránsito imponen un límite a la utilidad del aumento de potencia de los coches, y a que consideraciones de tipo demográfico, económico y geográfico acotan el incremento de las distancias a recorrer por el conductor promedio a menos de 1 por ciento anual[4]. Al mismo tiempo, el desempeño de los vehículos eléctricos está mejorando a un ritmo más rápido –entre el 2 y el 4 por ciento cada año– lo que sugiere que los avances tecnológicos de sostenimiento los llevarían desde su posición actual –donde no pueden competir en los mercados principales– a una posición futura donde sí podrían hacerlo[5].

En otras palabras, como ejecutivo de una compañía automotriz, yo me preocuparía acerca del vehículo eléctrico, no solo porque sea políticamente correcto invertir en tecnologías beneficiosas para el ambiente, sino también porque se insinúan como tecnología de punta. No pueden ser usados en los mercados principales; ofrecen un conjunto de atributos diferentes de aquellos que gobiernan la atención del universo de valor de los automóviles impulsados con gasolina; y la tecnología está progresando a un ritmo más rápido que el de la trayectoria de las necesidades del mercado.

Debido a que no son innovaciones de sostenimiento, sin embargo, los fabricantes de automóviles tradicionales dudan naturalmente de que haya un mercado para ellos; otro síntoma de que se trata de una innovación de punta. Consideremos esta declaración del director del programa de vehículos eléctricos de Ford: "La Ranger eléctrica se venderá a aproximadamente u$s 30.000 y tendrá una batería de plomo electrolítico que le dará una autonomía de 80 kilómetros (...) El vehículo eléctrico de 1998 será difícil de vender. Los productos que habrá disponibles no satisfarán las expectativas de los clientes en términos de autonomía, coste o utilidad"[6]. De hecho, dadas sus trayectorias de desempeño a lo largo de estos parámetros, va a resultar tan sencillo vender vehículos eléctricos en el mercado principal de automóviles como lo fue vender unidades de disco de 5,25 pulgadas a los fabricantes de ordenadores mainframes en 1980.

Al evaluar estas trayectorias, yo pondría cuidado en seguir formulando la pregunta correcta: ¿Intersectará alguna vez la trayectoria de desempeño de los vehículos eléctricos la trayectoria de los requerimientos del *mercado* (como lo revelarán las maneras en que los clientes *utilicen* estos automóviles)? Los expertos pueden argumentar que los coches eléctricos nunca funcionarán tan bien como los de gasolina, comparando las trayectorias de las dos *tecnologías*. Probablemente estén en lo cierto. Pero, recordando la experiencia de la industria de las unidades de disco, habrán emitido la respuesta adecuada a la pregunta equivocada.

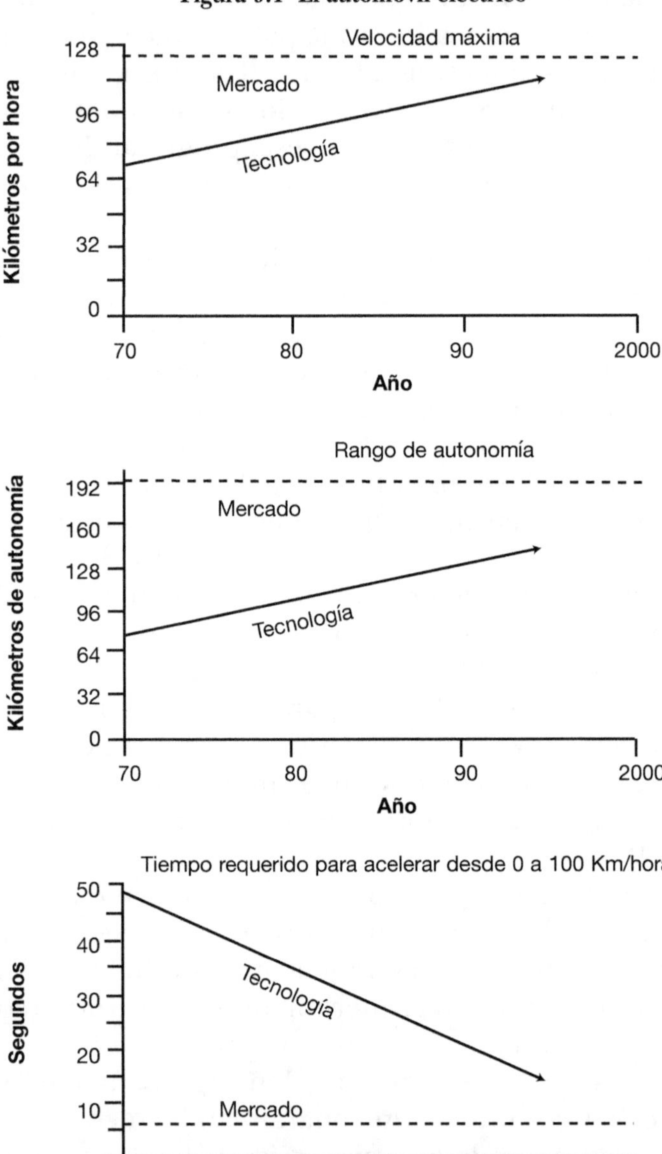

**Figura 9.1  El automóvil eléctrico**



*Fuente:* Los datos han sido extraídos de cifras suministradas por el Dr. Paul J. Miller, ejecutivo senior de Energía de W. Alton Jones Foundation, y de numerosos artículos sobre los coches eléctricos.

Yo también observaría, pero eso no me desalentaría, el cúmulo de opiniones de especialistas que aseguran que si no se produce una revolución tecnológica importante en el diseño de las baterías no habrá nunca un mercado sustancial para los vehículos eléctricos. ¿Por qué? Si los vehículos eléctricos son considerados como una *tecnología de sostenimiento* para los universos de valor de los mercados establecidos, entonces tienen razón. Pero debido a que los antecedentes de los que predicen la naturaleza y tamaño de los mercados para las tecnologías de punta no son demasiado buenos, yo desconfiaría de sus conclusiones, aun cuando yo mismo no esté seguro de las mías.

## ¿Dónde se encuentra el mercado de los vehículos eléctricos?

Ya he decidido que los vehículos eléctricos son una tecnología potencialmente de punta. Mi siguiente tarea será definir una estrategia de marketing que pueda conducir a mi compañía a un mercado legítimo, no subsidiado, en el cual los vehículos eléctricos puedan ser utilizados en un principio. Al formular esta estrategia de marketing, deberé aplicar tres hallazgos presentados en capítulos previos de este libro.

Primero, reconocería que, por definición, *los vehículos eléctricos no pueden ser utilizados inicialmente en aplicaciones del mercado principal* porque no satisfacen los requerimientos básicos de desempeño de dicho mercado. En consecuencia, me aseguraría de que *todo el mundo* que tenga *algo que ver* con mi programa entienda este punto: aunque no tengamos ninguna clave acerca de dónde se encuentra el mercado, la única cosa que podemos dar por segura es que *no existe* un segmento de mercado para ese tipo de automóviles ya establecido. Irónicamente, supondría que la mayor parte de los fabricantes de automóviles se concentrará de manera precisa y miope en su mercado principal, debido al principio de la dependencia de recursos y al principio de que los mercados pequeños no resuelven la necesidades de crecimiento y rentabilidad de las grandes empresas. No seguiría, por lo tanto, a los demás fabricantes de automóviles, debido a que reconocería que es muy probable que sus instintos y capacidades estén entrenados en el mercado incorrecto[7].

No obstante, mi tarea es encontrar un mercado en el cual los vehículos puedan ser utilizados, porque los que ingresan primero a un mercado emergente como consecuencia de una tecnología de punta desarrollan capacidades que constituyen luego fuertes ventajas competitivas sobre los que ingresan más tarde. Estos serán los únicos que, desde una base de negocios rentable, se dedicarán luego con más éxito a invertir sus energías en las innovaciones de sostenimiento que sean requeridas para desplazar la tecnología de punta mercado arriba, hacia el mercado principal. Mantenerse alejados, esperando hasta que los laboratorios de investigación desarrollen una tecnología revolucionaria para construir baterías, por ejemplo, constituye el camino de mínimo esfuerzo para los managers. Pero esta estrategia *raramente* ha demostrado ser una ruta viable para tener éxito con una innovación radical.

Históricamente, como hemos visto, los mismos atributos que hacen que las tecnologías de punta no resulten competitivas en los mercados principales funcionan de hecho como cualidades *positivas* en su universo de valor emergente. En las unidades de disco, la pequeñez de los modelos de 5,25 pulgadas los hacía inservibles para los grandes ordenadores, pero muy útiles en los ordenadores de escritorio. Cuando la pequeña capacidad de pala y el corto alcance de las primeras excavadoras hidráulicas las hacían ineficaces para la excavación general, su capacidad para hacer zanjas angostas y precisas las volvieron convenientes en el segmento de la construcción de viviendas. Extraño como pueda parecer, en consecuencia, yo dirigiría a mi personal de marketing a concentrarse en descubrir *en algún lado* un grupo de compradores que tuvieran una necesidad, no cubierta aún, de un vehículo que acelere de manera relativamente lenta y con una autonomía máxima de 150 kilómetros.

El segundo punto en el cual basaría mi enfoque de marketing es que *nadie* puede aprender de una investigación de mercado cuáles serán los primeros usuarios de una innovación. Podría contratar consultores, pero de lo único que estaré seguro respecto de sus hallazgos es que estos estarán equivocados. Tampoco pueden los clientes decirme si, o cómo, llegarán a utilizar mis productos, porque *ellos mismos* descubrirán la aplicación al mismo tiempo que lo hagamos *nosotros*, tal como la Supercub de Honda inauguró una aplicación de mercado no prevista para las motocicletas. La única información útil acerca del mercado será la que pueda obtener a través de expediciones hacia el mismo, a través de tantear y percibir, de pruebas y errores, vendiendo productos reales a gente real que pague dinero real[8]. Las reglamentaciones gubernamentales, de paso, es probable que distorsionen, en lugar de resolver, el problema de encontrar un mercado. Forzaría, por lo tanto, a mi organización a guiarse por sus percepciones en vez de basarse en los subsidios caprichosos de la regulación californiana.

El tercer punto es que mi plan de negocios debe ser un plan de *aprendizaje*, no de ejecución de una estrategia preconcebida. Aunque haré lo que pueda por encontrar el mercado adecuado para el producto adecuado y la estrategia que funcione la primera vez que lo intente, existe una alta probabilidad de que se vaya desarrollando una dirección más correcta a medida que el negocio apunte hacia su mercado inicial. Debo por lo tanto prever que puedo estar equivocado y aprender lo que sea correcto lo más rápido que me resulte posible[9]. No puedo agotar todos mis recursos o toda mi credibilidad como organización jugándolos a todo o nada en una sola apuesta, como lo hicieron Apple con su Newton o Hewlett Packard con su Kittihawk. Necesito mantener recursos disponibles para utilizarlos en el segundo o tercer intento.

Estos tres conceptos constituirán la base de mi estrategia de marketing.

### *Mercados potenciales: alguna especulación*

¿Qué podría emerger como el universo inicial de valor para los vehículos eléctricos? De nuevo, aunque resulte imposible predecirlo, lo que emerja será casi con seguridad un mercado en el cual las debilidades de los vehículos eléctricos sean vistas como un punto a su favor. Uno de mis estudiantes ha sugerido que los padres de los alumnos de escuela secundaria, que les compran coches a sus hijos para su transporte básico hacia y desde el colegio, las casas de sus amigos y los acontecimientos académicos, podrían constituir un mercado fértil para los vehículos eléctricos[10]. Dada esa opción, estos padres podrían considerar que la simplicidad del producto, su lenta aceleración y el rango limitado de autonomía constituyen atributos muy *deseables* para los adolescentes, en especial si su diseño correspondiera a esa clase de usuarios. Obtenido el enfoque de marketing correcto, ¿quién sabe lo que podría pasar después? Una generación anterior encontró montones de gente a bordo de sus Honda.

Otro mercado inicial podrían ser los taxis o vehículos de repartos destinados a las ciudades en crecimiento, colmadas, ruidosas y víctimas de la polución, del sudeste de

Asia. Podrían estar en las calles de Bangkok todo el día, generalmente detenidos en embotellamientos de tránsito y no pudiendo nunca acelerar a más de 50 kph. Mientras estuviesen detenidos, los motores eléctricos no necesitarían ser operados y por lo tanto no consumirían energía de sus baterías. La maniobrabilidad y la facilidad de aparcamiento serían ventajas adicionales.

Estas ideas u otras similares, sean o no las que al final resulten viables, son por lo menos coherentes con la manera en que las tecnologías de punta se desarrollan y emergen.

### *¿Cómo están encarando las empresas de automóviles de hoy en día la comercialización de sus vehículos eléctricos?*

La estrategia propuesta aquí para encontrar y definir el mercado inicial para los vehículos eléctricos se halla en agudo contraste con los enfoques de marketing que vienen siendo empleados hoy en día por los principales fabricantes de automóviles, cada uno de los cuales se encuentra luchando por vender vehículos eléctricos en su mercado principal y permanece, de paso, fiel a la tradición elaborada a través del tiempo de que las firmas establecidas administran erróneamente las tecnologías de punta. Consideremos esta declaración efectuada en 1995 por William Glaub, manager general de ventas de Chrysler, al comentar la oferta planificada por su compañía para 1998[11]:

> Chrysler Corporation está preparándose para proveer una versión propulsada eléctricamente de nuestra nueva y versátil minivan. Luego de efectuar un estudio en profundidad de la opción entre fabricar un vehículo a medida y utilizar una modificación de una plataforma existente, la elección de la minivan para ser utilizada como vehículo propulsado eléctricamente, considerada en retrospectiva, ha sido de hecho la mejor elección para nosotros. Nuestra experiencia demuestra que las flotas de vehículos serán posible-

mente la mejor oportunidad con que contemos para colocarlos inicialmente (...) El problema que enfrentamos *no consiste* en crear un paquete atractivo. La nueva minivan constituye en sí misma un paquete atractivo. El problema es que no se dispone aún de suficiente capacidad de almacenamiento de energía a bordo del vehículo[12].

Para posicionar su oferta en el mercado principal, Chrysler tuvo que dotar a su minivan de *700 kilogramos* en baterías. Esto, por supuesto, hace que su aceleración sea mucho más lenta, su rango de autonomía más corto y su distancia de frenado más larga que los correspondientes de cualquier automóvil impulsado con gasolina. Debido a la manera en que Chrysler ha posicionado su vehículo eléctrico, los analistas de la industria tienden a compararlo, obviamente, con sus contrapartes operadas con gasolina, utilizando los parámetros paradigmáticos en el universo de valor de mercado principal. A un coste estimado de u\$s 100.000 (comparado con los u\$s 22.000 que cuesta el modelo de gasolina), nadie en su sano juicio consideraría la posibilidad de adquirir este producto de Chrysler.

La gente de marketing de Chrysler se halla obviamente muy pesimista con respecto a su capacidad de vender aunque más no fuese *alguna* minivan eléctrica en California, a pesar de la orden del gobernador de que así lo hagan. William Glaub, por ejemplo, continuó sus comentarios con la siguiente observación:

Los mercados se desarrollan con buenos productos que los clientes deseen poseer. Ningún vendedor puede abordar un mercado con un producto mediocre y tener alguna esperanza de establecer una base de consumo sostenible. Los consumidores no serán forzados a adquirir algo que no deseen. Las reglamentaciones no tienen efecto sobre una economía de mercado libre gobernada por el consumidor. Para que los vehículos eléctricos encuentren su lugar en el mercado, deberá haber disponibles en él vehículos respetables, comparables a los de gasolina de hoy en día[13].

La conclusión de Chrysler es absolutamente correcta, dada la manera en que su gente de marketing ha encuadrado su desafío[14]. Los clientes del mercado principal *nunca* podrán utilizar una tecnología de punta en sus comienzos.

## ¿Cuáles deberían ser nuestros productos, tecnologías y estrategias de distribución?

### *Desarrollo de productos para las innovaciones de punta*

Guiar a mis ingenieros en el diseño de nuestro vehículo eléctrico inicial constituirá un desafío, porque se presentará el clásico problema del huevo y la gallina: sin un mercado ya establecido, no hay fuente confiable alguna que se pueda tomar en cuenta; sin un producto que satisfaga las necesidades de los clientes, no puede haber mercado. ¿Cómo podemos diseñar un producto en medio de tal vacío de información? Afortunadamente, los principios descritos en este libro nos proporcionan alguna ayuda.

La guía más valiosa proviene del Capítulo 8, donde se indica que la base de la competencia variará a lo largo del ciclo de vida de un producto y que el ciclo de evolución en sí mismo estará gobernado por el fenómeno de la sobreoferta de desempeño, o sea, la condición en la cual el desempeño provisto por una tecnología determinada excede las necesidades corrientes del mercado. Históricamente, la sobreoferta de desempeño abre la puerta a tecnologías más simples, menos caras y más convenientes –y casi siempre de punta– para que ingresen.

La sobreoferta de desempeño de hecho parece ya haber tenido lugar en el mercado de los automóviles. Existen límites prácticos respecto al tamaño de los vehículos y de sus motores, a la ventaja que representa pasar de 0 a 100 kph en menos segundos, y a la capacidad del consumidor para poder afrontar la sobreoferta de opciones disponibles. En consecuencia, podemos predecir con seguridad que la base de la competencia del producto y de la elección del consumidor se desplazarán desde estos parámetros de funcionalidad hacia otros atributos, tales como la confiabilidad y la conveniencia. Esto puede deducirse simplemente observando la naturaleza de los ingresantes más exitosos al mercado norteamericano durante los últimos treinta años. Han tenido éxito, no porque hayan introducido productos con funcionalidad superior, sino porque han competido sobre la base de la confiabilidad y de la conveniencia.

Toyota, por ejemplo, ingresó al mercado norteamericano con su simple y confiable Corona, estableciendo para el mismo una posición en la parte baja de mercado. Luego, consistente con la inexorable atracción de migrar mercado arriba, Toyota introdujo otros modelos, tales como el Camry, el Previa y el Lexus, que añadieron prestaciones y funcionalidad, creando un vacío en la parte baja del mercado en el cual han ingresado nuevas empresas como Saturn y Hyundai. La estrategia de Saturn ha sido considerar que el cliente al comprar solo desea un vehículo confiable y conveniente, pero también, a juzgar por informes recientes[15], se apresta a moverse mercado arriba, creando a su vez un vacío en la parte baja para que ingresen a la misma vehículos aún más simples y convenientes.

Con toda probabilidad, por lo tanto, el diseño que resulte ganador en las primeras etapas de la carrera por los vehículos eléctricos estará caracterizado por la simplicidad y la conveniencia, y será incubado en un universo de valor emergente en el cual estos atributos resulten importantes parámetros de valor. Cada una de las tecnologías de punta que se estudiaron en este libro ha sido más pequeña, más simple y más conveniente que las de los productos precedentes. Cada una de ellas fue utilizada inicialmente en un nuevo universo de valor, en el cual la simplicidad y la conveniencia eran valoradas. Esto resultó cierto para las unidades de disco más pequeñas y más simples; los ordenadores de escritorio y portátiles; los azadones traseros hidráulicos; los minilaminadores de acero en oposición a los laminadores integrados; el bolígrafo de inyección de insulina frente a las jeringas[16].

Con estas cualidades como principios rectores, instruiría a mis ingenieros de diseño a proceder de acuerdo con los tres siguientes criterios.

Primero, este vehículo deberá ser *simple, confiable y conveniente*. Eso probablemente signifique, por ejemplo, que establecer una manera de recargar rápidamente sus baterías, utilizando los servicios eléctricos disponibles hoy, pase a ser un objetivo tecnológico inmutable.

Segundo, debido que nadie conoce el mercado final para el producto o cómo será este utilizado, debemos diseñar una plataforma en la cual *los cambios de prestaciones, funciones y estilo puedan ser realizados rápidamente y a bajo coste*. Suponiendo, por ejemplo, que los clientes iniciales para vehículos eléctricos fueran padres que los compraran para sus hijos a fin de que los conduzcan hacia y desde el colegio, las casas de sus amigos y otros lugares semejantes, el primer modelo debería tener prestaciones y estilos adecuados y atrayentes para los adolescentes. Pero, aunque podemos dirigirnos primeramente hacia ese mercado, existe una gran posibilidad de que nuestro concepto inicial demuestre ser equivocado. De modo que tenemos que fabricar los primeros modelos de manera rápida e invirtiendo poquísimo dinero, dejando libre un amplio presupuesto para aplicar en ellos una vez que se comience a recibir retroalimentación desde el mercado[17].

Tercero, debemos *acertar en el precio de lanzamiento*, de modo que este sea bajo. Las tecnologías de punta tienen por lo común un menor precio *de lista* por unidad que los productos que son utilizados en el mercado principal, aun cuando su coste de empleo sea a menudo más alto. Lo que permitió el empleo de las unidades de disco en los ordenadores de escritorio no fue solamente su menor tamaño; fue también su menor precio unitario, que se acomodaba al precio global que los fabricantes de ordenadores personales necesitaban alcanzar. El precio *por megabyte* de las unidades de disco más pequeñas fue siempre más alto que el de las más grandes. De manera similar, en las excavadoras, el precio por *máquina* fue más bajo para los primeros modelos hidráulicos que para los existentes operados mediante cable, pero su coste total por metro cúbico de tierra movida por hora era mucho más alto. En consecuencia, nuestro coche eléctrico deberá tener un precio de lista más bajo que el que prevalece en los automóviles impulsados a gasolina, aun si el gasto por kilómetro recorrido es más alto. Los clientes tienen un largo historial de haber pagado mayores precios en función de la conveniencia.

### *Estrategia tecnológica para las innovaciones de punta*

Nuestro plan tecnológico no puede acudir a ninguna revolución tecnológica en nuestro camino crítico hacia el éxito del proyecto. Las tecnologías de punta no involucran nuevas tecnologías; en su lugar, consisten de componentes fabricados para otras tecnologías probadas, ensamblados en una arquitectura de producto novedosa que ofrece al cliente un conjunto de atributos que nunca estuvieron disponibles con anterioridad.

Las principales firmas automotrices que se dedicaron al desarrollo de coches eléctricos sostienen hoy en día que resulta absolutamente esencial una revolución en la tecnología de las baterías antes que la innovación pueda ser comercialmente viable. John R. Wallace, de Ford, por ejemplo, ha afirmado lo siguiente:

> El dilema es que las baterías de hoy en día no pueden satisfacer estas necesidades de consumo. Como cualquiera que esté familiarizado con la tecnología de las baterías actuales lo puede confirmar, los vehículos eléctricos no están listos para una presentación estelar. Todas las baterías que se esperaba estuviesen disponibles en 1998 no llegan al rango de los 150 kilómetros [requeridos por los consumidores]. La única solución para los problemas del rango de autonomía y del coste es mejorar la tecnología de las baterías. Para asegurarse un mercado comercialmente exitoso, el énfasis de nuestros recursos deberá ponerse en el desarrollo de la tecnología de baterías. Los esfuerzos de la industria, tales como los que se realizaron con el U.S. Advanced Battery Consortium, junto a los esfuerzos cooperativos de todos los involucrados en el desarrollo de vehículos eléctricos –contratistas, fabricantes de baterías, ambientalistas, fabricantes de reguladores de voltaje y de convertidores– son la manera más efectiva de asegurar la comerciabilidad de los nuevos coches[18].

William Glaub, de Chrysler, adopta una posición similar: "Las baterías avanzadas de plomo electrolítico que serán utilizadas proveerán menos autonomía que 10 litros de gasolina. Esto equivale a salir de casa todos días con la luz testigo de 'reserva de combustible' encendida. En otras palabras, la tecnología de las baterías sencillamente no se encuentra a punto"[19].

La razón por la cual estas compañías consideran la revolución en la tecnología de las baterías como el cuello de botella crítico para el éxito comercial de los vehículos eléctricos es, por supuesto, que sus ejecutivos han posicionado sus ideas y su producto en el mercado principal. Para Chrysler, esto significa una minivan eléctrica; para Ford, una Ranger eléctrica. Dada esta posición, estos pretenden convertir en un impacto de tecnología de sostenimiento lo que es intrínsecamente una tecnología de punta. Necesitan de una revolución en la tecnología de las baterías porque decidieron posicionar los vehículos eléctricos como una tecnología de sostenimiento. *No* es probable que sea requerida una revolución en las baterías por las compañías cuyos ejecutivos opten por aprovechar, o por lo menos tener en cuenta, las leyes básicas de las tecnologías de punta creando un mercado en el cual dicha debilidad del vehículo eléctrico constituya su verdadera fortaleza.

¿De dónde provendrán los avances de la tecnología de las baterías? Si observamos los registros históricos, podemos aseverar lo siguiente: las compañías que finalmente logren los avances tecnológicos de las baterías requeridos para impulsar automóviles en recorridos de 250 kilómetros (si es que alguna vez estos se llegan a desarrollar) serán aquellas que hayan sido pioneras en la creación de un nuevo universo de valor que utilice la tecnología ya comprobada y luego desarrollen las tecnologías de sostenimiento necesarias para poder trasladarse hacia arriba a mercados más atractivos[20]. Nuestro hallazgo de que las compañías bien administradas son generalmente móviles hacia arriba e inmóviles hacia abajo, en consecuencia, sugiere que el afán de encontrar la revolución en la tecnología de las baterías será de hecho mayor entre los innovadores de punta, que habrán construido la parte baja del mercado para los vehículos eléctricos antes de tratar de desplazarse mercado arriba hacia el mayor y más rentable segmento principal.

### *Estrategia de distribución para innovaciones abruptas*

Casi siempre las innovaciones radicales redefinen los canales dominantes de distribución, porque la estimaciones económicas de los revendedores –sus modelos sobre cómo hacer dinero– están fuertemente influidas por el universo de valor principal, lo mismo que lo son las de los fabricantes. La introducción por parte de Sony de las radios y televisores transistorizados, convenientes y confiables, desplazó el canal dominante de la reventa desde los locales de electrodomésticos y las tiendas por departamentos con grandes gastos de apoyo y redes de servicio a domicilio (requeridas necesariamente para los aparatos construidos con válvulas de vacío), hacia los revendedores con descuento orientados a volumen y con bajos costes de estructura. Las motocicletas de Honda fueron rechazadas por los revendedores del mercado principal de las motocicletas, forzando a la compañía a crear un nuevo canal compuesto por los vendedores de artículos deportivos. Hemos visto, de hecho, que la principal razón por la cual fracasó la iniciativa de la motocicleta pequeña de Harley-Davidson fue que sus revendedores la rechazaron, debido a que la imagen y los márgenes de utilidad de las pequeñas motocicletas italianas que Harley había adquirido no se adaptaban al universo de valor en que estos operaban.

El motivo de que las tecnologías de punta y los nuevos canales de distribución frecuentemente vayan juntos, de hecho, es de tipo económico. Los revendedores y distribuidores tienden a elaborar fórmulas muy claras para hacer dinero, como lo demuestran las historias de Kresge y Woolworth presentadas en el Capítulo 4. Algunos logran su dinero vendiendo bajos volúmenes de productos con márgenes elevados; otros obtienen el suyo vendiendo grandes volúmenes de mercaderías con márgenes muy pequeños que cubren mínimos costes operativos; y otros más ganan brindando servicio a productos ya vendidos. Así como las tecnologías de punta no se adaptan a los modelos de las firmas ya establecidas para mejorar sus rentabilidades, tampoco se adaptan a menudo a los modelos de sus *distribuidores*.

Por eso, mi programa para el vehículo eléctrico tendría como premisa estratégica básica la necesidad de encontrar o crear nuevos canales de distribución. A menos que se demuestre que sea de otra manera, apostaría a que los revendedores del mercado principal de automóviles de gasolina no verían en la innovación que tenemos en mente ninguna característica que les resultase necesaria para el éxito de su negocio.

## ¿Qué organización sirve mejor a las innovaciones de tipo abrupto?

Luego de haber identificado el vehículo eléctrico como una tecnología potencialmente de punta, dispuesto bases realistas para encontrar sus mercados probables y establecido parámetros estratégicos para el diseño, la tecnología y la red de distribución del mismo, como manager del programa me dirigiría ahora hacia mi propia organización madre. Crear un contexto organizativo en el cual ese esfuerzo pueda prosperar será crucial, porque los procesos racionales de asignación de recursos en las empresas establecidas niega de manera sistemática a las tecnologías de punta los recursos que estas necesitan para sobrevivir, independientemente del compromiso que el senior management pueda haber contraído explícitamente con el programa.

### *Desprendimiento de una organización independiente*

Como hemos visto en la teoría sobre la dependencia de recursos desarrollada en el Capítulo 5, las firmas establecidas que construyeron con éxito una fuerte posición en el mercado a partir de una tecnología de punta fueron aquellas que desprendieron desde su compañía principal una organización independiente, que operase con autonomía. Quantum, Control Data, la División PC de IBM, Allen Bradley y la iniciativa de las impresoras de chorro de tinta de Hewlett Packard, todas tuvieron éxito porque crearon organizaciones cuya supervivencia dependía de la comercialización de la tecnología de punta: estas empresas integraron una organización especializada que operaba directamente en el nuevo universo de valor que había emergido.

Como manager de producto, por lo tanto, yo urgiría al management de la corporación principal a crear una organización independiente que comercializase la tecnología del vehículo eléctrico, ya sea como una unidad autónoma de negocio, tal como la División Saturn de GM o la División PC de IBM, o bajo la forma de una compañía independiente cuyo capital perteneciera casi por completo a la corporación. En una organización independiente, mis mejores empleados podrían estar en condiciones de concentrarse en los vehículos eléctricos sin ser reiteradamente alejados del proyecto para resolver problemas urgentes de la compañía original. Las demandas de nuestros propios clientes, por otro lado, nos obligarían a concentrarnos y a insuflarle ímpetu y entusiasmo a nuestro programa.

Una organización independiente no solamente haría que la asignación de recursos operara para nosotros, y no en contra, sino que permitiría además sacar provecho del principio de que los pequeños mercados no pueden resolver el crecimiento o los problemas de rentabilidad de las grandes empresas. Durante varios años del futuro inmediato, el mercado de los vehículos eléctricos será tan pequeño que este negocio no tendrá grandes posibilidades de contribuir significativamente a las líneas superiores o inferiores de una declaración de ingresos de un productor importante de automóviles. Por lo tanto, como no se puede esperar que los senior managers de estas compañías concentren su atención ni sus recursos prioritarios en los coches eléctricos, los ejecutivos y los ingenieros más talentosos no querrán quedar ligados con nuestro proyecto, el que será visto inevitablemente como un esfuerzo financieramente insignificante: para asegurar sus propios futuros dentro de la compañía, estos querrán obviamente trabajar en los programas principales, no en los periféricos.

En los primeros años de este nuevo negocio, es probable que las órdenes de compra se cuenten de a cientos, no decenas de miles. Si tenemos la suerte suficiente como para lograr un par de éxitos, estos casi con seguridad serán pequeños. En una organización modesta e independiente, estas limitadas victorias generan energía y entusiasmo. En la empresa principal, originarían en cambio escepticismo acerca de si debiéramos siquiera estar en el negocio. Quiero que eso lo respondan los *clientes* de mi organización. No me gustaría gastar mi valiosa energía gerencial defendiendo constantemente nuestra existencia ante los analistas de eficiencia de la empresa principal.

Las innovaciones están plagadas de dificultades y de incertidumbre. Debido a esto, deseo *siempre* estar seguro de que los proyectos que yo administre estén posicionados directamente sobre el camino que todo el mundo cree que la organización debe tomar para alcanzar mayor crecimiento y mayor rentabilidad. Si mi programa fuese ampliamente considerado como incluido en ese camino, entonces tendré confianza en que cuando surjan los inevitables problemas, de alguna manera la organización trabajará conmigo para reunir lo que fuese necesario para resolverlos y tener éxito. Si, por el contrario, mi programa es visto por la gente clave como no esencial para el crecimiento de rentabilidad de la organización, o aun peor, como una idea que puede *erosionar* los beneficios, entonces aunque la tecnología sea simple y directa, el proyecto fracasará.

Puedo asumir este desafío de una de dos maneras: podría convencer a todo el mundo en la empresa principal (tanto intelectual *como* visceralmente) de que la tecnología de punta es rentable, o bien crear una organización lo suficientemente pequeña, con una estructura de costes adecuada a nuestro mercado, de modo que mi programa pueda ser considerado como marchando por el camino crítico hacia el éxito. Esta última alternativa es un desafío de management mucho más manejable.

En una organización pequeña e independiente yo tendría más posibilidades de crear una actitud apropiada hacia los fracasos. Nuestro ataque inicial al mercado no tiene demasiadas probabilidades de resultar exitoso. Necesitaremos, por lo tanto, la flexibilidad de poder fracasar, pero fracasar en una escala *pequeña,* de modo que podamos intentar un nuevo abordaje sin haber destruido totalmente nuestra credibilidad. Nuevamente, existen dos maneras de crear la tolerancia adecuada hacia el fracaso: modificar los valores y cultura de la organización principal, o crear una nueva. El problema de requerirle a la organización principal que sea más tolerante con la toma de riesgos y con los fracasos es que habitualmente cuando, como es a menudo el caso, estamos invirtiendo en modificaciones de tecnologías de sostenimiento *no estamos dispuestos* a tolerar fracasos de marketing. La organización principal está encaminada a trasladar las innovaciones tecnológicas de sostenimiento hacia los mercados existentes poblados por clientes conocidos con necesidades investigables. Hacerlo mal la primera vez no constituye una parte intrínseca de estos procesos: dichas innovaciones son compatibles con la planificación cuidadosa y la ejecución coordinada.

Finalmente, no quisiera que mi organización tuviera bolsillos demasiado profundos. Aunque no deseo que mi gente se sienta presionada a generar beneficios significativos para la compañía principal (esto nos forzaría a una investigación infructuosa de un mercado grande e instantáneo), yo quiero que sientan una presión permanente para que encuentren alguna manera –*algún* conjunto de clientes *en algún lado*– de lograr que nuestra pequeña organización logre un flujo positivo de caja lo más rápido que sea posible. Necesitamos de una fuerte motivación para acelerar el proceso de pruebas y errores inherentes al cultivo de un mercado nuevo.

Por supuesto, el peligro al efectuar esta convocatoria inequívoca de desprender una compañía independiente, es que algunos managers podrían intentar aplicar este remedio de manera indiscriminada, visualizándolo como una solución de tipo general, una aspirina de empleo industrial que cura todo tipo de problemas. En realidad, los desprendimientos constituyen un paso apropiado solamente cuando se confrontan innovaciones de punta. La evidencia es *muy* fuerte respecto a que las organizaciones principales grandes pueden ser extremadamente creativas en desarrollar y llevar a cabo innovaciones de *sostenimiento*[21]. En otras palabras, el grado en que una innovación resulte abrupta provee una indicación bastante clara sobre cuándo la organización principal debería ser capaz de tener éxito con su administración y cuándo podría razonablemente esperarse que fracase.

En los términos del encuadre presentado en la Figura 5.6, el vehículo eléctrico no constituye solamente una innovación radical, sino que involucra también una importante reconfiguración de arquitectura, que debe tener lugar no solamente con el producto mismo sino a través de toda la cadena de valor. Desde la obtención de componentes hasta la distribución del producto, los diversos grupos funcionales van a tener que interactuar de manera diferente de lo que lo venían haciendo con anterioridad. Por lo tanto, mi proyecto necesitaría ser gerenciado por un equipo de peso que actuase en una organización independiente de la compañía principal. Esta estructura organizativa puede no garantizar el éxito de nuestro programa, pero permitiría al menos a mi equipo trabajar en un entorno que apoye, en lugar de combatir, los principios de la innovación.

## Notas

1. En 1996, el gobierno del Estado demoró la puesta en vigencia de este requerimiento hasta el año 2002, en respuesta a las protestas de los fabricantes de automotores respecto de que, dados el desempeño y el coste de los vehículos que habían logrado diseñar, no habría demanda de coches eléctricos.

2. Un estudio excelente sobre este tema se resume en Dorothy Leonard-Barton, *Wellsprings of Knowledge* (Boston: Harvard Business School Press, 1995).

3. Esta información fue tomada de una encuesta de octubre de 1994 realizada por The Dohring Company y citada por la Toyota Motor Sales Company en el Taller sobre Comercialización de Vehículos Eléctricos organizado por la CARB (California Air Resources Board) en El Monte, California, el 28 de Junio de 1995.

4. Esta información fue suministrada por el Dr. Paul J. Miller, ejecutivo senior de Energía de la W. Alton Jones Foundation, Inc., Charlottesville, Virginia. Fue complementada con datos provenientes de las siguientes fuentes: Frank Keith, Paul Norton y Dana Sue Potestio, *Electric Vehicles: Promise and Reality.* California State Legislative Report [19], N° 10, Julio 1994; W. P. Egan, *Electric Cars.* Canberra, Australia: Bureau of Transport Economics, 1974; Daniel Sperling, *Future Drive: Electric Vehicles and Sustainable Transportation.* Washington, D.C.: Island Press, 1995; y William Hamilton, *Electric Automobiles.* Nueva York: McGraw Hill Company, 1980.

5. Sobre la base de los gráficos de la Figura 9.1, puede determinarse que llevará un largo tiempo que la tecnología de los vehículos eléctricos se vuelva competitiva en los mercados principales si las tasas futuras de mejoras se asemejan a las actuales. La tasa histórica de mejoras de desempeño no constituye, por supuesto, ninguna garantía de que la tasa futura sea mantenida en esos niveles. Los técnicos bien podrían encontrarse con barreras tecnológicas imposibles de remontar. Lo que *sí* podemos dar por seguro, sin embargo, es que el incentivo de los técnicos abocados al desarrollo de tecnologías para encontrar alguna manera de eludir dichas barreras será igual de fuerte que el efecto disuasivo que los fabricantes establecidos de automóviles sentirán respecto de desplazarse mercado abajo. Si continúan las tasas presentes de mejoras, sin embargo, podríamos esperar que

el rango de autonomía de los vehículos eléctricos, por ejemplo, intersecte hacia el 2015 a la autonomía promedio requerida por el mercado principal, y que la aceleración de los vehículos eléctricos intersecte a la curva de la demanda de este tipo del mercado principal hacia el 2020. Claramente, como se dirá más adelante, resultará crucial para los innovadores encontrar mercados que valoren los atributos de la tecnología en el estado en que esta se encuentra hoy en día, en lugar de esperar hasta que esta mejore hasta el punto en que pueda ser utilizada en el mercado principal.

6. Esta afirmación fue efectuada por John R. Wallace, director de Programas de Vehículos Eléctricos de Ford Motor Company, en el Taller sobre Comercialización de Vehículos Eléctricos organizado por la CARB en El Monte, California, el 28 de junio de 1995.

7. Es notable cómo de manera instintiva y coherente las buenas empresas tratan de forzar las innovaciones hacia su base existente de clientes, independientemente de que estas sean de sostenimiento o de punta. Hemos visto esto varias veces en este libro: por ejemplo, en las excavadoras mecánicas, donde Bucyrus Erie intentó con su "Hydrohoe" que la excavación hidráulica sirviese para los contratistas del mercado de las excavaciones; en las motocicletas, donde Harley-Davidson trató de lanzar motocicletas baratas con su marca a través de su red de revendedores; y en el caso del vehículo eléctrico descrito aquí, en el cual Chrysler incluyó más de 700 kilogramos de baterías en su minivan eléctrica. Charles Ferguson y Charles Morris, en su libro *Computer Wars*, cuentan una historia similar acerca de los esfuerzos de IBM por comercializar su tecnología de microprocesadores denominada Reduced Instruction Set Computing (RISC). La tecnología RISC fue desarrollada en IBM, y sus inventores construyeron ordenadores con circuitos RISC que eran "impresionantemente rápidos". IBM posteriormente invirtió enormes cantidades de tiempo, dinero y mano de obra tratando de hacer que su tarjeta RISC funcionara en su línea principal de miniordenadores. Esto requirió tantos compromisos de diseño, sin embargo, que el programa nunca resultó exitoso. Varios miembros clave del equipo RISC de IBM dejaron la firma frustrados, y pasaron a desempeñar puestos importantes en el establecimiento del fabricante de circuitos integrados MIPS y en el negocio de Hewlett Packard con las tarjetas RISC. Estos esfuerzos resultaron exitosos porque, habiendo aceptado los atributos del producto como en realidad eran, se encontró un mercado, en las estaciones de trabajo de ingeniería, que los valoraba. IBM fracasó porque trató de forzar esta tecnología hacia un mercado que ya había encontrado. De manera por demás interesante, IBM finalmente construyó un negocio exitoso en torno a las tarjetas RISC cuando lanzó su propia estación de trabajo de ingeniería. Ver Charles Ferguson y Charles Morris, *Computer Wars*. Nueva York, Time Books, 1994.

8. La noción de que los mercados no existentes pueden ser mejor investigados a través de la acción directa, en lugar de por medio de la observación

pasiva, es explorada en Gary Hamel y C. K. Parlad, "Corporate Imagination and Expeditionary Marketing", *Harvard Business Review*, julio-agosto, 1991, 81-92.

9.  El concepto de que los planes que tienen que ver con las innovaciones de punta deberían ser planes de aprendizaje en lugar de planes de ejecución de alguna estrategia preconcebida es presentado con claridad por Rita G. McGrath e Ian MacMillan en "Discovery-Driven Planning", *Harvard Business Review*, julio-agosto 1995, 44-54.

10. Jeffrey Thoresen Severts, "Managing Innovation: Electric Vehicle Development at Chrysler", documento de trabajo del plan para la maestría de la Harvard Business School, 1996.

11. Los comentarios de Glaub fueron efectuados en el contexto de la reglamentación de la California Air Resources Board de que la reglamentación referente a la cantidad de vehículos eléctricos vendidos tendría vigencia a partir de 1998.

12. Este comentario fue efectuado por William Glaub, manager general de Ventas, Operaciones de Ventas en el Terrenode Chrysler Corporation, en el Taller sobre Comercialización de Vehículos Eléctricos organizado por la CARB y efectuado en El Monte, California, el 28 de junio de 1995.

13. Ídem.

14. Resulta importante observar que estas estadísticas sobre la oferta de Chrysler fueron determinadas por los esfuerzos de la misma por comercializar la tecnología de punta; no son intrínsecos en sí mismos a todos los vehículos operados eléctricamente. Los diseñados para aplicaciones diferentes, de menor exigencia, tales como uno de la General Motors, tienen rangos de autonomía de hasta 150 kilómetros. (Ver Jeffrey Thoresen Severts, "Managing Innovation: Electric Vehicle Development at Chrysler", documento de trabajo de la Harvard Business School, 1996.)

15. Ver, por ejemplo, Gabriella Stern y Rebecca Blumenstein, "GM is Expected to Back Proposal for Midsize Version of Saturn Car", *The Wall Street Journal*. Mayo 24, 1996, B4.

16. Esta lista de tecnologías de punta más pequeñas, más simples y más convenientes podría ser extendida de modo de incluir una multitud de otras aplicaciones cuyas historias no podrían resumirse en este libro: las fotocopiadoras de escritorios; las suturadoras de uso quirúrgico; los receptores transistorizados de radio y televisión; los videograbadores de recorrido helicoidal; los hornos de microondas; las impresoras de chorro de tinta. Cada una de estas tecnologías de punta ha crecido hasta dominar tanto su mercado inicial como los principales, habiendo comenzado como una tecnología simple y conveniente en sus primeras proposiciones de valor.

17. La noción de que lograr un diseño de producto dominante requiere tiempo, experimentación y procesos de prueba y error, un patrón muy co-

mún con las tecnologías de punta, es analizada más adelante en este mismo capítulo.

18. Esta afirmación fue emitida por John R. Wallace, de Ford, en el Taller de Comercialización de Vehículos Eléctricos organizado por la CARB y realizado en El Monte, California, el 28 de junio de 1995.

19. Glaub, afirmación efectuada en el Taller de la CARB.

20. Dos artículos excelentes en los cuales son investigados y discutidos los papeles relativos del desarrollo de producto y el desarrollo de tecnologías incrementales versus tecnologías radicales son: Ralph E. Gomory, "From the 'Ladder of Science' to the Product Development Cycle", *Harvard Business Review*, noviembre-diciembre, 1989, 99-105, y Lowell Steele, "Managers' Misconceptions About Technology", *Harvard Business Review*, 1983, 733-740.

21. Además de los hallazgos del estudio de la industria de las unidades de disco, resumidos en los capítulos 1 y 2, respecto de que las firmas establecidas fueron capaces de reunir los medios para liderar innovaciones de sostenimiento extraordinariamente complejas y riesgosas, existen evidencias similares provenientes de otras industrias; ver, por ejemplo, Marco Iansiti, "Technology Integration: Managing Technological Evolution in a Complex Environment", *Research Policy*, 24, 1995, 521-542.

# CAPÍTULO 10

# LOS DILEMAS DE LA INNOVACIÓN: UN RESUMEN

Uno de los resultados más gratificantes de la investigación que se comenta en este libro es el hallazgo de que administrar mejor, trabajar más duramente y no cometer tantos errores tontos no constituye una respuesta al dilema del innovador. Este descubrimiento resulta gratificante porque nunca he encontrado un grupo de gente que sea más inteligente o trabaje más duro y esté tan a menudo en lo cierto como los managers que conozco. Si la respuesta para los problemas que representan las tecnologías de punta fuera encontrar mejor gente que esta, directamente no tendrían solución.

Hemos aprendido en este libro que en su búsqueda directa de rentabilidad y crecimiento, algunos ejecutivos muy capaces de ciertas compañías extraordinariamente exitosas, utilizando las mejores técnicas de management, han conducido a sus firmas al fracaso. Sin embargo, las empresas no deben abandonar las capacidades, estructuras organizativas y procesos de toma de decisiones que las han hecho exitosas en sus mercados principales simplemente porque estas estrategias no funcionan en presencia de un cambio tecnológico de punta. La vasta mayoría de las modificaciones innovadoras con las que se ven enfrentados los managers son de sostenimiento, y estas son justamente el tipo de innovaciones para las cual están diseñados los sistemas de asignación de recursos de la empresa. Los managers de estas firmas simplemente necesitan darse cuenta de que estas capacidades, culturas y prácticas son valiosas solamente en ciertas condiciones.

He encontrado que muchos de los conceptos más útiles de la vida son a menudo relativamente simples. En retrospectiva, muchos de los hallazgos de este libro encajan en ese molde: inicialmente parecían algo que no resultaba intuitivo, pero cuando logré comprenderlos, los conceptos resultaron ser simples y sensatos. Los reconsidero aquí, en la esperanza de que van a resultar de utilidad a aquellos lectores que puedan estar enfrentándose con los dilemas del innovador.

*Primero*, el ritmo de progreso que requieren o pueden absorber los mercados puede ser distinto del ofrecido por la tecnología. Esto significa que los productos que no parezcan resultar de utilidad a nuestros clientes hoy (o sea, las innovaciones radicales) pueden satisfacer muy adecuadamente sus necesidades del mañana. Si reconocemos esta posibilidad, no podemos esperar a que nuestros clientes nos guíen hacia mejoras que por el momento no necesitan. En consecuencia, mientras mantenernos cercanos a nuestros clientes es un paradigma importante del management para administrar las innovaciones de sostenimiento, puede proveer datos que no nos guíen correctamente al administrar situaciones en donde se halla presente alguna tecnología de punta. Los gráficos de trayectoria pueden ayudar a analizar las condiciones y a revelar cuál es el tipo de situación con la que se está enfrentando una empresa.

*Segundo*, la administración de las innovaciones refleja los procesos de asignación de recursos: las propuestas de innovación que obtienen los fondos y la mano de obra que necesitan pueden tener éxito; aquellas a las que se les asig-

na menor prioridad, ya sea formalmente o *de facto*, languidecerán y tendrán pocas probabilidades de tener éxito.
Una razón importante para la dificultad que presenta el
manejo de la innovación es la complejidad de administrar
el proceso de asignación de recursos. Puede parecer que
son los ejecutivos de una compañía los que toman las decisiones al respecto, pero en realidad se hallan en manos
de un personal cuyo conocimiento e intuición han sido
forjados en el universo de valor principal de la empresa:
estos empleados comprenden qué tiene que hacer la compañía para aumentar su rentabilidad. Mantener el éxito de
una empresa requiere que los mismos continúen alimen-
tando y ejercitando ese conocimiento y esa intuición. Esto
significa, sin embargo, que hasta que hayan desaparecido
o sido eliminadas las alternativas que aparentaban ser financieramente superiores, los managers encontrarán extraordinariamente difícil mantener los recursos concentrados en la persecución de una teología de punta.

*Tercero*, de la misma manera que en cada problema de
innovación existe un aspecto correspondiente a la asignación de recursos, hacer corresponder el mercado con la
tecnología es otra cosa. Las compañías exitosas poseen
una capacidad desarrollada a través del tiempo para trasladar a sus mercados las tecnologías de sostenimiento, ofreciendo habitualmente a sus clientes más y mejores versiones de lo que estos últimos informan que necesitan. Esta
es una capacidad valiosa para el manejo de las innovaciones de sostenimiento, pero no resulta de utilidad cuando
se administran tecnologías de punta. Si, como tratan de
hacer las compañías más exitosas, una empresa intenta forzar una tecnología de punta de modo de hacerla encajar
en las necesidades de sus clientes corrientes en el mercado
principal −como lo vimos suceder en las industrias de las
unidades de disco, las excavadoras y los vehículos eléctri-
cos− es casi seguro que fracasará. Históricamente, el mejor

enfoque ha sido encontrar un nuevo mercado que valorara las características corrientes de una tecnología de punta. Este tipo de tecnología debe ser encuadrada como un desafío de marketing, no uno tecnológico.

*Cuarto*, las capacidades de la mayoría de las organizaciones están mucho más especializadas y adaptadas al contexto de lo que la mayoría de los managers están dispuestos a admitir. Esto se debe a que las capacidades de una empresa son forjadas dentro de sus propios universos de valor. Por lo tanto, las organizaciones tienen la posibilidad de trasladar ciertas tecnologías novedosas solo a determinados mercados. No pueden, en cambio, aportar tecnologías de otras maneras. Tienen la capacidad de tolerar los fracasos en ciertas dimensiones, y adolecen de ella para soportar otros tipos de fracasos. Poseen la facultad de hacer dinero cuando los márgenes brutos se encuentran en un determinado nivel, pero no cuando estos se encuentran en un nivel distinto. Pueden tener el talento de fabricar rentablemente un rango o volumen y un tamaño particulares, y ser incapaces de hacer dinero con volúmenes o tamaños de clientes diferentes. Los tiempos de su ciclo de desarrollo de producto y lo abrupto de las rampas de producción que pueden encarar están establecidos dentro del contexto de su universo de valor.

Todas estas habilidades –de organizaciones y de individuos– están definidas y refinadas por los tipos de problemas atacados en el pasado, la naturaleza de los cuales ha sido también modelada por las características de los universos de valor en los cuales, tanto las organizaciones como los individuos, han competido históricamente. Muy a menudo, los nuevos mercados generados por tecnologías de punta requieren capacidades muy diferentes respecto de cada una de estas dimensiones.

*Quinto*, en muchas instancias, la información requerida para efectuar inversiones grandes y decisivas ante la presencia de una tecnología de punta simplemente no existe. Necesita ser creada a través de incursiones rápidas, baratas y flexibles hacia el mercado y el producto. Existe un riesgo muy alto de que cualquier idea particular acerca de los atributos de producto o de las aplicaciones de mercado de una tecnología de punta puedan no resultar viables. Los fracasos y el aprendizaje interactivos son, en consecuencia, intrínsecos a la búsqueda de éxito por una tecnología de punta. Las organizaciones exitosas, que no deberían y no pueden tolerar los fracasos en las innovaciones de sostenimiento, encuentran difícil tolerar al mismo tiempo los fracasos con las innovaciones radicales.

Aunque la tasa de mortalidad de las ideas sobre tecnologías de punta es alta, el negocio global de crear nuevos mercados para ellas no tiene por qué ser desmesuradamente riesgoso. Los que no apuestan todos los recursos a su primera idea, que dejan espacio para probar, fracasar, aprender rápidamente y volver a probar pueden tener éxito en desarrollar la comprensión de sus clientes, mercados y tecnologías que les permitan comercializar las innovaciones de tipo abrupto.

*Sexto*, no es una actitud inteligente adoptar una única estrategia tecnológica que permita ser siempre un líder o siempre un seguidor. Las empresas necesitan asumir posturas diferentes según sea que estén administrando una tecnología de sostenimiento o una de punta. Las innovaciones abruptas conllevan ventajas significativas para el que hace la primera movida: el liderazgo en estos casos resulta de importancia. Las situaciones en que hay presentes tecnologías de sostenimiento, sin embargo, muy a menudo no se plantean de la misma manera. Existen evidencias sumamente fuertes de que a las empresas cuya estrategia es aumentar el desempeño de las tecnologías convencionales a través de mejoras incrementales sistemáticas, les va tan bien como a aquellas cuya estrategia es dar grandes saltos tecnológicos que les permitan liderar su sector de la industria.

*Séptimo,* y final, la investigación resumida en este libro sugiere que existen barreras poderosas al ingreso y la movilidad, que difieren significativamente de los tipos definidos e históricamente estudiados por los economistas. Estos últimos han descrito dichos obstáculos y la forma en que operan. Una característica de casi todas estas formulaciones, sin embargo, es que se relacionan a *cosas,* tales como activos o recursos, difíciles de obtener o reproducir[1]. Tal vez, la protección más poderosa de la que disfrutan las firmas ingresantes mientras construyen los mercados emergentes para las tecnologías, es que se dedican a hacer algo que simplemente no tiene sentido para su posición de líderes ya establecidos. A pesar de sus activos en tecnología, marcas comerciales, pericia para la producción, experiencia de su management, capacidad de distribución y hasta dinero en el banco, las compañías exitosas pobladas de buenos managers pasarán irremediablemente por problemas al hacer lo que no encaja con su modelo sobre cómo generar dinero. Debido a que las tecnologías de punta raramente tienen sentido para los mercados principales durante los años en que la inversión financiera en ellas es lo más importante, la sabiduría gerencial convencional presente en las firmas establecidas constituye una barrera, poderosa y disuasiva, que los emprendedores de las tecnologías de punta y sus inversores no encuentran.

Las empresas establecidas *pueden* superar esta barrera, sin embargo. Los dilemas que se les presentan a los innovadores a causa de las demandas en conflicto de las tecnologías de sostenimiento y de punta pueden ser resueltos. Los managers deben comprender primero lo que estos conflictos intrínsecos representan en realidad. Luego necesitarán crear un contexto en el cual cada posición de mercado, estructura económica, capacidad de desarrollo y valor de la organización se hallen lo suficientemente alineados con el poder de los clientes a los que atienden como para que puedan alentar, en lugar de bloquear, el trabajo muy diferente de los innovadores de sostenimiento y de los de punta. Espero que este libro les pueda resultar de utilidad en este esfuerzo.

## Notas

1.  Quiero decir barreras tales como la tecnología protegida; la posesión de costosas plantas de producción que requieren grandes volúmenes mínimos de fabricación; apropiación de los distribuidores más poderosos presentes en los mercados principales; control exclusivo de materias primas clave o recursos humanos especiales; la credibilidad y reputación que proviene de la posesión de marcas comerciales sólidamente asentadas; experiencia acumulada en producción y/o la presencia de empinadas economías de escala; y así siguiendo. El trabajo fundamental sobre las barreras a la entrada desde el punto de vista de un economista es el de Joseph Bain, *Barriers to New Competition*. Cambridge, MA, Harvard University Press, 1956; ver también Richard Caves y Michael Porter, "From Entry Barriers to Mobility Barriers", *Quarterly Journal of Economics* (91) mayo 1977, 244-261.

**Clayton M.Christensen** (1952–2020) fue profesor en la Harvard Business School, donde compartió una designación conjunta con los grupos académicos de Management de Tecnología y Operaciones, y Management General.

Christensen acuñó por vez primera el término "innovación disruptiva" en la revista para directivos empresariales *Harvard Business Review* en 1995, aunque el concepto y su teoría se hicieron famosos en 1997, precisamente con la publicación de *El dilema de los innovadores*. Para el autor, una tecnología o innovación disruptiva es aquella que termina por conquistar un mercado siguiendo determinados patrones. Según Christensen, una tecnología disruptiva parece, en principio, menos atractiva que la tecnología dominante. Esto le permite avanzar sin demasiados obstáculos sobre el mercado de su elección hasta terminar desplazando a la anterior, que, confiada al éxito, tendía a subestimar el poder de aquella

La obra de Christensen influyó decisivamente en muchos fundadores de empresas tecnológicas. Era el único libro sobre negocios que Steve Jobs tenía en su biblioteca y recomendaba leer. Reed Hastings, fundador de Netflix, utilizó los preceptos del libro de Christensen con su equipo. Jeff Bezos, fundador de Amazon, insta siempre a sus ejecutivos a leer *El dilema de los innovadores* y su secuela, *La solución del innovador*, también publicada por Granica. El fundador de Intel, Andy Grove, dijo en 1997 que este libro era el más importante que había leído en diez años. La revista *The Economist* lo señaló como uno de los seis mejores libros de management jamás escritos.

Esta edición se terminó de imprimir en enero de 2022
en Irap, Rosales 4288, B1672 Villa Lynch,
Provincia de Buenos Aires